# mon aide·mémoire du primaire

## un rappel de toutes les notions pour les parents et les enfants

CAR ACT ÈRE

**Crédits photos**

Shutterstock: 135, 142, 146, 147, 180, 184, 187, 188, 189, 199
Illustration BLI: 169, 175, 176, 188, 190, 197, 198, 199, 201, 206, 212,
218, 226, 231, 234, 235, 238, 242, 250, 252, 254, 258
Hugo Desrosiers: 173
Julien Del Busso: 182
Jonathan Charland: 184


Conception et illustration de la couverture: Micho Design/illustrations

Conception graphique et mise en pages: Chantal St-Julien

Révision: Michel Therrien

Correction d'épreuves: Marie Théorêt, Amy Paradis


Imprimé au Canada


ISBN: 978-2-89642-039-1

Dépôt légal – Bibliothèque et Archives nationales du Québec, 2008
© 2008 Éditions Caractère

Gouvernement du Québec – Programme de crédit d'impôt pour l'édition de livres – Gestion SODEC

Nous reconnaissons l'aide financière du gouvernement du Canada par l'entremise du Programme
d'aide au développement de l'industrie de l'édition (PADIÉ) pour nos activités d'édition.

Canadä

Visitez le site des Éditions Caractère
editionscaractere.com

## Remerciements

*Je tiens à remercier Stéphanie Boucher,
enseignante au primaire à l'Académie François-Labelle,
pour sa généreuse contribution au chapitre
qui concerne l'anglais, langue seconde.*

# TABLE DES MATIÈRES

# INTRODUCTION

Basé sur les contenus du Programme de formation de l'école québécoise, cet ouvrage d'appoint s'adresse principalement aux élèves du primaire ainsi qu'à leurs parents. Il vise à expliquer les savoirs essentiels (connaissances, techniques et stratégies) reliés aux compétences disciplinaires et transversales — à l'aide de définitions, d'exemples concrets, de schémas accessibles et d'illustrations — et, par conséquent, il peut être utilisé à diverses fins : donner un aperçu de la matière qui sera étudiée sous peu, préparer à une évaluation, étoffer un travail de recherche, consolider des apprentissages, enrichir sa culture, etc. Il répond également au souhait des parents d'actualiser leur bagage de connaissances afin d'aider leurs enfants au moment des devoirs et des leçons. Aussi, chaque notion est clairement associée aux cycles ciblés, et ce, par les chiffres de 1 à 3 situés dans la marge de droite.

Bonne lecture et bon travail,

Stéphane Vallée

# CHAPITRE 1

# FRANÇAIS, LANGUE D'ENSEIGNEMENT

## 1.1 LIRE DES TEXTES VARIÉS

### 1.1.1 LES DIFFÉRENTS GENRES DE TEXTES ET LEURS CARACTÉRISTIQUES

#### Quels types de textes racontent ?

◇ **Le roman :** œuvre littéraire longue mêlant le réel et l'imaginaire et qui raconte les aventures ou le destin d'un personnage principal, ou une intrigue impliquant plusieurs personnages, et ce, en y intégrant la description de leurs caractéristiques physiques et psychologiques. ① ❷ ❸

◇ **Le conte :** récit d'aventures imaginaires et féeriques (éléments de magie) destiné à instruire ou à divertir. ❶ ❷ ❸

◇ **La légende :** récit traditionnel contenant des éléments de merveilleux et reposant parfois sur des faits historiques qui ont été déformés ou exagérés par l'imagination populaire. ① ❷ ❸

◇ **La fable :** court récit souvent en vers qui présente une moralité, un principe ou une vertu et qui intègre souvent l'anthropomorphisme (attribuer des qualités humaines à des animaux). ❶ ❷ ❸

◇ **Le récit :** présentation ou description écrite ou orale de faits réels ou imaginaires. ❶ ❷ ❸

◇ **La nouvelle littéraire :** récit plus court que le roman et souvent insolite, mettant en scène un nombre limité de personnages. ① ❷ ❸

◇ **La bande dessinée :** histoire racontée à l'aide d'une série de dessins et souvent accompagnée de dialogues. ❶ ❷ ❸

◇ **Le reportage :** compte rendu direct et objectif d'informations reliées à un sujet d'actualité ou enquête réalisée à partir d'informations prises sur le vif. ① ❷ ❸

❖ **Le témoignage :** rapport verbal ou écrit d'un ou de plusieurs témoins portant sur un fait ou un événement et visant à confirmer son authenticité ou à communiquer les impressions, les perceptions, les émotions de chaque témoin.  ① ❷ ❸

❖ **L'anecdote :** bref récit d'une aventure, d'un fait peu connu, curieux, amusant, qui concerne un événement ou un personnage connu.  ❶ ❷ ❸

❖ **Le fait divers :** brève nouvelle rapportée dans les médias et qui relate un événement de la vie quotidienne, souvent dramatique (accident, crime, disparition, etc.).  ① ❷ ❸

## *Quels types de textes décrivent ?*

❖ **Le rapport d'observation :** exposé ou compte rendu réalisé à la suite d'un examen attentif à partir des cinq sens (vue, ouïe, toucher, odorat, goût) à propos d'un fait ou d'un phénomène afin de mieux le comprendre.  ❶ ❷ ❸

❖ **Le compte rendu :** exposé, rapport détaillé portant sur les circonstances d'un événement ou d'une situation, sur une publication.  ① ❷ ❸

❖ **La liste :** énumération de mots (objets, personnes, caractéristiques, idées, etc.), hiérarchisée ou non, qui les regroupe sous un même thème et qui peut être consultée à tout moment pour mener une action.  ❶ ❷ ❸

❖ **La description :** évocation des principales caractéristiques (physiques ou psychologiques selon le sujet) d'un lieu, d'une situation, d'un personnage, d'un objet ou de sentiments.  ❶ ❷ ❸

❖ **La notice informative :** fascicule ou livret qui décrit le fonctionnement et l'entretien d'un appareil ou le mode d'emploi d'un produit.  ① ❷ ❸

❖ **La démonstration :** explication d'une donnée scientifique à l'aide d'expériences réalisées devant une assistance.  ❶ ❷ ❸

## Quels types de textes expliquent ?

❖ **La présentation :** action de montrer un objet ou d'exécuter une suite d'opérations, et ce, tout en émettant des commentaires devant un ensemble de personnes. ❶ ❷ ❸

❖ **L'article d'encyclopédie :** texte informatif souvent illustré portant sur un sujet particulier et tiré d'un ouvrage qui fait le tour de toutes les connaissances humaines en les présentant selon un ordre alphabétique ou thématique. ❶ ❷ ❸

❖ **La discussion :** échange d'idées, de propos, d'arguments dans le but de répondre à une question ou d'analyser une situation. ❶ ❷ ❸

❖ **Le reportage :** article ou compte rendu écrit par un journaliste ou un reporter dans le cadre d'une enquête ou d'une analyse. ① ❷ ❸

❖ **La nouvelle journalistique :** information de fraîche date qui relate les circonstances d'un événement d'intérêt public. ❶ ❷ ❸

## Quels types de textes disent comment faire ?

❖ **La recette :** description détaillée de la quantité des ingrédients requis pour préparer un mets et de la manière de procéder. ❶ ❷ ❸

❖ **La notice de montage ou de fabrication :** fascicule ou livret qui décrit la façon d'assembler ou de fabriquer un objet, un appareil, une machine. ❶ ❷ ❸

❖ **Le mode d'emploi :** notice dans laquelle apparaissent les instructions et les procédures sur l'utilisation d'un produit, d'un appareil, d'une technologie. ❶ ❷ ❸

❖ **Les conseils ou suggestions :** propositions ou recommandations faites à une personne afin de l'aider à exécuter une tâche correctement, à faire un choix adéquat. ❶ ❷ ❸

❖ **Le protocole expérimental :** démarche scientifique qui consiste à émettre une hypothèse ou une prédiction en lien avec une problématique, à réaliser une expérimentation, à en noter les résultats afin de les comparer avec l'hypothèse de départ, pour enfin apporter une solution à la problématique. ❶ ❷ ❸

❖ **Le plan technique :** dessin ou représentation graphique des pièces ou composantes d'une construction, d'un véhicule, d'une machine, d'un mécanisme, etc. ① ❷ ❸

❖ **Les instructions :** explications ou directives à propos d'une méthode à suivre, d'un travail à exécuter. ❶ ❷ ❸

❖ **Les consignes :** instructions, directives ou règles d'application données à une personne dans le cadre de l'exécution d'une tâche. ❶ ❷ ❸

❖ **Les règles d'un jeu :** conventions ou principes auxquels les joueurs doivent se soumettre pour pouvoir jouer. ❶ ❷ ❸

## *Quels types de textes visent à convaincre ou à faire agir ?*

❖ **Le message publicitaire :** message visant à faire connaître un produit, à inciter les consommateurs à se le procurer. ❶ ❷ ❸

❖ **La petite annonce :** court texte placé dans un journal et offrant ou demandant un bien ou un service. ❶ ❷ ❸

❖ **L'affiche promotionnelle :** feuille imprimée placardée dans un lieu public et portant une annonce publicitaire qui fait la promotion d'un produit, d'un service, d'un événement, etc. ❶ ❷ ❸

❖ **Le règlement :** ensemble de règles auxquelles on doit se conformer. ❶ ❷ ❸

❖ **La critique :** appréciation ou jugement verbal ou écrit d'une œuvre artistique (littéraire, musicale, etc.). ❶ ❷ ❸

❖ **Le texte d'opinion :** texte dans lequel l'auteur porte un jugement personnel ou prend position face à un enjeu, une situation, un événement, etc. ① ❷ ❸

❖ **La demande d'information :** question ou requête visant à obtenir un renseignement, une instruction, une indication, une précision, etc. ❶ ❷ ❸

❖ **L'invitation :** document par lequel on invite une ou plusieurs personnes à assister ou à prendre part à un événement. ❶ ❷ ❸

❖ **Le débat :** discussion d'un problème entre des personnes d'avis différents.　　①❷❸

## *Quels types de textes mettent en évidence le choix des mots, des images et des sonorités ?* ―――――――

❖ **La comptine :** formule enfantine chantée ou parlée servant à déterminer le rôle des participants à un jeu.　　①❷❸

❖ **Le poème :** texte rythmé et composé de vers qui riment ou non.　　❶❷❸

❖ **La chanson :** composition musicale alliée à un texte comportant des couplets et un refrain.　　❶❷❸

❖ **Le monologue :** discours d'une personne qui s'adresse à elle-même, sans interaction avec l'auditoire.　　①❷❸

❖ **Le proverbe :** formule stéréotypée donnant un conseil de sagesse pratique et populaire.　　①❷❸

❖ **Le rébus :** devinette imagée consistant en une suite de mots, de dessins, de lettres ou de chiffres qui évoquent par le son ce que l'on veut exprimer.　　❶❷③

❖ **L'expression drôle :** groupe de mots assemblés de manière à faire sourire ou rire l'interlocuteur.　　❶❷③

❖ **La charade :** jeu consistant à faire deviner un mot à partir de définitions ou d'indices reliés à ses syllabes.　　❶❷③

❖ **Le calligramme :** texte ou poème dans lequel les vers sont disposés de façon à former un objet en lien avec le sujet.　　①❷❸

❖ **L'acrostiche :** texte ou poème dans lequel la première lettre de chaque vers sert à former un mot-clé qui se lit à la verticale.　　❶❷❸

❖ **La devinette :** dans le cadre d'un jeu d'esprit, énigme ou question dont on doit deviner la réponse.　　❶❷③

❖ **Le slogan :** formule courte et expressive visant à promouvoir un produit, une marque de commerce ou une idée.　　①❷❸

❖ **Le dicton** : phrase populaire (parfois considérée comme un proverbe) exprimant une vérité reliée à l'expérience.　①❷❸

## *Quels types de textes comportent des interactions verbales ?*

❖ **L'entrevue** : rencontre prévue entre deux personnes dont l'une doit répondre à des questions concernant ses projets, ses actions, ses souhaits, ses compétences, etc.　①❷❸

❖ **L'entretien** : échange de propos (opinions, déclarations, affirmations, théories), conversation suivie entre deux ou plusieurs personnes.　①❷❸

❖ **Le dialogue** : conversation, discussion ou négociation entre deux personnes ou un groupe de personnes ; paroles échangées entre les personnages d'une œuvre de fiction.　①❷❸

❖ **La conversation** : échange de propos sur un ton familier et sur des thèmes variés.　❶❷❸

❖ **Le jeu de rôles** : jeu improvisé dans lequel les participants incarnent des personnages dans une situation fictive (p. ex. : jouer aux cow-boys et aux Indiens).　❶❷❸

❖ **La simulation** : imitation ou reproduction artificielle du fonctionnement d'un appareil, d'un système, d'un phénomène dans des conditions mesurées et encadrées afin d'étudier ce fonctionnement, de l'expliquer ou d'en faire la démonstration.　①❷❸

❖ **La saynète** : sketch, scène ou courte pièce parfois comique comportant un petit nombre de personnages.　❶❷❸

❖ **La dramatisation** : adaptation théâtrale d'un texte littéraire.　①❷❸

❖ **Le clavardage** : conversation par écrit et en direct par l'entremise d'un réseau informatique tel qu'Internet.　①❷❸

❖ **La bande dessinée** : histoire racontée à l'aide d'une série de dessins et accompagnée de dialogues.　❶❷❸

❖ **La causerie** : conversation familière entre plusieurs personnes et portant sur des sujets simples, accessibles.　❶❷❸

❖ **Le cercle de lecture :** atelier de discussion pendant lequel les participants donnent leur opinion sur un texte ou un livre, en font la critique, échangent leurs points de vue. ❶ ❷ ❸

❖ **Le conseil de coopération :** atelier de discussion pendant lequel les participants collaborent à la gestion du groupe pour le maintien de saines relations interpersonnelles, pour l'organisation du travail, le partage des responsabilités et la réalisation de projets communs. ❶ ❷ ❸

## *Quels types de textes illustrent des informations ou des idées ?*

❖ **Le tableau :** disposition en lignes et en colonnes d'informations ou de données (noms, dates, nombres, définitions, etc.) afin d'en faciliter la consultation. ❶ ❷ ❸

❖ **Le schéma :** représentation simplifiée et symbolique de quelque chose sous la forme d'un dessin. ❶ ❷ ❸

❖ **Le diagramme :** représentation graphique (bandes, ligne brisée, pictogrammes) de données souvent numériques (mesure, quantité, volume, etc.) en lien avec un sujet pour en faciliter la compréhension. ❶ ❷ ❸

❖ **Le plan :** représentation graphique en projection horizontale des rues d'une ville, des bornes d'un terrain, des pièces d'une maison, etc. ❶ ❷ ❸

❖ **La carte sémantique ou conceptuelle :** représentation graphique d'un remue-méninges à partir d'un thème central autour duquel gravitent des idées, des éléments, des composantes, des concepts, etc. (p. ex. : château – tour, pont-levis, forteresse, roi, monarchie, etc.). ❶ ❷ ❸

❖ **La caricature :** dessin qui déforme ou exagère certains aspects physiques ou caractéristiques d'un personnage afin de s'en moquer. ① ❷ ❸

❖ **La murale :** œuvre artistique réalisée directement sur un mur. ❶ ❷ ❸

❖ **La maquette :** reproduction à échelle réduite d'un véhicule, d'une machine, d'un système, d'une construction. ① ❷ ❸

❖ **Les croquis commentés :** représentation simplifiée d'un objet accompagnée de remarques, d'observations ou d'explications. ❶ ❷ ❸

## *Quels types de textes servent d'outils de référence ?* ───────

❖ **L'imagier :** livre illustré destiné à l'acquisition du vocabulaire en lien avec un sujet (p. ex. : imagier des animaux sauvages, imagier des métiers, imagier des verbes d'action). ❶ ② ③

❖ **La banque de mots avec pictogrammes :** recueil de mots associés à des dessins figuratifs simplifiés pour en faciliter la lecture ou l'écriture. ❶ ② ③

❖ **L'abécédaire :** livre illustré destiné à l'apprentissage de l'alphabet. ❶ ② ③

❖ **Le dictionnaire visuel et usuel :** le dictionnaire visuel est un recueil de mots illustrés par des planches et regroupés par thèmes ; le dictionnaire usuel est un recueil de mots placés dans l'ordre alphabétique et pour lesquels on donne la définition, la classe grammaticale (nom, adjectif, etc.), des exemples d'emplois, des synonymes, etc. ❶ ❷ ❸

❖ **L'atlas :** recueil de cartes, de tableaux, d'illustrations et d'autres documents reliés à la géographie et à l'histoire. ① ❷ ❸

❖ **La fiche bibliographique :** document dans lequel on trouve des renseignements sur une source d'information : nom de l'auteur, titre de l'ouvrage consulté, lieu de publication et maison d'édition, année de parution, nombre de pages, etc. ① ❷ ❸

❖ **Le catalogue :** liste de personnes, d'objets, d'œuvres littéraires ou artistiques formant une collection ; liste d'articles accompagnés d'illustrations et des prix de vente. ❶ ❷ ❸

❖ **L'annuaire :** publication mise à jour chaque année et qui donne les noms, les coordonnées des membres d'une profession, des abonnés à un service (p. ex. : annuaire téléphonique), des étudiants appartenant à une même faculté, etc. ❶ ❷ ❸

❖ **La banque de données :** ensemble organisé d'informations, comportant souvent un index (liste alphabétique ou thématique) et des fichiers regroupés en catégories ; elle est la plupart du temps informatisée.

① ❷ ❸

❖ **Le lexique :** recueil qui comprend la liste des termes utilisés dans l'ouvrage d'un auteur, dans une science, une technique.

❶ ❷ ❸

❖ **Le glossaire :** liste alphabétique, placée à la fin d'un ouvrage, de termes spéciaux, anciens ou mal connus, qui y sont utilisés.

① ❷ ❸

❖ **Le dictionnaire analogique :** dictionnaire qui groupe des mots selon leurs rapports de sens ; il permet entre autres de trouver un terme précis à partir de mots approximatifs ou inexacts.

① ❷ ❸

❖ **Le dictionnaire de synonymes et d'antonymes :** recueil de mots pour lesquels on propose des synonymes (mots ayant un sens semblable ou rapproché) et des antonymes (mots ayant un sens contraire) afin d'éviter les répétitions et d'enrichir un texte.

① ❷ ❸

❖ **Le dictionnaire de rimes :** recueil de mots classés selon leur finale sonore (p. ex. : papill*on*, fanfar*on*, rigod*on*, viol*on*).

① ❷ ❸

❖ **Le dictionnaire d'expressions figées et de proverbes :** recueil d'énoncés passés à l'histoire (p. ex. : sens dessus dessous, mettre au pied du mur, se tourner les pouces) et contenant parfois des conseils de sagesse (p. ex. : les bons comptes font les bons amis).

① ❷ ❸

❖ **Le code grammatical :** ensemble des règles qui régissent la phrase et le texte (classes de mots, groupes de mots, fonctions des mots ou des groupes de mots, ponctuation), l'orthographe (homophones, accord du déterminant, du nom, de l'adjectif, du verbe et du participe passé) et la conjugaison (formes du verbe).

① ❷ ❸

❖ **La grammaire adaptée :** code grammatical se concentrant sur les règles de base (pluriel des noms, majuscule au début d'une phrase, point à la fin d'une phrase, etc.).

❶ ② ③

❖ **Le tableau de conjugaison :** liste des formes que peut prendre un verbe selon les personnes (1<sup>re</sup>, 2<sup>e</sup> ou 3<sup>e</sup> ; singulier ou pluriel), les modes (indicatif, impératif, subjonctif) et les temps (imparfait, passé, présent, futur).

① ❷ ❸

( 1.1.2 )  *LES ÉLÉMENTS LITTÉRAIRES RELIÉS AUX TEXTES*

### Que sont le temps et le lieu du récit ? ——————————

✦ **Le temps du récit :** époque à laquelle se déroulent les événements de l'histoire ; mais la narration ne rapporte pas toujours les faits dans leur déroulement chronologique (p. ex. : le retour en arrière présente une action qui s'est déroulée dans le passé), et une partie de la trame peut manquer (p. ex. : l'ellipse consiste à ne pas raconter une période de temps).  ❶ ❷ ❸

✦ **Le lieu du récit :** endroit où se déroulent les événements de l'histoire ; il peut influencer les actions et agir sur les émotions des personnages ; l'espace peut être ouvert (lieux diversifiés) ou restreint (lieu unique).  ❶ ❷ ❸

### Qu'est-ce que la séquence des événements ?——————————

✦ **La séquence des événements :** les événements peuvent être présentés dans l'ordre chronologique, en alternance entre le passé et le présent (retours en arrière), par des liens de cause à effet, par ordre d'importance, etc.  ❶ ❷ ❸

### Comment faire pour reconnaître les valeurs, les clichés et les stéréotypes ? ——————————

✦ **Les valeurs :** principes fondamentaux, idéaux et moraux servant de références à un individu, à une communauté, à une société (p. ex. : la famille, le succès, le bonheur, le pouvoir, le travail, l'effort, l'autonomie financière, l'amour, l'amitié, l'indépendance, l'engagement, l'honnêteté, le respect, la tolérance, la spiritualité, etc.) ; les valeurs ne sont pas les mêmes pour tous.  ① ② ❸

✦ **Les clichés :** expressions trop communes, détails ou aspects d'une œuvre de fiction qui ont été utilisés tellement de fois qu'ils en ont perdu leur charme et finissent par agacer le lecteur ou le spectateur (p. ex. : les méchants s'habillent en noir et les bons en blanc, les scientifiques ont les cheveux blancs et portent des lunettes, etc.).  ① ② ❸

❖ **Les stéréotypes** : opinions toutes faites ou idées préconçues (souvent inexactes ou sans fondement) à l'égard d'un type d'individus, d'un groupe ou d'une classe sociale (p. ex. : dans chaque famille, l'homme travaille et la femme reste à la maison, les motocyclistes appartiennent tous à des groupes criminels, etc.). ① ② ❸

## En quoi consistent les allusions et sous-entendus ?

❖ **Les allusions** : procédés qui consistent à dire explicitement une chose avec l'intention d'évoquer implicitement une autre idée sans la nommer (p. ex. : «comme avant le serpent et la pomme» évoque le paradis, l'état de bien-être vécu avant un obstacle ou un problème). ① ② ❸

❖ **Les sous-entendus** : procédés qui consistent à exprimer indirectement une idée, parfois avec une intention malveillante (p. ex. : «Il creuse sa tombe avec sa fourchette.» pour laisser entendre qu'une personne mange trop). ① ② ❸

## Quels sont les jeux de sonorité, expressions et autres figures de style ?

❖ **La répétition** : reprise d'un même mot ou d'une même expression dans une phrase ou un paragraphe afin de créer un effet d'insistance ou de mettre en valeur (p. ex. : «Le chat miaule ; je regarde le chat ; le chat s'enfuit… »). ❶ ❷ ❸

❖ **La comparaison** : établissement d'une similitude, d'une ressemblance entre deux éléments pour produire un effet poétique (p. ex. : «Les pétales des tournesols ressemblent à des rayons de soleil. »). ❶ ❷ ❸

❖ **La métaphore** : utilisation d'un terme concret dans un sens abstrait afin de le comparer en sous-entendu (p. ex. : «le printemps de la vie» pour signifier la jeunesse). ① ② ❸

❖ **L'inversion** : changement de l'ordre habituel des mots ou des groupes de mots faisant partie d'une phrase (p. ex. : «Grand tu es devenu avec le temps… »). ① ❷ ❸

❖ **Le mot-valise** : mot résultant de la fusion de deux parties d'autres mots (p. ex. : le mot «courriel» provient de «*courrier électronique*»). ① ❷ ❸

❖ **L'onomatopée :** mot créé pour évoquer un bruit particulier (p. ex. : « crac ! » pour faire penser à une branche qui casse). ❶ ❷ ❸

❖ **L'allitération :** répétition d'une même consonne dans des mots qui se suivent (p. ex. : « Le pauvre petit pêcheur prit plusieurs petits poissons. »). ❶ ❷ ❸

❖ **La rime :** retour du même son à la fin de deux vers (p. ex. : « Les étoiles sont comme des points lumin*eux* / Qui sont accrochés dans les ci*eux*. »). ❶ ❷ ❸

## (1.1.3) LES STRATÉGIES DE LECTURE

### Comment faire pour reconnaître et utiliser les mots d'un texte ?

❖ **Je reconnais instantanément les mots appartenant à mon vocabulaire visuel :** en me rappelant les mots étiquettes, en évoquant les mots en lien avec le sujet de la lecture. ❶ ❷ ❸

❖ **Je décode en contexte les mots nouveaux rencontrés à l'écrit par analyse-synthèse :** en prononçant à voix haute le mot inconnu, en observant le mot qui vient avant et celui qui vient après, en séparant les syllabes de différentes manières, en identifiant les sons qui causent problème à l'aide d'un code particulier, en procédant à l'analyse morphologique du mot (mots de même famille, préfixes et suffixes), en cherchant des mots substituts, en biffant les mots inutiles ou superflus. ❶ ❷ ❸

❖ **J'anticipe un mot ou un groupe de mots à partir de ce qui le précède :** en m'exerçant à l'aide de textes ou de dictées trouées, en me remémorant des expressions formées à l'aide de ces mots ou ces groupes de mots, en faisant des liens avec des textes lus portant sur le même sujet. ❶ ❷ ❸

❖ **Je recours aux correspondances graphophonologiques pour vérifier si les mots anticipés sont exacts :** en décodant les sons à partir des lettres et des syllabes. ❶ ❷ ❸

❖ **J'identifie les mots nouveaux en combinant plusieurs sources d'information :** en les surlignant ou les encerclant, en cherchant des mots de même famille dans le texte, en cherchant les illustrations ou les schémas. ❶ ❷ ❸

❖ **Je repère les mots porteurs de sens :** en soulignant ou encerclant les noms (sujets ou compléments), les verbes (actions), les adjectifs et les adverbes qui sont essentiels à la compréhension (p. ex. : « *Un avion* de l'armée américaine *s'est écrasé* dans un champ de maïs, *mais le pilote* a réussi à actionner le siège éjectable et *s'en est sorti sain et sauf.* » se résume par « Un avion s'est écrasé, mais le pilote s'en est sorti sain et sauf. »).  ① ❷ ❸

## *Comment faire pour gérer la compréhension d'un texte ?*

❖ **Je précise mon intention de lecture et la garde à l'esprit :** en déterminant le genre de texte (texte qui raconte, qui décrit, qui explique, etc.), en identifiant la raison pour laquelle je lis, en déterminant la tâche à accomplir par la suite.  ❶ ❷ ❸

❖ **J'explore la structure du texte pour orienter la recherche de sens :** en examinant le schéma du type de texte présenté (récit en cinq temps pour un texte qui raconte ; introduction, développement et conclusion pour un texte qui informe), en repérant les marques de dialogue, en lisant les titres, les sous-titres et les intertitres.  ❶ ❷ ❸

❖ **Je planifie ma manière d'aborder le texte :** en activant mes connaissances antérieures, en me posant des questions, en me rappelant les différentes façons de lire (survol ou lecture exploratoire pour capter le sens général, lecture sélective, lecture continue, lecture analytique pour encercler ou souligner des éléments d'information importants).  ① ❷ ❸

❖ **Je survole le texte pour anticiper son contenu :** en prédisant le contenu à partir de la jaquette du livre, de la première de couverture, du titre et des sous-titres, des illustrations et des diagrammes, de la table des matières, du glossaire, des mots qui sont soulignés ou mis en caractère gras, des encarts, de l'introduction ou des premières lignes du texte.  ❶ ❷ ❸

❖ **Je formule des hypothèses et les réajuste au fur et à mesure :** en lisant un chapitre ou une section à la fois, en prenant une pause pour imaginer la suite, en activant mes connaissances antérieures, en comparant avec des textes appartenant au même genre.  ❶ ❷ ❸

❖ **J'identifie les mots auxquels renvoient les pronoms, les synonymes et les autres termes substituts :** en reliant les substituts aux antécédents par des flèches, en inscrivant au-dessus les mots desquels ils découlent, en inscrivant dans la marge le sujet abordé dans chaque paragraphe. ① ❷ ❸

❖ **Je me sers du contexte pour donner du sens aux expressions figées ou aux proverbes :** en décrivant les émotions et sentiments éprouvés, en faisant des liens entre des mots et des images, en repérant des indices (adjectifs, verbes et adverbes). ① ❷ ❸

❖ **J'utilise les indices relatifs à la ponctuation :** en lisant à voix haute tout en marquant une courte pause aux virgules ou une pause plus longue aux points, points d'exclamation et points d'interrogation, en adoptant l'intonation qui convient aux types de phrases, en ressentant et en exprimant les émotions évoquées. ❶ ❷ ❸

❖ **J'évoque les liens établis par les connecteurs ou marqueurs de relation rencontrés dans le texte :** en surlignant les connecteurs et en précisant leur raison d'être (pour marquer une séquence, pour exprimer la cause ou la conséquence, pour comparer, pour coordonner deux informations), en les reliant par des flèches selon le rapport qui peut être établi entre eux, en les associant aux étapes du récit en cinq temps ou du texte courant. ① ❷ ❸

❖ **Je regroupe les éléments d'information éloignés les uns des autres :** en découpant le texte pour en regrouper les catégories d'information, en surlignant de la même couleur les informations semblables, en remplissant un tableau ou un diagramme, en numérotant les informations, etc. ① ❷ ❸

❖ **J'infère les éléments d'information implicites à partir de divers indices :** en trouvant une signification qui n'est pas énoncée clairement, mais qui est sous-entendue par l'auteur, en faisant des liens (p. ex. : inférer qu'un personnage est anxieux parce qu'il tremble et qu'il a mal au cœur), en tirant des conclusions (p. ex. : inférer qu'un personnage a été capturé parce qu'il ne s'est pas présenté à un rendez-vous), en ajoutant les informations manquantes. ① ❷ ❸

❖ **Je retiens l'essentiel de l'information recueillie au plan du contenu :** en résumant le contenu du texte, en prenant des notes, en remplissant des fiches de lecture, en surlignant les infor- ❶ ❷ ❸ mations qui semblent importantes, en reformulant l'idée principale de chaque paragraphe ou section, en annotant dans la marge, en écrivant les mots-clés, en relisant une seconde fois les passages importants ou intéressants.

✧ **Je surmonte les obstacles de compréhension par la poursuite de la lecture, des retours en arrière, la relecture d'un mot, d'une phrase ou d'un paragraphe, la reformulation intérieure, le questionnement du texte, l'ajustement de ma vitesse de lecture, la consultation d'outils de référence, le recours aux illustrations, aux schémas et aux graphiques, la discussion avec mes pairs.**   ❶ ❷ ❸

## *Comment faire pour évaluer ma démarche de lecture ?* ——

✧ **Je décris ou j'explique la démarche suivie :** en identifiant les difficultés ou obstacles rencontrés, en décrivant les étapes qui ont mené à la compréhension du texte lu, en nommant les outils de référence utilisés et les personnes-ressources consultées.   ① ❷ ❸

✧ **J'établis des liens entre la démarche utilisée et l'atteinte de mon intention de lecture :** en comparant mes hypothèses (formulées à l'aide d'indices comme le titre, les sous-titres, les illustrations, etc.) avec le texte lu, en utilisant le contenu du texte à diverses fins (p. ex. : réalisation d'une recette, respect des règles d'un jeu), en réagissant adéquatement au texte lu, en remplissant une grille d'autoévaluation fournie par mon enseignant(e) et qui porte sur des critères définis.   ① ❷ ❸

✧ **J'évalue l'efficacité des stratégies retenues :** en mettant en parallèle mes efforts et mes résultats (p. ex. : «Les résultats correspondent-ils au degré d'effort fourni?»), en participant à la coévaluation, en participant à une entrevue menée par mon enseignant(e).   ❶ ❷ ❸

✧ **Je m'autoévalue comme lecteur :** en comparant les résultats avec ceux obtenus dans les compréhensions de lecture antérieures, en appréciant la vitesse et le rythme de lecture, en identifiant mes forces et mes faiblesses, en considérant des pistes d'amélioration.   ① ❷ ❸

## 1.2 ÉCRIRE DES TEXTES VARIÉS

### 1.2.1 LA STRUCTURE DES TEXTES

#### De quelles étapes se compose le récit en trois temps ? ——

❖ **Le début :** présentation des personnages, du lieu et du temps où ① ❷ ❸
se déroule l'histoire, de la situation dans laquelle ils se trouvent
(p. ex. : le Petit Chaperon rouge est chargé par sa mère d'aller
porter à sa grand-mère des galettes et un petit pot de beurre).

❖ **Le milieu :** épreuve, conflit ou problème auxquels doivent faire ① ❷ ❸
face les personnages (p. ex. : le Petit Chaperon rouge est interpellé
par le méchant loup qui lui propose de prendre un faux raccourci ;
pendant ce temps, le loup en profite pour se rendre chez la grand-
mère, la dévorer et s'habiller avec ses vêtements pour tromper le
Petit Chaperon rouge).

❖ **La fin :** dénouement, résolution du conflit ou du problème ① ❷ ❸
(p. ex. : le Petit Chaperon rouge est sauvé de justesse des crocs
du méchant loup par un bûcheron qui a entendu ses cris).

#### De quelles étapes se compose le récit en cinq temps ? ——

❖ **La situation de départ ou situation initiale :** présentation ① ❷ ❸
des personnages, de leurs relations, des lieux et du temps dans
lesquels ils évoluent (p. ex. : Description de la vie paisible dans un
village typique).

❖ **L'élément déclencheur ou élément perturbateur :** élément ① ❷ ❸
de surprise qui amorce le suspense, incident ou problème inattendu
qui bouleverse ou déséquilibre les personnages (p. ex. : arrivée
d'un vilain qui veut s'emparer de la belle du village).

❖ **Les péripéties :** réactions des personnages en lien avec ① ❷ ❸
l'incident ou le problème et actions entreprises afin de le surmonter (p. ex. : poursuite du vilain par un homme courageux et amou-
reux de la belle).

❖ **Le dénouement :** action finale qui permet de résoudre le pro- ① ❷ ❸
blème, de surmonter l'obstacle, et qui transforme à jamais les personnages (p. ex. : anéantissement du vilain par l'homme courageux
à l'aide d'une pierre magique).

❖ **La situation finale :** retour à une situation d'équilibre, réflexion ① ❷ ❸
des personnages en lien avec les aventures vécues (p. ex. : l'homme
courageux revient au village avec sa belle).

## De quelles étapes se compose un texte courant (qui informe, qui explique) ?

❖ **L'introduction :** présentation succincte du sujet (le sujet amené ① ❷ ❸
introduit de manière générale le sujet, soit par un fait d'actualité, soit par une expérience personnelle ; le sujet posé présente
l'énoncé du sujet précis ou de la problématique, souvent sous la
forme d'une question, et peut inclure une hypothèse de solution ;
le sujet divisé présente sommairement les aspects du problème
qui seront abordés, la façon dont ils seront abordés).

❖ **Le développement :** énumération et description des aspects du ① ❷ ❸
sujet ou du problème ; énoncé des idées de manière logique ; diffé-
renciation des faits, des arguments et des événements ; les aspects
ou les idées sont généralement regroupés en paragraphes.

❖ **La conclusion :** résumé, reprise du message essentiel, rappel de ① ❷ ❸
l'hypothèse, rappel de la problématique ; souhait ou question pour
ouvrir des perspectives plus larges.

## En quoi consiste le double renversement ?

❖ **Le double renversement :** fable à deux personnages où ce qui se ① ② ❸
produit est le contraire de ce que l'on attend, ou dans laquelle les
positions des deux personnages se renversent (p. ex. : dans la fable
*Le Renard et le Corbeau* de Jean de La Fontaine, un renard attiré
par l'odeur d'un fromage que tient un corbeau dans son bec lui fait
croire qu'il est le plus bel oiseau pour qu'il se mette à chanter et
échappe le fromage : le corbeau se retrouve donc dans la position
du renard au début, sans fromage).

## En quoi consiste la causalité circulaire ?

❖ **La causalité circulaire :** cause qui produit un effet qui devient la ① ② ❸
cause d'un nouvel effet (p. ex. : l'inventeur d'une machine à voyager
dans le temps retourne dans le passé pour sauver sa bien-aimée,
mais oublie un objet de son époque qu'un individu mal intentionné
va utiliser pour modifier l'avenir).

## Quelles sont les marques du dialogue ?

❖ **Le deux-points :** le deux-points a plusieurs fonctions, mais dans ① ❷ ❸
un dialogue, il sert à introduire des paroles rapportées qui sont
placées entre guillemets (p. ex. : Elle demanda : « Quelle heure
est-il ? »).

❖ **Les guillemets :** les guillemets sont des signes de ponctuation ① ❷ ❸
toujours employés en paire ; l'un est ouvert et placé au début
des paroles rapportées, l'autre est fermé et placé à la fin (p. ex. :
« Quelle heure est-il ? » demanda-t-elle.).

❖ **Le tiret :** le tiret est un signe de ponctuation plus long que le ① ❷ ❸
trait d'union ; on le place au début des paroles rapportées, et on
le reprend à chaque changement d'interlocuteur (p. ex. : – Quelle
heure est-il ? demanda-t-elle.).

## Comment sont divisés les livres ?

❖ **Les chapitres :** les chapitres sont les divisions d'un livre, d'un ① ② ❸
code, d'un traité ou d'une loi ; ils sont souvent numérotés, et ils
portent parfois un titre.

❖ **Les sections :** les sections sont des subdivisions d'un livre, des ① ② ❸
parties d'un chapitre qui traitent d'un aspect particulier du sujet
abordé.

❖ **Les paragraphes :** les paragraphes sont des divisions d'un texte ① ② ❸
qui présentent une unité de sens, qui développent un aspect ou une
facette du thème général ; ils comportent la plupart du temps un
alinéa (retour à la ligne et renfoncement de la première ligne du
paragraphe).

❖ **Les titres :** les titres sont des énoncés (mot ou groupe de mots) ① ② ❸
qui servent à nommer des textes, des ouvrages ou des œuvres
artistiques, musicales ou cinématographiques ; ils donnent souvent
une idée du contenu.

❖ **Les sous-titres :** les sous-titres reprennent en quelques mots ① ② ❸
l'idée contenue dans une section ou un chapitre.

❖ **Les intertitres :** les intertitres reprennent en quelques mots ① ② ❸
l'idée contenue dans un paragraphe ou un article de loi.

## Quels sont les principaux connecteurs ou marqueurs de relation ?

❖ **Les connecteurs de séquence :** après, avant tout, bref, ❶ ❷ ❸
d'abord, deuxièmement, enfin, en fin de compte, en premier lieu,
en second lieu, en somme, ensuite, finalement, par ailleurs, pour
conclure, pour continuer, pour débuter, pour terminer, première-
ment, puis, troisièmement, voyons maintenant, etc.

❖ **Les connecteurs de cause :** à cause de, à force de, car, d'autant ① ❷ ❸
que, du fait que, en raison de, étant donné que, grâce à, parce que,
puisque, vu que, etc.

❖ **Les connecteurs d'effet ou de conséquence :** alors, ainsi, au ① ❷ ❸
point que, c'est ainsi que, c'est pourquoi, de façon que, dès lors, de
sorte que, donc, en conséquence, par conséquent, par le fait même,
sans que, si bien que, etc.

❖ **Les connecteurs de comparaison :** aussi bien que, autant ① ② ❸
que, au lieu de, comme, comme si, de la même façon que, de même
que, moins que, pareillement à, plus que, selon que, tel que, tout
comme, etc.

❖ **Les connecteurs de coordination :** mais, ou, et, donc, car, ni, ① ❷ ❸
or, etc.

1.2.2 ## LES CONNAISSANCES LIÉES À LA PHRASE

## Quels sont les types et les formes de phrases ?

❖ **Le type déclaratif :** la phrase déclarative exprime une idée ; elle ① ❷ ❸
se termine généralement par un point ou des points de suspension
(p. ex. : « Les poissons possèdent des branchies qui leur permettent
de respirer dans l'eau. »).

❖ **Le type interrogatif :** la phrase interrogative énonce une ques- ① ❷ ❸
tion et se termine par un point d'interrogation (p. ex. : « Pourquoi
les chenilles se transforment-elles en papillons ? »).

❖ **Le type exclamatif :** la phrase exclamative traduit une émotion
(p. ex. : la colère, la joie, la surprise, etc.) et se termine par un
point d'exclamation (p. ex. : « Quel spectacle mémorable ! »). ① ❷ ❸

❖ **Le type impératif :** la phrase impérative exprime un ordre ou un conseil et se termine par un point ou un point d'exclamation (p. ex. : « Transvidez le lait dans ce bol. »). ① ❷ ❸

❖ **La forme positive ou affirmative :** la forme positive ou affirmative formule une idée, une question, une émotion ou un ordre de manière positive (p. ex. : « Antoine partira en vacances cet été. »). ① ❷ ❸

❖ **La forme négative :** la forme négative formule une idée, une question, une émotion ou un ordre de manière négative (p. ex. : « Nous ne terminerons pas nos devoirs ! ») ; on trouve alors dans la phrase un marqueur négatif (p. ex. : ne pas, ne plus, ne jamais, rien ne, aucun ne, etc.). ① ❷ ❸

## *Dans quels contextes a-t-on recours aux différents signes de ponctuation ?*

❖ **Le point :** signe de ponctuation utilisé à la fin d'une phrase de type déclaratif ou impératif (p. ex. : « Les grenouilles coassent sur les feuilles rondes des nénuphars. » et « Termine tes devoirs avant d'aller jouer dehors. »). ❶ ❷ ❸

❖ **Le point d'interrogation :** signe de ponctuation utilisé à la fin d'une phrase de type interrogatif, soit une question (p. ex. : « Comment les chauves-souris se dirigent-elles dans la noirceur ? »). ① ❷ ❸

❖ **Le point d'exclamation :** signe de ponctuation utilisé à la fin d'une phrase de type exclamatif ou impératif, ou après une interjection (p. ex. : « Beurk ! Comme ce parfum empeste ! » et « Silence ! Cessez de vous plaindre pour rien ! »). ① ❷ ❸

❖ **La virgule :** signe de ponctuation utilisé pour séparer les éléments d'une suite ou après un complément de phrase placé en début de phrase (p. ex. : « Tu auras besoin de crayons, de papier, de colle et de ciseaux. » et « En Australie, on retrouve des marsupiaux ou mammifères à poche ventrale. »). ① ❷ ❸

## *Quels sont les groupes de mots ?*

❖ **Le groupe du nom :** Le groupe du nom (GN) peut être formé     ❶ ❷ ❸
d'un nom seul (p. ex. : Josée), d'un déterminant + d'un nom
(p. ex. : la pomme), d'un déterminant + d'un nom + d'un adjectif
(p. ex. : des joues roses), d'un déterminant + d'un nom + des
adjectifs (p. ex. : une table rose et verte), d'un déterminant + d'un
adjectif + d'un nom (p. ex. : les belles routes), d'un déterminant +
d'un adjectif + d'un nom + d'un adjectif (p. ex. : des belles maisons
vertes), d'un déterminant + d'un nom + d'une préposition + d'un
nom (p. ex. : un sucre d'orge).

❖ **Le groupe du verbe :** le groupe du verbe (GV) peut être formé     ① ❷ ❸
du verbe (p. ex. : « Jérémie *marche.* »), du verbe suivi d'un ou de
plusieurs compléments du verbe (p. ex. : « Jérémie *marche sur le
trottoir.* ») ou du verbe suivi de l'attribut du sujet (p. ex. : « Jérémie
*semble triste.* »).

## *Quelles sont les fonctions syntaxiques des groupes de mots ?*

❖ **Le sujet :** le sujet est l'être ou la chose qui fait l'action exprimée     ① ❷ ❸
par le groupe du verbe ; on le trouve en posant les questions « Qui
est-ce qui ? » ou « Qu'est-ce qui ? » devant le verbe (p. ex. : « *Les
voitures* roulent sur la piste. »).

❖ **Le complément direct :** le complément du verbe fait partie     ① ② ❸
du GV et n'est pas relié au verbe par une préposition ; on le trouve
en posant les questions « Qui ? » ou « Quoi ? » après le verbe
(p. ex. : « Vous lancerez *une balle.* »).

❖ **Le complément indirect :** le complément indirect fait partie du     ① ② ❸
GV et est relié au verbe par une préposition (p. ex. : à, de, pour,
etc.) ; on le trouve en posant les questions « À qui ? », « À quoi ? »,
« De qui ? », « De quoi ? », « Pour qui ? » ou « Pour quoi ? » après le
verbe (p. ex. : « Claudine pense *aux vacances.* »).

❖ **L'attribut du sujet :** l'attribut du sujet fait partie du GV dont le     ① ② ❸
verbe est « être » ou un verbe attributif (p. ex. : paraître, sembler,
devenir, etc.) ; il souvent un adjectif ou un participe passé, et on
le trouve en posant la question « Comment ? » après le verbe
(p. ex. : « Tout paraît *normal.* »).

❖ **Le complément de phrase :** le complément de phrase apporte ① ② ❸
un complément d'information à la phrase de base ; on le trouve en
posant les questions « Où ? », « Quand ? » ou « Pourquoi ? » après
le verbe (p. ex. : « *Hier matin*, j'ai rencontré mon cousin. »). Il est
facultatif.

❖ **Le complément du nom :** le complément du nom est un mot ou ① ② ❸
un groupe de mots qui se joint au nom par une préposition pour en
préciser le sens ; on le trouve en posant les questions « À qui ? »,
« À quoi ? », « De qui ? », « De quoi ? », « Pour qui ? » ou « Pour quoi ? »
après le nom (p. ex. : « Le chien *de garde* me fixait de ses grands
yeux. »).

## *Comment se conjuguent les verbes ?*

❖ **Indicatif présent :** verbe avoir (j'ai, tu as, il a, nous avons, vous ① ❷ ❸
avez, ils ont), verbe être (je suis, tu es, il est, nous sommes, vous
êtes, ils sont), verbes de première conjugaison (j'aim*e*, tu aim*es*, il
aim*e*, nous aim*ons*, vous aim*ez*, ils aim*ent*), et verbes de deuxième
conjugaison (je fin*is*, tu fin*is*, il fin*it*, nous fin*issons*, vous fin*issez*,
ils fin*issent*), (j'écri*s*, tu écri*s*, il écri*t*, nous écriv*ons*, vous écriv*ez*,
ils écriv*ent*).

❖ **Passé composé :** verbe avoir (j'ai *eu*, tu as *eu*, il a *eu*, nous avons ① ❷ ❸
*eu*, vous avez *eu*, ils ont *eu*), verbe être (j'ai *été*, tu as *été*, il a *été*,
nous avons *été*, vous avez *été*, ils ont *été*), verbes de première
conjugaison (j'ai *aimé*, tu as *aimé*, il a *aimé*, nous avons *aimé*, vous
avez *aimé*, ils ont *aimé*), et verbes de deuxième conjugaison (j'ai
*fini*, tu as *fini*, il a *fini*, nous avons *fini*, vous avez *fini*, ils ont *fini*),
(j'ai *écrit*, tu as *écrit*, il a *écrit*, nous avons *écrit*, vous avez *écrit*,
ils ont *écrit*).

❖ **Futur simple :** verbe avoir (j'aurai, tu auras, il aura, nous aurons, ① ❷ ❸
vous aurez, ils auront), verbe être (je serai, tu seras, il sera, nous
serons, vous serez, ils seront), verbes de première conjugaison
(j'aim*erai*, tu aim*eras*, il aim*era*, nous aim*erons*, vous aim*erez*, ils
aim*eront*), et verbes de deuxième conjugaison (je fin*irai*, tu fin*iras*,
il fin*ira*, nous fin*irons*, vous fin*irez*, ils fin*iront*), (j'écri*rai*, tu écri-
*ras*, il écri*ra*, nous écri*rons*, vous écri*rez*, ils écri*ront*).

❖ **Imparfait :** verbe avoir (j'avais, tu avais, il avait, nous avions, vous aviez, ils avaient), verbe être (j'étais, tu étais, il était, nous étions, vous étiez, ils étaient), verbes de première conjugaison (j'aim*ais*, tu aim*ais*, il aim*ait*, nous aim*ions*, vous aim*iez*, ils aim*aient*), et verbes de deuxième conjugaison (je fin*issais*, tu fin*issais*, il fin*issait*, nous fin*issions*, vous fin*issiez*, ils fin*issaient*), (j'écriv*ais*, tu écriv*ais*, il écriv*ait*, nous écriv*ions*, vous écriv*iez*, ils écriv*aient*).  ① ❷ ❸

❖ **Conditionnel présent :** verbe avoir (j'aurais, tu aurais, il aurait, nous aurions, vous auriez, ils auraient), verbe être (je serais, tu serais, il serait, nous serions, vous seriez, ils seraient), verbes de première conjugaison (j'aim*erais*, tu aim*erais*, il aim*erait*, nous aim*erions*, vous aim*eriez*, ils aim*eraient*), et verbes de deuxième conjugaison (je fin*irais*, tu fin*irais*, il fin*irait*, nous fin*irions*, vous fin*iriez*, ils fin*iraient*), (j'écri*rais*, tu écri*rais*, il écri*rait*, nous écri*rions*, vous écri*riez*, ils écri*raient*).  ① ❷ ❸

❖ **Subjonctif présent :** verbe avoir (que j'aie, que tu aies, qu'il ait, que nous ayons, que vous ayez, qu'ils aient), verbe être (que je sois, que tu sois, qu'il soit, que nous soyons, que vous soyez, qu'ils soient), verbes de première conjugaison (que j'aim*e*, que tu aim*es*, qu'il aim*e*, que nous aim*ions*, que vous aim*iez*, qu'ils aim*ent*), et verbes de deuxième conjugaison (que je fin*isse*, que tu fin*isses*, qu'il fin*isse*, que nous fin*issions*, que vous fin*issiez*, qu'ils fin*issent*), (que j'écriv*e*, que tu écriv*es*, qu'il écriv*e*, que nous écriv*ions*, que vous écriv*iez*, qu'ils écriv*ent*).  ① ❷ ❸

❖ **Passé simple :** verbe avoir (j'eus, tu eus, il eut, nous eûmes, vous eûtes, ils eurent), verbe être (je fus, tu fus, il fut, nous fûmes, vous fûtes, ils furent), verbes de première conjugaison (j'aim*ai*, tu aim*as*, il aim*a*, nous aim*âmes*, vous aim*âtes*, ils aim*èrent*), et verbes de deuxième conjugaison (je fin*is*, tu fin*is*, il fin*it*, nous fin*îmes*, vous fin*îtes*, ils fin*irent*), (j'écriv*is*, tu écriv*is*, il écriv*it*, nous écriv*îmes*, vous écriv*îtes*, ils écriv*irent*).  ① ② ❸

❖ **Impératif présent :** verbe avoir (aie, ayons, ayez), verbe être (sois, soyons, soyez), verbes de première conjugaison (aim*e*, aim*ons*, aim*ez*), et verbes de deuxième conjugaison (fin*is*, fin*issons*, fin*issez*), (écri*s*, écriv*ons*, écriv*ez*).  ① ❷ ❸

## Comment s'accorde le participe passé employé avec l'auxiliaire « être » ?

✧ **Le participe passé employé avec « être » ou un autre verbe attributif (devenir, paraître, rester, sembler) :** il s'accorde en genre (masculin ou féminin) et en nombre (singulier ou pluriel) avec le sujet de ce verbe (p. ex. : « Vous êtes rav*is*. » et « Les fillettes semblaient enjou*ées*. »).  ① ② ❸

## Comment s'accorde le participe passé employé avec l'auxiliaire « avoir » ?

✧ **Le participe passé employé avec « avoir » :** il s'accorde en genre (masculin ou féminin) et en nombre (singulier ou pluriel) avec le complément direct placé devant le verbe, sinon il demeure invariable (p. ex. : « Les fleurs *que* nous avons cueilli*es* sont jolies. » et « Nous avons cueill*i* des *fleurs*. »).  ① ② ❸

## Comment effectue-t-on les accords dans le groupe du nom ?

✧ **Le déterminant et le nom :** le nom donne son genre (masculin ou féminin) et son nombre (singulier ou pluriel) au déterminant qui le précède (p. ex. : *un* ami / *une* amie, *ce* livre / *ces* livres) ; notons que, en règle générale, les noms de personnes et certains noms d'animaux prennent un « e » au féminin et que presque tous les noms prennent un « s » au pluriel (p. ex. : « Mon ami a cueilli une framboise. » devient « Mon ami*e* a cueilli des framboise*s* ».), mais certains noms ont une forme très différente au féminin ou prennent un « x » au pluriel (p. ex. : « Le décorateur a accroché un rideau à la fenêtre. » devient « La décora*trice* a accroché des rideau*x* à la fenêtre. »).  ❶ ❷ ❸

✧ **L'adjectif et le nom :** l'adjectif ou le participe passé employé sans auxiliaire s'accorde en genre (masculin ou féminin) et en nombre (singulier ou pluriel) avec le nom auquel il se rapporte et la plupart d'entre eux prennent un « e » au féminin et un « s » au pluriel (p. ex. : « Luc porte une cravate ray*ée* et des chaussettes trou*ées*. »), mais certains adjectifs ont une forme très différente au féminin ou prennent un « x » au pluriel (p. ex. : « Le nouveau magicien exécute un tour génial. » devient « La nouv*elle* magicienne exécute des tours géni*aux*. »).  ① ❷ ❸

## Comment s'orthographient les mots?

❖ **Le genre des noms :** certains noms difficilement catégorisables ❶ ❷ ❸
sont masculins (p. ex. : un accident, un aéroport, un autobus, un
avion, un bulbe, un effort, un escalier, un estomac, un étang, un
hôpital, un horaire, un instant, un obstacle, un orteil, un pétale, un
sandwich, un tentacule, un trampoline, un trombone, un univers,
etc.) et d'autres sont féminins (p. ex. : une action, une amitié, une
araignée, une automobile, une émission, une épaule, une espèce,
une huître, une île, une moustiquaire, une ombre, une oreille, une
truffe, une urgence, etc.), mais il suffit de se référer au dictionnaire
pour en déterminer le genre.

❖ **Les accents :** l'accent aigu ne se met qu'au-dessus du « e » ❶ ❷ ❸
(p. ex. : café, musée, goéland, poésie) ; l'accent grave se met
sur le « a » ou le « u » pour éviter la confusion entre deux mots
(p. ex. : la maison/il est *là*, ou/*où*), ainsi que sur le « e » (p. ex. :
mystère, trèfle, très) ; l'accent circonflexe se met sur le « a », le « o »
ou le « u » afin d'éviter la confusion entre deux mots (p. ex. : tache/
tâche, votre/vôtre, mur/mûr), sur le « i » des verbes en « aître » et en
« oître » lorsqu'il est suivi d'un « t » (p. ex. : naître, paraître, croître),
ainsi que sur le « e » des mots qui prenaient jadis un « e » et un « s »
(p. ex. : tête [teste], fenêtre [fenestre], forêt [forest]).

❖ **La cédille :** petit signe qui se place sous la lettre « c » (ç), devant ❶ ❷ ❸
les voyelles « a », « o » et « u », pour produire le son « s » et non le
son « k » (p. ex. : lança, colimaçon, reçu).

❖ **Le tréma :** petit signe formé de deux points que l'on met sur le ❶ ❷ ❸
« e », le « i » ou le « u » pour indiquer que la voyelle qui le précède
doit se prononcer à part (p. ex. : canoë, Noël, maïs, capharnaüm).

❖ **Le « e » muet :** plusieurs mots se terminent par un « e » muet ❶ ❷ ❸
(p. ex. : bougie, vie, vue) ou contiennent un « e » muet (p. ex. : éter-
nuement, balbutiement).

❖ **Les consonnes muettes :** plusieurs mots se terminent par une ❶ ❷ ❸
consonne qui reste muette, et pour savoir laquelle utiliser, il suffit
de trouver un mot dérivé ou le féminin (p. ex. : plom*b*/plomberie,
blan*c*/blanche, froi*d*/froide, fusi*l*/fusiller, cham*p*/champêtre, paradi*s*/
paradisiaque, cha*t*/chatte) ; toutefois, certains mots se terminent

par une consonne muette sans raison apparente (appétit, corps, crapaud, debout, jamais, nez, noix, nuit, paix, perdrix, pied, souris, temps, toujours, etc.).

❖ **Les consonnes redoublées :** plusieurs mots doublent la ❶❷❸
consonne, comme lorsqu'il y a un « c » après « a » ou « o »
(p. ex. : accueil, occasion.), lorsqu'il y a un « f » après « a », « o »,
« u », « di » ou « su » (p. ex. : affaire, effacer, offrir, différent, suffire),
lorsqu'il y a un « l » après « i » (p. ex. : illuminer, illusion), lorsqu'il y
a un « m » après « a », « i » ou « o » (p. ex. : méchamment, immobile,
commande), lorsqu'il y a un « n » après « co » ou dans les mots en
« enne » et en « onne » (p. ex. : connaître, mienne, bonne), lorsqu'il
y a un « p » après « su » (p. ex. : support, supplément), lorsqu'il y a
un « r » après « i » au début du mot (p. ex. : irresponsable, irriter),
lorsqu'il y a un « t » après « a » ou dans les mots en « ette »
(p. ex. : attention, chouette) et lorsqu'il y a un « s » entre deux
voyelles (p. ex. : mission, passion, frisson).

❖ **Le trait d'union :** plusieurs mots composés sont séparés par un ①❷❸
trait d'union (p. ex. : coupe-vent, fourre-tout, pique-nique), d'autres
sont formés de mots distincts (p. ex. : clin d'œil, chemin de fer,
bande dessinée) et d'autres sont soudés (p. ex. : portefeuille,
multicolore, aéroport).

❖ **La lettre « h » :** certains mots débutent par un « h » muet ①❷❸
(p. ex. : l'habit, l'herbe, l'heure, l'hiver, l'homme, l'horloge ; on les
fait précéder alors du « l' ») ou par un « h » aspiré (p. ex. : la hache,
la hâte, le hibou, le hockey, la huppe ; on les fait précéder alors de
« le » ou « la » selon leur genre).

❖ **Les homophones « a » et « à » :** le premier est le verbe « avoir » ❶❷❸
conjugué (3e pers. sing.) qu'on peut remplacer par « avait »
(p. ex. : « Il *a* attrapé le ballon. » devient « Il *avait* attrapé le ballon. ») ; le second est une préposition qui introduit un complément
(p. ex. : « Je suis allé *à* Montréal. »).

❖ **Les homophones « on » et « ont » :** le premier est un pronom ❶❷❸
indéfini qu'on peut remplacer par « il » (p. ex. : « *On* raconta l'histoire à tout le monde. » devient « *Il* a raconté l'histoire à tout le
monde. ») ; le second est le verbe « avoir » conjugué (3e pers. plur.)
qu'on peut remplacer par « avaient » (p. ex. : « Les policiers *ont*
arrêté le voleur. » devient « Les policiers *avaient* arrêté le voleur. »).

❖ **Les homophones «son» et «sont»**: le premier est un déterminant possessif qu'on peut remplacer par «le» (p. ex.: «L'élève a perdu *son* crayon.» devient «L'élève a perdu *le* crayon.»); le second est le verbe «être» conjugué (3ᵉ pers. plur.) qu'on peut remplacer par «étaient» (p. ex.: «Les devoirs *sont* difficiles.» devient «Les devoirs *étaient* difficiles.»). **❶ ❷ ❸**

❖ **Les homophones «mes» et «mais»**: le premier est un déterminant possessif qu'on peut remplacer par «les» (p. ex.: «*Mes* souliers sont détachés.» devient «*Les* souliers sont détachés.»); le second est une conjonction (marqueur de relation) qu'on peut remplacer par «et pourtant» (p. ex.: «Il a boudé *mais* n'a pas pleuré.» devient «Il a boudé *et pourtant* il n'a pas pleuré.»). **❶ ❷ ❸**

❖ **Les homophones «ou» et «où»**: le premier est une conjonction (marqueur de relation) qu'on peut remplacer par «ou bien» (p. ex.: «Préfères-tu la confiture *ou* le beurre d'arachide?» devient «Préfères-tu la confiture *ou bien* le beurre d'arachide?»); le second est un adverbe ou un pronom qui indique un lieu (p. ex.: «*Où* sont mes chaussettes? Elles ne sont pas dans le tiroir *où* je les avais rangées.»). **❶ ❷ ❸**

❖ **Les homophones «ce» et «se»**: le premier est un déterminant démonstratif qui s'emploie devant un nom (p. ex.: «*Ce garçon* perd la tête!»); le second est un pronom personnel qui s'emploie devant un verbe (p. ex.: «Il *se grattait* le genou.»). **① ❷ ❸**

❖ **Les homophones «ces» et «ses»**: le premier est un déterminant démonstratif qu'on peut remplacer par «ces …-là» (p. ex.: «*Ces* feuilles sont jaunies.» devient «*Ces* feuilles-*là* sont jaunies.»); le second est un déterminant possessif qu'on peut remplacer par «ses … à lui» (p. ex.: «Le fermier a nourri *ses* bêtes.» devient «Le fermier à nourri *ses* bêtes *à lui*.»). **① ❷ ❸**

❖ **Les homophones «c'est» et «s'est»**: le premier est la combinaison d'un pronom démonstratif et du verbe «être» conjugué qu'on peut remplacer par «cela semble» (p. ex.: «*C'est* difficile de remplir ce questionnaire.» devient «*Cela semble* difficile de remplir ce questionnaire.»); le second est la combinaison d'un pronom personnel et du verbe «être» conjugué qu'on peut remplacer par «s'est … lui-même» (p. ex.: «Le voleur *s'est* rendu à la police.» devient «Le voleur *s'est* rendu *lui-même* à la police.»). **① ❷ ❸**

✧ **Les homophones «ça» et «sa»:** le premier est un pronom ① ❷ ❸
démonstratif qu'on peut remplacer par «cela» (p. ex.: «*Ça* ne
fonctionne pas!» devient «*Cela* ne fonctionne pas!»); le second est
un déterminant possessif qu'on peut remplacer par «la» (p. ex.:
«Cette dame a perdu *sa* montre.» devient «Cette dame a perdu *la*
montre.»).

✧ **Les homophones «leur» et «leurs»:** le premier est un déter- ① ❷ ❸
minant possessif ou un pronom possessif qui s'emploie devant un
nom singulier ou un verbe (p. ex.: «Les membres de la famille se
réfugièrent dans *leur maison.*» et «Le gardien *leur jeta* un regard
suspicieux.»); le second est un déterminant possessif qui s'emploie
devant un nom pluriel (p. ex.: «Ils se sont débarrassés de *leurs
vieilleries.*»).

(1.2.3) ## *LES STRATÉGIES D'ÉCRITURE*

### *Comment faire pour planifier l'écriture d'un texte?*————

✧ **Je me rappelle les expériences d'écriture que j'ai vécues:** ① ❷ ❸
en relisant les productions écrites faisant partie de mon portfolio, en consultant les commentaires et les questions de mon
enseignant(e), en identifiant mes forces et mes faiblesses, en considérant des pistes d'amélioration.

✧ **J'utilise un déclencheur pour stimuler mon imaginaire:** ❶ ❷ ❸
œuvre d'art, illustration, photographie, objet, fait d'actualité,
lecture, collage de mots, bruit, mélodie, souvenir, odeur ou parfum,
costume, jeu du cadavre exquis, discussion, etc.

✧ **Je précise mon intention d'écriture et la garde constam-** ❶ ❷ ❸
**ment à l'esprit:** en établissant ce que je veux dire sur le sujet et
en déterminant la raison pour laquelle j'écris (Pour raconter? Pour
décrire? Pour expliquer? Pour dire comment faire? Pour convaincre ou faire agir? Pour mettre en évidence le choix des mots?), en
surlignant l'intention d'écriture dans le résumé du projet.

✧ **Je pense au destinataire du texte à produire:** en détermi- ① ❷ ❸
nant à qui je m'adresse pour choisir le registre de langue approprié, en participant à un jeu de rôle afin de me mettre dans la peau
du destinataire (Qu'aimerait-il apprendre sur le sujet?), en gardant
une image ou une photographie du destinataire à portée de main.

❖ **J'évoque un contenu possible :** en choisissant un sujet qui m'intéresse ou sur lequel je me questionne, en procédant à une tempête d'idées (remue-méninges), en discutant avec mes pairs. ❶ ❷ ❸

❖ **J'anticipe le déroulement ou l'organisation du texte :** en déterminant le genre auquel appartient le texte, en racontant le contenu à voix haute, en complétant le canevas fourni par mon enseignant(e), en remplissant un questionnaire, en imaginant divers traitements (p. ex. : narration à la 1$^{re}$ ou à la 3$^e$ personne, au présent ou au passé). ① ❷ ❸

❖ **Je dresse une carte d'exploration :** en procédant à une tempête d'idées (remue-méninges), en partant d'un mot ou d'un sujet central évocateur auquel se rattachent des caractéristiques, des propriétés, des composantes, des actions, des sentiments, et ce, afin de constituer une banque de mots. ① ❷ ❸

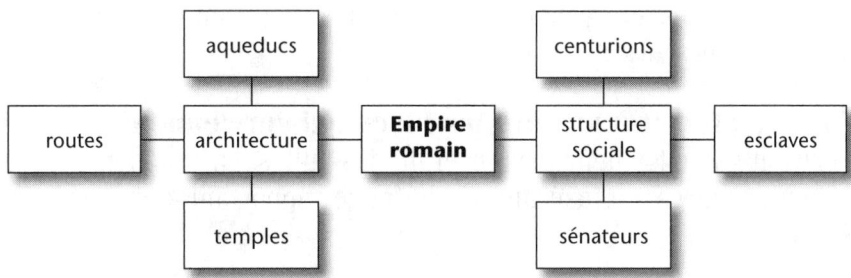

❖ **Je dresse un croquis ou un schéma :** en organisant la banque de mots obtenue grâce à la carte d'exploration, en reliant par un trait ou en regroupant les mots d'une même catégorie dans un même ensemble ou dans la même colonne d'un tableau, en illustrant le synopsis par un scénarimage (dessins permettant de visualiser les idées principales, comme au cinéma), en transcrivant les idées sur des fiches cartonnées pouvant être ordonnées différemment. ① ❷ ❸

❖ **Je dresse un plan sommaire :** en identifiant les idées principales ou les événements principaux, en identifiant les idées secondaires pour chaque idée principale, en choisissant l'ordre de présentation des idées (ordre chronologique, ordre d'importance). ① ❷ ❸

## Comment faire pour rédiger un texte ?———————

❖ **Je rédige une première version à partir des idées formu-** ❶❷❸
**lées mentalement :** en m'installant confortablement, en donnant
libre cours à mon imagination sans porter attention aux erreurs, en
écrivant à double interligne ou en laissant suffisamment d'espace
entre les lignes pour pouvoir ajouter des informations au besoin,
en raturant au lieu d'effacer pour conserver toutes traces d'idées
pouvant être utilisées ultérieurement, en écrivant mes idées sur
des bouts de papier qui seront ensuite joints selon un ordre établi.

❖ **Je retourne aux données du projet d'écriture ou à un sup-** ❶❷❸
**port externe :** en relisant l'intention d'écriture et les consignes,
en examinant des textes qui appartiennent au même genre.

❖ **Je relie la partie rédigée pour enchaîner la suite :** en m'im- ①❷❸
posant un temps d'arrêt, en identifiant et évaluant des alternatives
ou des possibilités, en résumant cette partie, en faisant des liens
avec des connecteurs.

❖ **J'ajoute au fur et à mesure les idées qui surviennent :** ①❷❸
en écrivant entre les lignes, en insérant des bulles, en commentant dans la marge, en insérant un chiffre se rapportant à une
référence.

## Comment faire pour réviser un texte ?———————

❖ **Je me demande si ce que j'écris correspond bien à ce que** ❶❷❸
**je veux dire :** en vérifiant si je respecte toujours le sujet, en m'assurant que le traitement est original et intéressant, que les idées
principales sont claires, que l'introduction ou les premières lignes
du texte captent l'intérêt, que les paragraphes sont bien construits,
que les idées sont reliées les unes aux autres, et que les informations rapportées sont véridiques, en consultant le schéma de la
structure de textes ou une liste de vérifications.

❖ **Je repère les passages à reformuler :** en repérant les répéti- ①❷❸
tions, en soulignant en couleur les contradictions, les incohérences,
les invraisemblances, les anachronismes (p. ex. : des objets qui
n'existaient pas à l'époque dépeinte) ou les ambiguïtés.

❖ **Je réfléchis à des modifications possibles :** en ajoutant des ① ❷ ❸
éléments dans les phrases (addition), en supprimant des éléments
superflus (effacement), en remplaçant des éléments par d'autres
qui ont la même fonction afin d'éviter les répétitions (remplace-
ment ou substitution), en déplaçant les éléments dans la phrase
afin de produire un nouvel effet (déplacement), en modifiant les
types ou les formes des phrases.

❖ **Je lis oralement mon texte à une ou plusieurs personnes :** ❶ ❷ ❸
en portant une attention particulière aux réactions engendrées
(langage non verbal, questionnement, incompréhension, incer-
titude).

❖ **Je demande à une ou plusieurs personnes de lire mon** ❶ ❷ ❸
**texte :** elles peuvent noter les passages nébuleux ou incompréhen-
sibles, me faire part des aspects dignes de mention et des éléments
à clarifier, à modifier ou à enlever, résumer le contenu afin de
comparer les points de vue.

❖ **Je choisis, parmi les suggestions obtenues, celles qui** ① ❷ ❸
**semblent le plus appropriées :** en pesant le pour et le contre
(les avantages ou les inconvénients), en adaptant les propositions,
en justifiant mes choix.

❖ **Je modifie le texte en recourant aux opérations syntaxi-** ① ❷ ❸
**ques :** en ajoutant ou en supprimant des adjectifs, des adverbes
ou des compléments (p. ex. : « Le chat se lèche. » devient « Le chat
gris de ma cousine Judith se lèche paresseusement la patte. »),
en déplaçant des mots ou des groupes de mots dans la phrase
(p. ex. : « Je suis allé au concert hier. » devient « Hier, je suis allé au
concert. »), en remplaçant des mots ou des groupes de mots ou en
transformant des phrases (p. ex. : « Les chapeaux sont interdits. »
devient « Les couvre-chefs ne sont pas permis. »).

❖ **Je relis mon texte plus d'une fois :** en m'assurant de faire les ❶ ❷ ❸
pauses requises par la ponctuation, en portant une attention particulière à l'enchaînement des idées.

## *Comment faire pour corriger un texte ?*

❖ **J'inscris des marques, des traces ou des symboles pouvant servir de rappel ou d'aide-mémoire :** en utilisant un code de couleurs (p. ex. : vert = à conserver, jaune = à vérifier, rouge = à modifier), en insérant des bulles qui contiennent des informations complémentaires ou supplémentaires, en apposant des papillons adhésifs sur lesquels sont inscrits des conseils ou des suggestions, en délimitant les parties que je veux intervertir ou interchanger. ❶ ❷ ❸

❖ **Je recours à une procédure de correction ou d'autocorrection :** en vérifiant si les phrases sont trop longues ou difficiles à comprendre, en m'assurant que les déterminants sont correctement accordés avec les noms, que les adjectifs sont placés au bon endroit et sont correctement accordés avec les noms, que les verbes sont conjugués au bon temps et qu'ils sont accordés avec leur sujet, que les mots sont bien orthographiés et que les homophones ont été écrits correctement, que la ponctuation convient aux types de phrases utilisés et que le texte est bien lisible. ❶ ❷ ❸

❖ **Je consulte les outils de référence disponibles :** en utilisant le dictionnaire pour l'orthographe des mots ou leur genre, le tableau de conjugaison pour l'accord des verbes, le code grammatical pour les autres accords dans la phrase et la ponctuation, le dictionnaire de synonymes pour éviter les répétitions. ❶ ❷ ❸

❖ **Je recours à un autre élève ou à un adulte :** en lui demandant de souligner mes erreurs, et ce, en me proposant des pistes sans me donner la réponse, en me faisant part de ses réactions ou de ses questions, en me donnant son appréciation. ❶ ❷ ❸

❖ **J'utilise les ressources d'un traitement de texte et d'un correcteur intégré :** en portant une attention particulière aux mots et groupes de mots irréguliers ou incertains qui sont soulignés par le traitement de texte, en faisant le choix adéquat parmi les orthographes ou accords suggérés par le correcteur, et ce, en vérifiant et contre-vérifiant à l'aide du dictionnaire, du tableau de conjugaison ou du code grammatical. ① ❷ ❸

## *Comment évaluer ma démarche d'écriture ?*

❖ **Je décris ou j'explique la démarche suivie :** en identifiant les **❶ ❷ ❸**
difficultés ou obstacles rencontrés, en décrivant les étapes qui ont
mené du plan au texte final, en nommant les outils de référence
utilisés et les personnes-ressources consultées.

❖ **Je vérifie l'atteinte de l'intention d'écriture :** en comparant **① ❷ ❸**
mon plan, mon brouillon et mon texte final, en remplissant une
grille d'autoévaluation fournie par mon enseignant(e) et qui porte
sur des critères définis (informations en nombre suffisant et pertinentes, texte adapté au destinataire).

❖ **Je me prononce sur l'efficacité des stratégies retenues :** **① ❷ ❸**
en mettant en parallèle mes efforts et mes résultats (p. ex. : « Les
résultats correspondent-ils au degré d'effort fourni ? »), en participant à la coévaluation, en participant à une entrevue menée par
mon enseignant(e).

❖ **Je m'autoévalue comme scripteur :** en comparant les résul- **① ❷ ❸**
tats avec ceux obtenus dans les productions écrites antérieures, en
identifiant mes forces et mes faiblesses, en considérant des pistes
d'amélioration.

## *1.3* COMMUNIQUER ORALEMENT

## *1.3.1* LES STRATÉGIES DE COMMUNICATION ORALE

## *Comment faire pour explorer ?*

❖ **Je suis les règles convenues pour un bon fonctionnement** **❶ ❷ ❸**
**des échanges :** en respectant le droit de parole lors des discussions, des ateliers du conseil de coopération, en gardant un contact
visuel avec mon interlocuteur, en répondant aux questions, en
étant bref dans mes propos pour donner la chance aux autres de
s'exprimer, en utilisant un langage respectueux.

❖ **Je dis tout ce qui semble lié au sujet sans en évaluer la** **❶ ❷ ❸**
**pertinence :** en assurant la continuité du propos, en adoptant
un vocabulaire précis, en distinguant les faits des opinions, en

décrivant (donner les caractéristiques), en expliquant (émettre des commentaires, procéder par étapes) ou en argumentant (présenter une preuve ou un raisonnement).

❖ **Je cherche à préciser ma pensée :** en déterminant de qui ou ❶ ❷ ❸
de quoi je parle (le sujet), pourquoi je parle (l'intention) et à qui je m'adresse (le destinataire), en utilisant un vocabulaire qui ne porte pas à confusion, en faisant appel aux connecteurs ou marqueurs de relation pour organiser les informations (introduction, développement, conclusion), en situant un point de vue et en rapportant des propos (citations).

❖ **Je recours à des gestes, des exemples, des illustrations,** ❶ ❷ ❸
**des objets pour appuyer mes paroles :** en m'assurant de leur pertinence et de leur efficacité, en éliminant tout ce qui pourrait distraire mon auditoire, en évitant le tape-à-l'œil (ces moyens doivent soutenir les propos et non les mettre au second plan).

❖ **J'utilise de nouveaux mots ou de nouvelles expressions :** ❶ ❷ ❸
en tenant compte de leur signification, en les utilisant dans le contexte approprié, en les définissant ou en utilisant des synonymes pour assurer leur compréhension ou pour éviter toute confusion, en donnant des exemples.

❖ **Je prends des risques de formulation, même s'il doit y** ❶ ❷ ❸
**avoir des répétitions, des maladresses, des hésitations :**
en ayant confiance en moi, en mettant ma gêne de côté, en faisant confiance à l'interlocuteur, en demandant de l'aide pour compléter, confirmer ou infirmer une information.

## Comment faire pour partager mes idées ?

❖ **Je clarifie mes propos ou mes réactions :** en utilisant des ❶ ❷ ❸
verbes ou des expressions qui annoncent un point de vue ou un jugement, en donnant des raisons qui appuient mon point de vue, en évoquant ce qui a suscité mes réactions, en décrivant les circonstances et en associant des émotions aux réactions.

❖ **Je questionne mes interlocuteurs pour accroître ma com-** ① ❷ ❸
**préhension, pour approfondir un sujet ou pour obtenir de**
**la rétroaction :** en utilisant les mots d'interrogation appropriés, en posant des questions ouvertes, en demandant des exemples, des

définitions ou clarifications, en sollicitant une critique constructive (écouter les commentaires, accepter les points de vue divergents, accueillir et noter les propositions et les pistes d'amélioration).

❖ **J'adapte ma façon de dire à mes interlocuteurs** : en choisissant le registre de la langue qui convient (familier, courant ou soutenu), en utilisant un vocabulaire varié, précis et accessible, et en structurant mes énoncés (phrases complètes comprenant au moins un sujet, un verbe et un complément, concordance des temps, ordre des mots). ① ❷ ❸

❖ **Je reviens au sujet lorsque je m'en éloigne** : en me référant à mon plan ou à un autre support visuel, en reprenant ou en rappelant ce qui a été dit plus tôt, en gardant en tête l'intention et le sujet de communication. ① ❷ ❸

❖ **Je soutiens ou valorise les propos d'autrui** : en utilisant des mots d'encouragement ou des compliments, en hochant la tête en guise d'approbation, en invitant à poursuivre, en applaudissant. ① ❷ ❸

❖ **Je recours à des éléments prosodiques** : en adaptant mon intonation (modulation de la parole marquant l'interrogation, l'exclamation, l'étonnement, la peur, etc.), mon débit (vitesse d'élocution, manière de réciter), mon volume (force et intensité du son) et mon rythme (distribution de temps forts, des accents et des pauses) à la situation et au destinataire. ❶ ❷ ❸

❖ **J'ajuste mes paroles en cas d'incompréhension** : en reformulant (dire dans d'autres mots, utiliser des termes substituts comme les synonymes), en paraphrasant (développer le sujet, donner de plus amples détails) ou en expliquant (donner des exemples, définir, procéder par étapes). ① ② ❸

## *Comment faire pour écouter activement ?* ───────────

❖ **J'adopte une attitude d'ouverture** : en cessant toute activité, en m'approchant et en me plaçant face à l'interlocuteur, en n'interrompant pas ses propos, en évitant d'entreprendre une autre tâche en même temps, en mettant de côté tout objet distrayant (crayon, trombone, élastique, etc.), en mettant de côté mes préjugés et en témoignant de l'empathie. ❶ ❷ ❸

❖ **Je prends une posture d'écoute :** en redressant le corps, en décroisant les bras et les jambes, en regardant l'interlocuteur dans les yeux, en me concentrant sur l'interlocuteur et en ignorant les bruits ambiants. ❶ ❷ ❸

❖ **J'utilise le langage non verbal pour montrer mon incompréhension, mon intérêt, mon accord ou mon désaccord :** en haussant les épaules ou en faisant la moue, en souriant ou en écarquillant les yeux, en hochant de la tête, en regardant ailleurs ou en baissant la tête. ❶ ❷ ❸

❖ **J'interprète le langage non verbal :** lorsque l'interlocuteur se croise les jambes, cela signifie généralement qu'il n'est plus réceptif ; lorsque l'interlocuteur se croise les pieds et se croise les bras en plaçant ses mains sous ses aisselles, cela signifie généralement qu'il est en désaccord ; lorsque l'interlocuteur place l'index sur la tempe, cela signifie généralement qu'il est concentré sur les propos ; lorsque l'interlocuteur se pince le menton, cela signifie généralement qu'il s'interroge ; lorsque l'interlocuteur pointe l'index vers le haut, cela signifie généralement que ce qu'il s'apprête à dire est très important. ① ② ❸

❖ **Je rappelle, répète ou reformule ce qui a été dit :** en donnant des exemples ou en faisant des commentaires, en récapitulant, en ajoutant de l'information, en utilisant des synonymes et en interprétant les propos. ① ❷ ❸

❖ **Je déduis le sens d'expressions ou de mots nouveaux d'après le contexte :** en tenant compte des indices sémantiques (établissement d'un lien avec le sujet, place du mot dans la phrase), des indices morphologiques (préfixes et suffixes, mots de même famille, classe grammaticale et fonction du mot) et des indices syntaxiques (l'ordre des mots, la verbalisation de la ponctuation). ① ❷ ❸

❖ **Je vérifie ma compréhension des propos des autres :** en distinguant les faits des opinions, en formulant des questions ou des observations, en notant les points à clarifier, en reformulant des propos, en me référant aux indices visuels (affiches, illustrations, présentations multimédias), en déterminant le point de vue de l'interlocuteur et en identifiant l'idée principale et les idées secondaires ou la structure de l'exposé. ① ❷ ❸

❖ **Je dégage des liens entre les propos échangés :** en nuan- ① ② ❸
çant (atténuer, tempérer, modifier légèrement), renforçant (consolider, étoffer, accentuer) ou révisant (modifier, remettre en cause)
mes perceptions, en confirmant ou réfutant mes prédictions, en
mettant en évidence les ressemblances et les différences ou les
avantages et les inconvénients, en confrontant et en ajustant mes
connaissances.

## *Comment faire pour évaluer mon écoute et mes interventions ?*

❖ **Je réfléchis à la qualité de mon écoute et de mes inter-** ❶ ❷ ❸
**ventions :** en prenant conscience de mes réactions (compréhen-
sion/incompréhension, intérêt/désintérêt, accord/désaccord), en
déterminant si les buts reliés à l'intention de communication ont
été atteints, en résumant des propos ou en répondant à des questions portant sur le contenu d'un exposé ou d'une conversation, en
tenant compte de la pertinence et des effets découlant des idées et
des arguments émis.

❖ **J'effectue un retour sur l'ensemble de la situation d'in-** ① ❷ ❸
**teraction :** en vérifiant la clarté de mes propos et l'intérêt des
membres de l'auditoire, en évaluant ma participation par le nombre
d'interventions et ma contribution aux prises de décision.

❖ **Je précise des éléments moins compris de ma communi-** ① ② ❸
**cation :** en m'appuyant sur les commentaires des interlocuteurs
et de l'enseignant(e), en identifiant des obstacles et des pistes
pour les surmonter, en demandant des éclaircissements à mon
enseignant(e).

## (1.4) *APPRÉCIER DES ŒUVRES LITTÉRAIRES*

### (1.4.1) *LES STRATÉGIES LIÉES À L'APPRÉCIATION D'ŒUVRES LITTÉRAIRES*

*Comment faire pour donner mon appréciation d'une œuvre littéraire ?* ─────────────

❖ **Je m'ouvre à l'expérience littéraire :** en lisant lors des     ❶❷❸
périodes de lecture ou à la bibliothèque scolaire, en fréquentant la bibliothèque municipale, en consultant des articles de journaux ou des revues d'actualité, en choisissant des lectures variées et adaptées à mon niveau de compétence en m'intéressant aux nouveautés.

❖ **Je suis à l'écoute de mes émotions et de mes sentiments :**     ①❷❸
en m'identifiant à l'auteur ou au personnage, en comparant mes valeurs avec celles qui sont diffusées dans le texte, en faisant part de mes attentes et de mes craintes face aux personnages et aux situations qu'ils vivent.

❖ **J'établis des liens avec mes expériences personnelles :** en     ❶❷❸
donnant des exemples de situations semblables que j'ai vécues ou que des personnes de mon entourage ont vécues, en faisant part de mes possibles réactions aux situations.

❖ **J'établis des liens avec d'autres œuvres :** en comparant deux     ①❷❸
livres qui traitent du même sujet ou deux livres du même auteur, en comparant un livre à son adaptation théâtrale, télévisuelle ou cinématographique (éléments semblables, éléments retranchés ou ajoutés).

❖ **Je me représente mentalement le contenu :** en visualisant     ❶❷❸
dans ma tête des scènes du livre, en illustrant des personnages, des lieux et des situations, en imaginant la suite d'un chapitre ou d'une histoire.

❖ **Je constate le traitement de la langue dans le texte pour**     ①②❸
**susciter certains effets :** en soulignant les expressions, les figures de style, les jeux de mots et les mots nouveaux ou savants, en identifiant le narrateur, et en déterminant le registre de la langue (familier, correct, soutenu).

❖ **Je reconnais ce qui appartient au réel et ce qui appartient à l'imaginaire** : en déterminant le genre de texte (le conte, la fable et la légende traitent de l'imaginaire, et le reportage, le compte rendu et la nouvelle journalistique dépeignent plutôt la réalité), en identifiant les personnages, les lieux et les situations qui me semblent vraisemblables ou invraisemblables, en vérifiant certaines informations dans des ouvrages de référence ou sur Internet.

① ❷ ❸

❖ **J'échange avec d'autres personnes** : en participant aux cercles littéraires et aux clubs de lecture, en conseillant certaines lectures aux autres, en partageant ses goûts en lecture, en échangeant des perceptions ou des impressions.

❶ ❷ ❸

❖ **Je me questionne à propos d'une œuvre** : en cherchant des informations sur l'auteur (biographie, bibliographie) et sur le contexte dans lequel l'œuvre a été écrite (époque, géographie, événements historiques), en imaginant ce qu'il advient des personnages par la suite.

① ② ❸

# CHAPITRE 2

ANGLAIS, LANGUE SECONDE

## 2.1 MOBILISER SA COMPRÉHENSION DE TEXTES ENTENDUS

### 2.1.1 LA ROUTINE DE CLASSE

**Quels énoncés ou questions sont couramment utilisés par l'enseignant(e)?** ❶ ② ③

| ANGLAIS | FRANÇAIS |
| --- | --- |
| ✧ Finished? | Terminé? |
| ✧ No? | Non? |
| ✧ OK? | D'accord? |
| ✧ Ready? | Prêt? |
| ✧ Red pencil? | Crayon rouge? |
| ✧ That's correct. | C'est exact. |
| ✧ Understood? | Compris? |
| ✧ Yes? | Oui? |

**Quelles sont les consignes les plus fréquemment données par l'enseignant(e)?** ❶ ② ③

| ANGLAIS | FRANÇAIS |
| --- | --- |
| ✧ Be quiet. | Garde le silence. |
| ✧ Close your book. | Ferme ton livre. |
| ✧ I have a question. | J'ai une question à poser. |
| ✧ Listen. | Écoute. |
| ✧ Look. | Regarde. |
| ✧ Sit down. | Assieds-toi. |
| ✧ Stand up. | Lève-toi. |
| ✧ Take out your book. | Prends ton livre. |
| ✧ Write. | Écris. |

## Comment répondre de manière appropriée aux consignes de l'enseignant(e) ?

❶ ② ③

| ANGLAIS | FRANÇAIS |
|---|---|
| ✧ I understand! | Je comprends ! |
| ✧ I'm ready! | Je suis prêt ! |
| ✧ No problem. | Aucun problème. |
| ✧ OK! | D'accord ! |

## Quels sont les mots d'encouragement utilisés en classe ?

❶ ② ③

| ANGLAIS | FRANÇAIS |
|---|---|
| ✧ Awesome! | Impressionnant ! |
| ✧ Excellent! | Excellent ! |
| ✧ Great job! | Beau travail ! |
| ✧ Hooray! | Hourra ! |
| ✧ Incredible! | Incroyable ! |
| ✧ Keep it up! | Continue ! |
| ✧ Super! | Super ! |
| ✧ Very good! | Très bien ! |
| ✧ Way to go! | Bel effort ! |
| ✧ Well done! | Bien fait ! |
| ✧ Wow! Beautiful! | C'est beau ! |

2.1.2 **LE LANGAGE EN RAPPORT AVEC LES CHANSONS, LES COMPTINES ET LES HISTOIRES**

### Quelles chansons et comptines doit-on apprendre ?

❶ ② ③

✧ **Les comptines :** formules enfantines chantées ou parlées servant à déterminer le rôle des participants à un jeu.

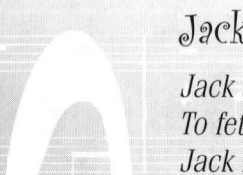

## Jack and Jill

*Jack and Jill went up the hill*
*To fetch a pail of water.*
*Jack fell down and broke his crown,*

*And Jill came tumbling after.*

## One, Two, Buckle My Shoe

*One, two, buckle my shoe*
*Three, four, shut the door*
*Five, six, pick up sticks*
*Seven, eight, lay them straight*
*Nine, ten, a big fat hen!*

## Itsy Bitsy Spider

*The itsy bitsy spider*
*Crawled up the water spout.*
*Down came the rain*
*And washed the spider out.*
*Out came the sun and dried up all the rain*
*And the itsy bitsy spider*
*Crawled up the spout again.*

## Are You Sleeping?

*Are you sleeping,*
*Are you sleeping?*
*Brother John?*
*Brother John.*
*Morning bells are ringing,*
*Morning bells are ringing,*
*Ding ding dong,*
*Ding ding dong.*

❖ **Les formulettes d'élimination :** formule enfantine chantée ou parlée servant à déterminer le rôle des participants à un jeu.  ❶ ② ③

## Eeny Meeny Miny Mo

*Eeny, meeny, miny, mo,*
*Catch a tiger by the toe.*
*If he hollers let him go,*
*Eeny, meeny, miny, mo.*

---

## Farmer, Farmer, Driving Cattle

*Farmer, farmer, driving cattle,*
*Listen to his money rattle!*
*One-a, two-a, three-a dollah,*
*Out goes he, now hear him hollah!*

---

## I Caught a Fish

*One, two, three, four, five,*
*Once I caught a fish alive.*
*Six, seven, eight, nine, ten,*
*Then I let him go again.*
*"Why did you let him go?"*
*"Because he bit my finger so!"*
*"Which finger did he bite?"*
*"This little finger on my right."*

✧ **Les ritournelles pour saut à la corde** : courtes phrases musi- ① ② ❸
cales répétées pour donner un rythme au saut à la corde.

## Skip the Rope

*One, two, three!*
*Who will skip the rope with me?*
*Swing it high, swing it low;*
*Over, under, who will go?*
*One, two, three!*
*Come on and skip with me!*

## Apples, Peaches, Pears and Plums

*Apples, peaches, pears and plums,*
*Tell me when your birthday comes.*
*January? February? March? April?*
*May? June? July? August?*
*September? October? November? December?*

## Cinderella

*Cinderella, dressed in yellow,*
*Went upstairs to kiss a fellow.*
*Made a mistake and kissed a snake.*
*How many doctors did it take?*
*One, two, three, four...*

## I Met a Girl Named Sally

*I met a girl named Sally,*
*She came from Cincinnati.*
*With a pickle for a nose*
*And forty-eight toes,*
*And that's the way the story goes.*
*I L-O-V-E love you!*
*I K-I-S-S kiss you!*
*I L-O-V-E, K-I-S-S, L-O-V-E love you!*

❖ **Les chansons avec gestes :** pièces vocales accompagnées de    ❶ ② ③
mouvements identifiés ou suggérés par les paroles.

## If You're Happy

*If you're happy and you know it, clap your hands.*
*If you're happy and you know it, clap your hands.*
*If you're happy and you know it, then your face*
   *will surely show it.*
*If you're happy and you know it, clap your hands.*

*If you're happy and you know it, stomp your feet...*
*If you're happy and you know it, shout. "Hurray!"...*

*If you're happy and you know it, do all three.*
*If you're happy and you know it, do all three.*
*If you're happy and you know it, then your face*
   *will surely show it.*
*If you're happy and you know it, do all three.*

---

## Head and Shoulders, Knees and Toes

*Head and shoulders, knees and toes,*
*Knees and toes, knees and toes.*
*Head and shoulders, knees and toes,*
*Eyes, ears, mouth and nose.*

*Ankles, elbows, feet and seat,*
*Feet and seat, feet and seat.*
*Ankles, elbows, feet and seat,*
*Hair, hips, chin and cheeks.*

## The Hokey Pokey

*You put your right hand in,*
*You put your right hand out.*
*You put your right hand in,*
*And you shake it all about.*
*You do the Hokey Pokey*
*And you turn yourself around.*
*That's what it's all about!*

*You put your left hand in…*
*You put both hands in…*
*You put your right foot in…*
*You put your left foot in…*
*You put both feet in…*
*You put your nose in…*
*You put your seat in…*
*You put your head in…*
*You put your whole self in…*

✧ **Les rondes :** chansons interprétées en tournant en rond et en se tenant par la main.  ❶ ② ③

## Looby Loo

*(Chorus)*
*Here we go looby loo.*
*Here we go looby light.*
*Here we go looby loo.*
*All on a Saturday night.*

*You put your right hand in.*
*You take your right hand out.*
*You give your hand a shake, shake, shake.*
*And turn yourself about.*

*(Repeat the chorus)*

*You put your left foot in.*
*You take your left foot out.*
*You give your foot a shake, shake, shake.*
*And turn yourself about.*

*(Repeat the chorus)*

*You put your right hip in.*
*You take your right hip out.*
*You give your hip a shake, shake, shake.*
*And turn yourself about.*

*(Repeat the chorus)*

*You put your whole self in.*
*You take your whole self out.*
*You give yourself a shake, shake, shake.*
*And turn yourself about.*

## The Mulberry Bush

*Here we go round the mulberry bush.*
*The mulberry bush, the mulberry bush.*
*Here we go round the mulberry bush.*
*So early in the morning.*

*This is the way we wash our clothes.*
*Wash our clothes, wash our clothes.*
*This is the way we wash our clothes.*
*So early Monday morning.*

*This is the way we iron our clothes… Tuesday morning.*
*This is the way we mend our clothes… Wednesday morning.*
*This is the way we sweep the floor… Thursday morning.*
*This is the way we scrub the floor… Friday morning.*
*This is the way we bake our bread… Saturday morning.*
*This is the way we go to church… Sunday morning.*

## Skip to My Lou

*(Chorus)*
*Skip, skip, skip to my Lou,*
*Skip, skip, skip to my Lou,*
*Skip, skip, skip to my Lou,*
*Skip to my Lou, my darlin'.*

*Fly's in the buttermilk,*
*Shoo, fly, shoo,*
*Fly's in the buttermilk,*
*Shoo, fly, shoo,*
*Fly's in the buttermilk,*
*Shoo, fly, shoo,*
*Skip to my Lou, my darlin'.*

*(Repeat chorus)*

*Cows in the cornfield,*
*What'll I do?*
*Cows in the cornfield,*
*What'll I do?*
*Cows in the cornfield,*
*What'll I do?*
*Skip to my Lou, my darlin'.*

*(Repeat chorus)*

*There's a little red wagon,*
*Paint it blue.*
*There's a little red wagon,*
*Paint it blue.*
*There's a little red wagon,*
*Paint it blue.*
*Skip to my Lou, my darlin'.*

*(Repeat chorus)*

## Ring Around the Rosie

*Ring around the rosie.*
*A pocket full of posies.*
*Ashes, ashes.*
*We all stand still.*

*The King has sent his daughter,*
*To fetch a pail of water.*
*Ashes, ashes.*
*We all fall down.*

*The bird upon the steeple,*
*Sits high above the people.*
*Ashes, ashes.*
*We all kneel down.*

*The wedding bells are ringing,*
*The boys and girls are singing.*
*Ashes, ashes,*
*We all fall down.*

✧ **Les chansons pour accompagner les jeux de ballon :** chansons qui permettent de lancer un ballon en respectant un certain rythme. ❶ ② ③

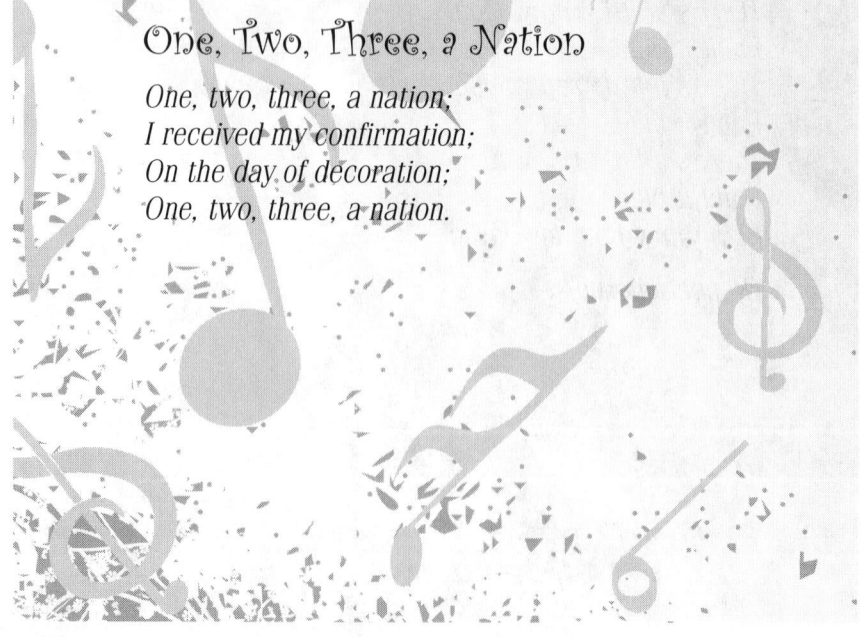

## One, Two, Three, a Nation

*One, two, three, a nation;*
*I received my confirmation;*
*On the day of decoration;*
*One, two, three, a nation.*

## Number One, Touch Your Tongue

*Number one, touch your tongue.*
*Number two, touch your shoe.*
*Number three, touch your knee.*
*Number four, touch the floor.*
*Number five, learn to jive.*
*Number six, pick up sticks.*
*Number seven, look at heaven.*
*Number eight, open the gate.*
*Number nine, touch your spine.*
*Number ten, do it again.*

## Are You Coming Out, Sir?

*Hello, hello, hello, sir.*
*Are you coming out, sir?*
*No, sir. Why sir?*
*Because I've got a cold, sir.*
*Where'd you get the cold, sir?*
*At the North Pole, sir.*
*What were you doing there, sir?*
*Catching polar bears, sir.*
*How many did you catch, sir?*
*One, sir, two, sir, three, sir.*
*That's enough for me, sir.*

✧ **Les chansons pour accompagner les jeux de mains :** chansons qui accompagnent les jeux dans lesquels on doit exécuter une série de gestes le plus rapidement possible et sans se tromper.

❶ ② ③

## Pat-a-Cake

*Pat-a-cake, pat-a-cake,*
*Baker's man.*
*Bake us a cake*
*As fast as you can!*

*Poke it and pat it*
*And mark it with a "B,"*
*Then put it in the oven*
*For baby and me!*

## Who Stole the Cookies from the Jar?

*Who took the cookies from the cookie jar?*
*Daddy took the cookies from the cookie jar.*
*Who, me? Yes you.*
*Couldn't be. Then who?*

## I Had a Little Sister

*I had a little sister,*
*Her name was Suzy Q.*
*I put her in the bathtub*
*To see what she would do do do!*

*She drank up all the water,*
*She ate the bar of soap,*
*She tried to eat the bathtub,*
*But it wouldn't go down her throat throat throat!*

*My mother called the doctor,*
*My mother called the nurse,*
*My mother called the lady*
*With the alligator purse purse purse!*

*My sister ate the doctor,*
*My sister ate the nurse,*
*My sister ate the lady*
*With the alligator purse purse purse!*

❖ **Les chansons à chanter en chœur :** les chansons où tous les    ❶ ② ③
participants chantent en même temps.

## The More We Get Together

*Oh, the more we get together,*
*Together, together,*
*Oh, the more we get together,*
*The happier we'll be.*

*For your friends are my friends,*
*And my friends are your friends.*
*Oh, the more we get together,*
*The happier we'll be!*

## The Wheels on the Bus

*The wheels on the bus go round and round,*
*Round and round, round and round.*
*The wheels on the bus go round and round,*
*All through the town.*

*The wipers on the bus go, "Swish, swish, swish,*
*Swish, swish, swish, swish, swish, swish."*
*The wipers on the bus go, "Swish, swish, swish,"*
*All through the town.*

*The door on the bus goes open and shut…*
*The horn on the bus goes, "Beep, beep, beep…"*
*The gas on the bus goes, "Glunk, glunk, glunk…"*
*The money on the bus goes, "Clink, clink, clink…"*
*The baby on the bus says, "Wah, wah, wah!…"*
*The people on the bus say, "Shh, shh, shh…"*
*The mommy on the bus says, "I love you… "*

## B-I-N-G-O

*There was a farmer who had a dog,*
*And Bingo was his name-o!*
*B-I-N-G-O, B-I-N-G-O, B-I-N-G-O*
*And Bingo was his name-o!*

## Old MacDonald

*Old Macdonald had a farm, E-I-E-I-O!*
*And on his farm he had a cow, E-I-E-I-O!*
*With a "moo, moo" here and a "moo, moo" there.*
*Here a "moo," there a "moo,"*
*Everywhere a "moo, moo."*
*Old Macdonald had a farm, E-I-E-I-O!*

*Old Macdonald had a farm, E-I-E-I-O!*
*And on his farm he had a pig, E-I-E-I-O!*
*With an "oink, oink" here, and ans "oink, oink" there.*
*Here an "oink," there an "oink,"*
*Everywhere an "oink, oink."*
*Old Macdonald had a farm, E-I-E-I-O!*

*Old Macdonald had a farm, E-I-E-I-O!*
*And on his farm he had a horse, E-I-E-I-O!*
*With a "neigh, neigh" here and a "neigh, neigh" there.*
*Here a "neigh" there a "neigh",*
*Everywhere a "neigh, neigh."*
*Old Macdonald had a farm, E-I-E-I-O!*

*Old Macdonald had a farm, E-I-E-I-O!*
*And on his farm he had a chicken, E-I-E-I-O!*
*With a "cluck, cluck" here and a "cluck, cluck" there.*
*Here a "cluck" there a "cluck,"*
*Everywhere a "cluck, cluck."*
*Old Macdonald had a farm, E-I-E-I-O!*

*Old Macdonald had a farm, E-I-E-I-O!*
*And on his farm he had a duck, E-I-E-I-O!*
*With a "quack, quack" here and a "quack, quack" there.*
*Here a "quack"there a "quack,"*
*Everywhere a "quack, quack."*
*Old Macdonald had a farm, E-I-E-I-O!*

## *Quels contes ou récits peut-on lire ?*

❖ **Quelques exemples de littérature enfantine :** « The Cat ① ❷ ❸
In the Hat » de Dr. Seuss, « Curious George » de H. A. Rey, « The
Gingerbread Man » de Jim Aylesworth, « James and the Giant
Peach » de Roald Dahl, « Little Red Riding Hood » de Charles
Perrault, « Mouse's First Halloween » de Lauren Thompson,
« No, David ! » de David Shannon, « The Polar Express » de Chris
Van Allsburg, « The Princess and the Frog » des frères Grimm,
« Rapunzel » des frères Grimm, « Red Is Best » de Kathy Stinson,
« Rumpelstiltskin » des frères Grimm, « Snow White and the Seven
Dwarfs » des frères Grimm, « Stephanie's Ponytail » de Robert N.
Munsch, « The Tale of Peter Rabbit » de Beatrix Potter, « Thomas'
Snowsuit » de Robert N. Munsch, « The Three Bears » de Paul
Galdone et « The Very Hungry Caterpillar » de Eric Carle.

## *Quelles émissions de télévision peut-on regarder ?*

❖ **Quelques exemples de productions audiovisuelles cana-** ① ❷ ❸
**diennes et américaines :** « Arthur », « Barney and Friends »,
« Big Comfy Couch », « Clifford the Big Red Dog », « Curious George »,
« George Shrinks », « Mister Rogers' Neighborhood », « Reading
Rainbow », « Sharon, Lois and Bram », « Sesame Street », « The
Berenstain Bears », « The Magic School Bus », « Zooboomafoo », etc.

**2.2**

# COMMUNIQUER ORALEMENT EN ANGLAIS

**2.2.1**

## LE RÉPERTOIRE DE MOTS ET DE COURTES EXPRESSIONS

### Quels sont les mots d'action usuels? ———— ❶ ② ③

| ANGLAIS | FRANÇAIS |
|---|---|
| ✦ Colour. | Colorie. |
| ✦ Come here. | Viens ici. |
| ✦ Continue. | Continue. |
| ✦ Cut. | Découpe. |
| ✦ Draw. | Dessine. |
| ✦ Dress up. | Habille-toi. |
| ✦ Drink | Bois. |
| ✦ Eat. | Mange. |
| ✦ Listen | Écoute. |
| ✦ Look | Regarde. |
| ✦ Match. | Associe. |
| ✦ Play. | Joue. |
| ✦ Put. | Mets. |
| ✦ Read. | Lis. |
| ✦ Run. | Cours. |
| ✦ Sit down. | Assois-toi. |
| ✦ Sleep. | Dors. |
| ✦ Stand up. | Lève-toi. |
| ✦ Walk. | Marche. |
| ✦ Write. | Écris. |

### Quels sont les mots usuels utilisés pour représenter des objets animés ou inanimés? ———— ❶ ② ③

| ANGLAIS | FRANÇAIS |
|---|---|
| ✦ apple | pomme |
| ✦ ball | balle |
| ✦ blackboard | tableau |
| ✦ book | livre |
| ✦ car | voiture |
| ✦ cat | chat |

| | |
|---|---|
| ❖ cookie | biscuit |
| ❖ dog | chien |
| ❖ doll | poupée |
| ❖ eraser | gomme à effacer |
| ❖ hat | chapeau |
| ❖ house | maison |
| ❖ milk | lait |
| ❖ pants | pantalon |
| ❖ paper | papier |
| ❖ pencil | crayon à mine |
| ❖ shoes | souliers |
| ❖ toy | jouet |
| ❖ tree | arbre |
| ❖ T-shirt | chandail à manches courtes/t-shirt |

## Quels sont les mots usuels utilisés pour représenter des gens ? ❶ ② ③

| ANGLAIS | FRANÇAIS |
|---|---|
| ❖ baby | bébé |
| ❖ boy | garçon |
| ❖ brother | frère |
| ❖ bus driver | chauffeur/chauffeuse d'autobus |
| ❖ dad | papa |
| ❖ dentist | dentiste |
| ❖ doctor | médecin |
| ❖ father | père |
| ❖ fireman | pompier/pompière |
| ❖ friend | ami/amie |
| ❖ girl | fille |
| ❖ grandfather | grand-père |
| ❖ grandmother | grand-mère |
| ❖ mom | maman |
| ❖ mother | mère |
| ❖ nurse | infirmier/infirmière |
| ❖ partner | coéquipier/coéquipière |
| ❖ pilot | pilote |
| ❖ principal | directeur/directrice |

| ANGLAIS | FRANÇAIS |
|---|---|
| ❖ secretary | secrétaire |
| ❖ sister | sœur |
| ❖ teacher | enseignant/enseignante |

## Quels sont les expressions usuelles utilisées pour signifier les besoins ?

❶ ② ③

| ANGLAIS | FRANÇAIS |
|---|---|
| ❖ May I have a drink, please? | Donnez-moi à boire, s'il vous plaît. |
| ❖ No green! | Non, pas de vert ! |
| ❖ Can I borrow a red pencil? | Tu me prêtes un crayon rouge ? |
| ❖ Can I borrow your sharpener? | Tu me prêtes le taille-crayon ? |
| ❖ Problem! | Problème ! |
| ❖ Please repeat! | Répète !/Répétez ! |
| ❖ May I please go to the washroom? | Les toilettes, s'il vous plaît ? |

## Quels sont les mots ou expressions usuels utilisés pour représenter des idées ?

❶ ② ③

| ANGLAIS | FRANÇAIS |
|---|---|
| ❖ above | au-dessus |
| ❖ around | autour |
| ❖ Are you happy today? | Heureux/heureuse, aujourd'hui ? |
| ❖ I don't like yellow. | Je n'aime pas le jaune. |
| ❖ I like blue. | J'aime le bleu. |
| ❖ in the middle. | Au centre |
| ❖ now | maintenant |
| ❖ today | aujourd'hui |
| ❖ tomorrow | demain |
| ❖ to the left | Vers la gauche |
| ❖ to the right | Vers la droite |
| ❖ under | au-dessous |
| ❖ yesterday | hier |

## Quelles sont les formules de politesse usuelles ? ——————— ❶ ② ③

| ANGLAIS | FRANÇAIS |
|---|---|
| ✧ Bye! | Salut! |
| ✧ Excuse me! | Pardon! |
| ✧ Good afternoon! | Bon après-midi! |
| ✧ Good morning! | Bonjour! |
| ✧ Goodbye! | Au revoir! |
| ✧ Hello! | Allô! |
| ✧ Hi! | Salut! |
| ✧ Please. | S'il vous plaît. |
| ✧ Sorry! | Désolé! |
| ✧ Thank you. | Merci! |
| ✧ Thanks. | Merci! |

## Quels sont les mots ou expressions utiles pour le travail en équipe ? —————————— ❶ ② ③

| ANGLAIS | FRANÇAIS |
|---|---|
| ✧ Good idea! | Bonne idée! |
| ✧ My turn. | Mon tour. |
| ✧ Relax! | Détends-toi! |
| ✧ Show me. | Montre-moi. |
| ✧ Slow down! | Ralentis!/Ralentissez! |
| ✧ Wait a minute! | Attends un instant! |
| ✧ Your turn. | Ton tour. |

## Quels sont les mots usuels utilisés pour décrire des objets animés et inanimés ? —————— ❶ ② ③

| ANGLAIS | FRANÇAIS |
|---|---|
| ✧ beautiful | beau |
| ✧ beige | beige |
| ✧ big | gros |
| ✧ black | noir |
| ✧ blue | bleu |

| | |
|---|---|
| ❖ brown | brun |
| ❖ color | couleur |
| ❖ cute | mignon |
| ❖ gentle | doux/douce |
| ❖ green | vert |
| ❖ grey | gris |
| ❖ nice | gentil |
| ❖ orange | orangé |
| ❖ pink | rose |
| ❖ purple | pourpre/violet |
| ❖ red | rouge |
| ❖ small | petit |
| ❖ ugly | laid |
| ❖ white | blanc |
| ❖ yellow | jaune |

## (2.2.2) LES STRATÉGIES DE DÉPANNAGE ET D'APPRENTISSAGE

### Quelles stratégies de dépannage peuvent être utilisées pour mieux comprendre et être compris ? ——————— ❶ ② ③

❖ **La demande d'aide et de clarification :** en demandant de l'aide ou en demandant de répéter une information (p. ex. : « Can you explain ? » et « Can you repeat ? »).

❖ **Les gestes :** en s'exprimant par des gestes à défaut de pouvoir trouver les mots appropriés (p. ex. : mimer l'action de tailler son crayon).

### Quelles stratégies d'apprentissage peuvent être utilisées pour mieux comprendre et être compris ? ——————— ❶ ② ③

❖ **La coopération :** en apprenant avec les autres avec l'objectif de s'entraider, en assumant ses responsabilités au sein de l'équipe et en s'impliquant dans toutes les étapes de la tâche.

✧ **L'attention dirigée :** en prêtant attention à la tâche, en adoptant une position d'écoute et en évitant de se laisser distraire par l'environnement visuel et sonore.

✧ **L'inférence :** en déduisant le sens d'un mot ou d'une phrase à partir de tous les indices disponibles comme le contexte, le sujet, les mots apparentés, les mots et les expressions connus, les indices visuels, les supports visuels, l'intonation et les passages répétitifs.

✧ **L'utilisation du langage non verbal :** en acquiesçant ou en répondant par la négative par un mouvement de tête, en mimant une réponse pour montrer sa compréhension et en haussant les épaules en cas d'incompréhension.

✧ **La pratique :** en redisant, en répétant, en regroupant, en intégrant et en assimilant les mots et les expressions.

✧ **L'anticipation :** en anticipant la tâche à accomplir grâce à ses connaissances antérieures, au sujet et aux illustrations, en poursuivant la tâche même si on ne saisit pas toutes les consignes.

✧ **La prise de risques :** en décidant de parler uniquement en anglais, en expérimentant avec le langage connu, en tentant de s'approprier de nouveaux mots, en écoutant des enregistrements audiovisuels en anglais, en prêtant une oreille attentive à l'accent, à l'intonation et à la prononciation.

✧ **L'autorégulation :** en vérifiant et en adaptant sa performance en cours.

✧ **L'autoévaluation :** en reconnaissant ses aptitudes et limites afin d'apprécier son accomplissement.

✧ **L'activation des connaissances antérieures :** en tirant parti de ses connaissances antérieures comme source d'information et en établissant des liens avec ses expériences personnelles.

✧ **L'utilisation des ressources :** en employant les ressources prévues pour l'exécution de la tâche, comme les affiches, les cartes éclairs, l'imagier, le dictionnaire, les pairs et l'enseignant(e).

## ⌐2.3⌐ *INTERAGIR ORALEMENT EN ANGLAIS*

### ⌐2.3.1⌐ *LES EXPRESSIONS UTILES*

*Quelles sont les consignes les plus fréquemment données par l'enseignant(e) ?*———— ① ❷ ❸

| ANGLAIS | FRANÇAIS |
|---|---|
| ✧ Be quiet. | Garde/Gardez le silence. |
| ✧ Close your book. | Ferme ton livre. |
| ✧ Erase the board. | Efface le tableau. |
| ✧ Go to the board. | Va au tableau. |
| ✧ Let's write the date. | Écrivons la date. |
| ✧ Listen. | Écoute. |
| ✧ Look. | Regarde. |
| ✧ Open your binder. | Ouvre ta reliure à anneaux. |
| ✧ Open/close the window. | Ouvre/ferme la fenêtre. |
| ✧ Push your chair. | Pousse ta chaise. |
| ✧ Raise your hand. | Lève la main. |
| ✧ Sit down. | Assois-toi. |
| ✧ Stand up. | Lève-toi. |
| ✧ Take out your book. | Prends ton livre. |
| ✧ Turn on/off the light. | Ouvre/ferme la lumière. |
| ✧ Write. | Écris. |

*Quelles sont les formules les plus fréquemment utilisées pour gagner du temps ?* ———— ① ❷ ❸

| ANGLAIS | FRANÇAIS |
|---|---|
| ✧ I'm not ready. | Je ne suis pas prêt/prête. |
| ✧ I'm not sure. | Je ne suis pas certain/certaine. |
| ✧ Let me think about it. | Laisse-moi y penser. |
| ✧ Let's see. | Voyons cela. |
| ✧ Wait a minute! | Attends un instant ! |
| ✧ Well? | Alors ? |

## Quelles sont les formules les plus fréquemment utilisées pour demander de l'aide ou des explications ? ————

① ❷ ❸

| ANGLAIS | FRANÇAIS |
|---|---|
| ✦ Can you help me, please? | Peux-tu m'aider, s'il te plaît ? |
| ✦ Can you repeat, please? | Peux-tu répéter, s'il te plaît ? |
| ✦ How do you say "pomme" in English? | Comment dis-tu le mot « pomme » en anglais ? |
| ✦ I don't understand. | Je ne comprends pas. |
| ✦ I have a problem. | J'ai un problème. |
| ✦ I need some help. | J'ai besoin d'aide. |
| ✦ What do you mean? | Que veux-tu dire ? |

## Quelles sont les formules de circonlocution les plus fréquemment utilisées ? ————

① ❷ ❸

| ANGLAIS | FRANÇAIS |
|---|---|
| ✦ Give me the big object. | Donne-moi le gros objet. |
| ✦ You know, the red thing. | Tu sais, la chose rouge. |

## Quelles sont les formules les plus fréquemment utilisées pour identifier des objets animés et inanimés ?————

① ❷ ❸

| ANGLAIS | FRANÇAIS |
|---|---|
| ✦ I am/I'm… | Je suis… |
| ✦ It's… | C'est… |
| ✦ My name is… | Je m'appelle… |
| ✦ There are… | Il y a des… |
| ✦ There is… | Il y a un/une… |
| ✦ This is… | Ceci est… |
| ✦ What's this? | Qu'est-ce que c'est ? |
| ✦ Who is it? | Qui est-ce ? |

*Quelles sont les formules les plus fréquemment utilisées* ① ❷ ❸
*pour signifier sa capacité à faire quelque chose ?* —————

| ANGLAIS | FRANÇAIS |
|---|---|
| ✧ Can you…? | Peux-tu…? |
| ✧ Could you…? | Pourrais-tu…? |
| ✧ I can't… | Je ne peux pas… |
| ✧ I can… | Je peux… |
| ✧ I couldn't… | Je ne pourrais pas… |
| ✧ I could… | Je pourrais… |
| ✧ I know how to… | Je suis capable de… |
| ✧ I'm good at… | Je suis doué/douée pour… |
| ✧ I don't know how to… | Je ne suis pas capable de… |
| ✧ I'm not good at… | Je ne suis pas doué/douée pour… |

*Quelles sont les formules les plus fréquemment utilisées* ① ❷ ❸
*pour demander de l'information ?* ————————

| ANGLAIS | FRANÇAIS |
|---|---|
| ✧ Do you have…? | As-tu…? |
| ✧ How old are you? | Quel âge as-tu? |
| ✧ What's your name? | Quel est ton nom? |
| ✧ Where do you live? | Où habites-tu? |
| ✧ Who…? | Qui…? |
| ✧ Why…? | Pourquoi…? |

*Quelles sont les formules les plus fréquemment utilisées pour* ① ❷ ❸
*signifier son accord ou son désaccord et donner son opinion ?* –

| ANGLAIS | FRANÇAIS |
|---|---|
| ✧ Do you agree? | Es-tu d'accord? |
| ✧ I agree. | Je suis d'accord. |
| ✧ I disagree/I don't agree. | Je ne suis pas d'accord. |
| ✧ I think… | Je pense que… |
| ✧ Maybe. | Peut-être. |
| ✧ That's right! | C'est ça ! |

## Quelles sont les formules les plus fréquemment utilisées pour demander des permissions ? ①❷❸

| ANGLAIS | FRANÇAIS |
|---|---|
| ✧ Can I go to my locker, please? | Puis-je aller à mon casier, s'il vous plaît ? |
| ✧ Can I sharpen my pencil, please? | Puis-je tailler mon crayon, s'il vous plaît ? |
| ✧ Can/May I go to the washroom, please? | Puis-je aller aux toilettes, s'il vous plaît ? |

## Quelles sont les formules les plus fréquemment utilisées pour offrir son aide ou manifester ses besoins ? ①❷❸

| ANGLAIS | FRANÇAIS |
|---|---|
| ✧ Can I help you? | Puis-je t'aider ? |
| ✧ Can I…? | Puis-je…? |
| ✧ Can you…? | Peux-tu…? |
| ✧ I need… | J'ai besoin de… |
| ✧ Let me help you. | Laisse-moi t'aider. |
| ✧ May I…? | Puis-je…? |

## Quelles sont les formules les plus fréquemment utilisées pour donner des avertissements ? ①❷❸

| ANGLAIS | FRANÇAIS |
|---|---|
| ✧ Careful! | Attention ! |
| ✧ Enough! | Assez ! |
| ✧ Quiet! | Silence ! |
| ✧ Stop! | Arrête ! |
| ✧ Wait! | Attends ! |
| ✧ Watch/Look! | Regarde ! |

**Quelles sont les formules les plus fréquemment utilisées pour manifester ses sentiments, ses champs d'intérêt, ses goûts et ses préférences ?** ① ❷ ❸

| ANGLAIS | FRANÇAIS |
| --- | --- |
| ❖ I don't like… | Je n'aime pas… |
| ❖ I like… | J'aime… |
| ❖ I prefer… | Je préfère… |
| ❖ My favourite colour is… | Ma couleur préférée est… |

**Quelles sont les expressions de politesse conformes aux conventions sociales les plus fréquemment utilisées ?** — ① ❷ ❸

| ANGLAIS | FRANÇAIS |
| --- | --- |
| ❖ Bye! | Salut ! |
| ❖ Excuse me! | Pardon ! |
| ❖ Good afternoon! | Bon après-midi ! |
| ❖ Good morning! | Bonjour ! |
| ❖ Goodbye! | Au revoir ! |
| ❖ Hello! | Allo ! |
| ❖ Hi! | Salut ! |
| ❖ Please. | S'il vous plaît. |
| ❖ Sorry! | Je m'excuse ! |
| ❖ Thank you. | Merci ! |
| ❖ Thanks. | Merci ! |

**Quelles sont les formules les plus fréquemment utilisées pour faire des suggestions et des invitations ?** ① ❷ ❸

| ANGLAIS | FRANÇAIS |
| --- | --- |
| ❖ Do you want to be my partner? | Veux-tu être mon coéquipier/ma coéquipière ? |
| ❖ Do you want to work with me? | Veux-tu travailler avec moi ? |
| ❖ Let's play… | Jouons à… |
| ❖ Do you want to…? | Veux-tu…? |
| ❖ Could you give me…? | Me donnerais-tu…? |

## Quelles sont les formules les plus fréquemment utilisées pour relancer l'interaction ?

① ❷ ❸

| ANGLAIS | FRANÇAIS |
|---|---|
| ❖ It's your turn. | C'est ton tour. |
| ❖ Repeat what you just said. | Répète ce que tu viens de dire. |
| ❖ What about you? | Et toi ? |
| ❖ What did you say? | Qu'est-ce que tu as dit ? |
| ❖ What do you think? | Qu'en penses-tu ? |

## Quelles expressions favorisent des échanges harmonieux et le travail d'équipe ?

① ❷ ❸

| ANGLAIS | FRANÇAIS |
|---|---|
| ❖ Do we have our pencils? | Avons-nous nos crayons à mine ? |
| ❖ Great teamwork! | Bon travail d'équipe ! |
| ❖ Let's go, gang! | Continuons, les amis ! |
| ❖ Quiet down. | Baissez le ton. |
| ❖ Not too loud! | Pas trop fort ! |
| ❖ Smart! | Astucieux ! |
| ❖ That's a good idea! | Quelle bonne idée ! |
| ❖ There are five minutes left. | Il reste cinq minutes. |
| ❖ Way to go, team! | Bel effort, les amis ! |
| ❖ Well done! | Bien fait ! |
| ❖ Wow! | Super ! |
| ❖ You're a genius! | Tu es un génie ! |
| ❖ You're a good partner! | Tu es un bon coéquipier/une bonne coéquipière ! |

(2.3.2) **LES STRATÉGIES DE DÉPANNAGE ET D'APPRENTISSAGE**

## Quelles stratégies de dépannage peuvent être utilisées pour mieux comprendre et être compris ?

① ❷ ③

❖ **La demande d'aide et de clarification :** en demandant de l'aide ou en demandant de répéter une information (p. ex. : « Can you explain ? » et « Can you repeat ? »).

❖ **Les gestes :** en s'exprimant par des gestes à défaut de pouvoir trouver les mots appropriés (p. ex. : mimer l'action de tailler son crayon).

## *Quelles stratégies d'apprentissage peuvent être utilisées pour mieux comprendre et être compris ?* ① ❷ ③

❖ **La coopération :** en apprenant avec les autres avec l'objectif de s'entraider, en assumant ses responsabilités au sein de l'équipe et en s'impliquant dans toutes les étapes de la tâche.

❖ **L'attention dirigée :** en décidant de prêter attention à la tâche, d'adopter une position d'écoute et de ne pas se laisser distraire par l'environnement visuel et sonore.

❖ **L'inférence :** en déduisant le sens d'un mot ou d'une phrase à partir de tous les indices disponibles comme le contexte, le sujet, les mots apparentés, les mots et les expressions connus, les indices visuels, les supports visuels, l'intonation et les passages répétitifs.

❖ **L'utilisation du langage non verbal :** en acquiesçant ou en répondant par la négative par un mouvement de tête, en mimant une réponse pour montrer sa compréhension et en haussant les épaules en cas d'incompréhension.

❖ **La pratique :** en redisant, en répétant, en regroupant, en intégrant et en assimilant les mots et les expressions.

❖ **L'anticipation :** en anticipant la tâche à accomplir grâce à ses connaissances antérieures, au sujet et aux illustrations, en poursuivant la tâche même si on ne saisit pas toutes les consignes.

❖ **La prise de risques :** en décidant de parler uniquement en anglais, en expérimentant avec le langage connu, en tentant de s'approprier de nouveaux mots, en écoutant des enregistrements audiovisuels en anglais, en prêtant une oreille attentive à l'accent, à l'intonation et à la prononciation.

❖ **L'autorégulation :** en vérifiant et en adaptant sa performance en cours.

❖ **L'autoévaluation :** en reconnaissant ses aptitudes et limites afin d'apprécier son accomplissement.

❖ **L'activation des connaissances antérieures :** en tirant parti de ses connaissances antérieures comme source d'information et en établissant des liens avec ses expériences personnelles.

❖ **L'utilisation des ressources :** en employant les ressources prévues pour l'exécution de la tâche, comme les affiches, les cartes éclairs, l'imagier, le dictionnaire, les pairs et l'enseignant.

## 2.4 RÉINVESTIR SA COMPRÉHENSION DE TEXTES LUS OU ENTENDUS

### 2.4.1 LE VOCABULAIRE

*Quels sont les mots d'action les plus souvent utilisés en classe ?* ———————————————————— ① ❷ ❸

| ANGLAIS | FRANÇAIS |
|---|---|
| ❖ Answer. | Réponds. |
| ❖ Ask. | Demande. |
| ❖ Check. | Coche. |
| ❖ Circle. | Encercle. |
| ❖ Complete. | Complète/Remplis. |
| ❖ Copy. | Copie. |
| ❖ Count. | Compte. |
| ❖ Cut. | Découpe. |
| ❖ Draw. | Dessine. |
| ❖ Find. | Trouve. |
| ❖ Follow. | Suis. |
| ❖ Glue. | Colle. |
| ❖ Learn. | Apprends. |
| ❖ Listen. | Écoute. |
| ❖ Look. | Regarde. |
| ❖ Match. | Associe. |
| ❖ Participate. | Participe. |
| ❖ Play. | Joue. |

| | |
|---|---|
| ❖ Present. | Présente. |
| ❖ Read. | Lis. |
| ❖ Share. | Partage. |
| ❖ Sing. | Chante. |
| ❖ Talk. | Parle. |
| ❖ Tell. | Raconte. |
| ❖ Think. | Réfléchis. |
| ❖ Underline. | Souligne. |
| ❖ Use. | Utilise. |
| ❖ Watch. | Observe. |
| ❖ Work. | Travaille. |
| ❖ Write. | Écris. |

## *Quels sont les mots de vocabulaire liés à l'école ?* ———— ① ❷ ❸

| ANGLAIS | FRANÇAIS |
|---|---|
| ❖ art room | salle d'arts |
| ❖ art teacher | enseignant/enseignante d'arts |
| ❖ binder | reliure à anneaux |
| ❖ blackboard | tableau |
| ❖ book | livre |
| ❖ brush | brosse |
| ❖ bus driver | chauffeur/chauffeuse d'autobus |
| ❖ cafeteria | cafétéria |
| ❖ calendar | calendrier |
| ❖ chalk | craie |
| ❖ classroom | salle de classe |
| ❖ clock | horloge |
| ❖ coloured pencils | crayons à colorier |
| ❖ computer | ordinateur |
| ❖ computer room | salle d'ordinateurs |
| ❖ desk | bureau |
| ❖ door | porte |
| ❖ English teacher | enseignant/enseignante d'anglais |
| ❖ eraser | gomme à effacer |
| ❖ glue | colle |

| | |
|---|---|
| ❖ gym teacher | enseignant/enseignante d'éducation physique |
| ❖ gymnasium | gymnase |
| ❖ hallway | corridor |
| ❖ homeroom teacher | enseignant/enseignante titulaire |
| ❖ janitor | concierge |
| ❖ janitor's room | local du concierge |
| ❖ kindergarden classroom | salle de classe de maternelle |
| ❖ librarian | bibliothécaire |
| ❖ library | bibliothèque |
| ❖ locker | casier |
| ❖ lunch supervisor | responsable du dîner |
| ❖ music teacher | enseignant/enseignante de musique |
| ❖ notebook | cahier ligné |
| ❖ nurse | infirmier/infirmière |
| ❖ nurse's office | bureau de l'infirmier/de l'infirmière |
| ❖ paper | papier |
| ❖ pen | stylo |
| ❖ pencil | crayon à mine |
| ❖ pencil case | étui à crayons |
| ❖ principal | directeur/directrice |
| ❖ principal's office | bureau du directeur/de la directrice |
| ❖ printer | imprimante |
| ❖ ruler | règle |
| ❖ school | école |
| ❖ school yard | cour d'école |
| ❖ schoolbag | sac d'école |
| ❖ scissors | ciseaux |
| ❖ secretary | secrétaire |
| ❖ secretary's office | bureau du secrétaire, de la secrétaire/secrétariat |
| ❖ sharpener | taille-crayon |
| ❖ stapler | agrafeuse |
| ❖ student | élève |
| ❖ substitude teacher | enseignant suppléant/enseignante suppléante |

| | |
|---|---|
| ✧ teacher | enseignant/enseignante |
| ✧ staff room | salle des enseignants et des enseignantes |
| ✧ vice-principal | directeur adjoint/directrice adjointe |
| ✧ washroom | toilettes |
| ✧ wastebasket/trash can | poubelle/corbeille |
| ✧ window | fenêtre |

## *Quels sont les mots de vocabulaire liés à l'identification et à la description de soi ?* ① ❷ ❸

| ANGLAIS | FRANÇAIS |
|---|---|
| ✧ address | adresse |
| ✧ age | âge |
| ✧ e-mail address | adresse de courrier électronique |
| ✧ first name | prénom |
| ✧ grade | année d'études |
| ✧ name | nom |
| ✧ phone number | numéro de téléphone |
| ✧ postal code | code postal |

## *Quels sont les mots de vocabulaire liés aux activités et aux sports ?* ① ❷ ❸

| ANGLAIS | FRANÇAIS |
|---|---|
| ✧ badminton | badminton |
| ✧ baseball | baseball |
| ✧ basketball | basket-ball |
| ✧ chess | échecs |
| ✧ collecting | collectionner |
| ✧ computer games | jeux sur ordinateur |
| ✧ crafts | arts et bricolage |
| ✧ cycling | cyclisme |
| ✧ dancing | danse |
| ✧ diving | plongeon |

| ANGLAIS | FRANÇAIS |
|---|---|
| ❖ drawing | dessin |
| ❖ fishing | pêche |
| ❖ football | football |
| ❖ golf | golf |
| ❖ gymnastics | gymnastique |
| ❖ hobby | loisir/passe-temps |
| ❖ hockey | hockey |
| ❖ horseback riding | équitation |
| ❖ in-line skating | patin à roues alignées |
| ❖ music | musique |
| ❖ painting | peinture |
| ❖ playing cards | jouer aux cartes |
| ❖ reading | lecture |
| ❖ sewing | couture |
| ❖ skateboarding | planche à roulettes |
| ❖ skating | patinage |
| ❖ skiing | ski |
| ❖ skipping rope | saut à la corde |
| ❖ sliding | glissade |
| ❖ snowboarding | planche à neige |
| ❖ soccer | soccer |
| ❖ swimming | natation |
| ❖ tennis | tennis |
| ❖ volleyball | volley-ball |
| ❖ watching TV | regarder la télévision |

## *Quels sont les mots de vocabulaire liés à l'alimentation ?* — ① ❷ ❸

| ANGLAIS | FRANÇAIS |
|---|---|
| ❖ apple | pomme |
| ❖ artichoke | artichaut |
| ❖ asparagus | asperge |
| ❖ avocado | avocat |
| ❖ banana | banane |
| ❖ beans | haricots |
| ❖ blueberry | bleuet |
| ❖ bowl | bol |

| | |
|---|---|
| ❖ bread | pain |
| ❖ breakfast | déjeuner |
| ❖ butter | beurre |
| ❖ cabbage | chou |
| ❖ carrot | carotte |
| ❖ cauliflower | chou-fleur |
| ❖ celery | céleri |
| ❖ cheese | fromage |
| ❖ cherry | cerise |
| ❖ chicken | poulet |
| ❖ chocolate | chocolat |
| ❖ coconut | noix de coco |
| ❖ coffee | café |
| ❖ cookie | biscuit |
| ❖ corn | maïs |
| ❖ cucumber | concombre |
| ❖ cup | tasse |
| ❖ dinner/supper | souper |
| ❖ egg | œuf |
| ❖ eggplant | aubergine |
| ❖ fish | poisson |
| ❖ fork | fourchette |
| ❖ French fries | frites |
| ❖ garlic | ail |
| ❖ grape | raisin |
| ❖ ham | jambon |
| ❖ ice cream | crème glacée |
| ❖ juice | jus |
| ❖ knife | couteau |
| ❖ leek | poireau |
| ❖ lemon | citron |
| ❖ lettuce | laitue |
| ❖ lunch | dîner |
| ❖ milk | lait |
| ❖ mushroom | champignon |
| ❖ mustard | moutarde |
| ❖ oil | huile |
| ❖ onion | oignon |

| ANGLAIS | FRANÇAIS |
|---------|----------|
| ❖ pasta | pâtes alimentaires |
| ❖ peas | pois |
| ❖ peach | pêche |
| ❖ pear | poire |
| ❖ pepper | poivre |
| ❖ pineapple | ananas |
| ❖ pizza | pizza |
| ❖ plate | assiette |
| ❖ plum | prune |
| ❖ potato | pomme de terre |
| ❖ raspberry | framboise |
| ❖ salt | sel |
| ❖ sausage | saucisse |
| ❖ snack | collation |
| ❖ spoon | cuiller |
| ❖ squash | courge |
| ❖ steak | bifteck |
| ❖ strawberry | fraise |
| ❖ sugar | sucre |
| ❖ sweet pepper | poivron |
| ❖ tea | thé |
| ❖ tomato | tomate |
| ❖ turkey | dinde |
| ❖ turnip | navet/rutabaga |
| ❖ vegetable | légume |
| ❖ vinegar | vinaigre |
| ❖ water | eau |
| ❖ watermelon | melon d'eau/pastèque |
| ❖ yogurt | yogourt/yaourt |

## *Quels sont les mots de vocabulaire liés au règne animal ?* — ① ❷ ❸

| ANGLAIS | FRANÇAIS |
|---------|----------|
| ❖ alligator | alligator |
| ❖ ant | fourmi |
| ❖ bear | ours |
| ❖ beaver | castor |

| | |
|---|---|
| ❖ bird | oiseau |
| ❖ butterfly | papillon |
| ❖ camel | chameau |
| ❖ cat | chat |
| ❖ chicken | poulet |
| ❖ chipmunk | tamia |
| ❖ cow | vache |
| ❖ deer | cerf/chevreuil |
| ❖ dog | chien |
| ❖ dolphin | dauphin |
| ❖ donkey | âne |
| ❖ duck | canard |
| ❖ eagle | aigle |
| ❖ elephant | éléphant |
| ❖ fish | poisson |
| ❖ fly | mouche |
| ❖ fox | renard |
| ❖ frog | grenouille |
| ❖ giraffe | girafe |
| ❖ goat | chèvre |
| ❖ goose | oie |
| ❖ gorilla | gorille |
| ❖ groundhog | marmotte |
| ❖ hamster | hamster |
| ❖ hare | lièvre |
| ❖ hedgehog | hérisson |
| ❖ hen | poule |
| ❖ hippopotamus | hippopotame |
| ❖ horse | cheval |
| ❖ iguana | iguane |
| ❖ kangaroo | kangourou |
| ❖ kitten | chaton |
| ❖ lion | lion |
| ❖ lizard | lézard |
| ❖ lobster | homard |
| ❖ monkey | singe |
| ❖ moose | élan/orignal |
| ❖ mouse | souris |

| | |
|---|---|
| ❖ octopus | pieuvre |
| ❖ ostrich | autruche |
| ❖ owl | hibou |
| ❖ panda | panda |
| ❖ penguin | pingouin |
| ❖ pig | cochon |
| ❖ porcupine | porc-épic |
| ❖ puppy | chiot |
| ❖ rabbit | lapin |
| ❖ raccoon | raton laveur |
| ❖ rhinoceros | rhinocéros |
| ❖ rooster | coq |
| ❖ seal | phoque |
| ❖ shark | requin |
| ❖ sheep | mouton |
| ❖ skunk | mouffette |
| ❖ snake | serpent |
| ❖ squirrel | écureuil |
| ❖ tiger | tigre |
| ❖ turkey | dinde |
| ❖ turtle | tortue |
| ❖ walrus | morse |
| ❖ weasel | belette |
| ❖ whale | baleine |
| ❖ wolf | loup |
| ❖ zebra | zèbre |

## Quels sont les mots de vocabulaire liés à l'habillement ? —— ① ❷ ❸

| ANGLAIS | FRANÇAIS |
|---|---|
| ❖ bathing suit/swimsuit | maillot de bain |
| ❖ bathrobe | peignoir |
| ❖ belt | ceinture |
| ❖ blouse | blouse |
| ❖ boot | botte |
| ❖ bow tie | nœud papillon |
| ❖ cap | casquette |

| | |
|---|---|
| ❖ clothes | vêtements |
| ❖ coat | manteau |
| ❖ dress | robe |
| ❖ earring | boucle d'oreille |
| ❖ glasses | lunettes |
| ❖ glove | gant |
| ❖ hat | chapeau |
| ❖ jacket | veston |
| ❖ jeans | jeans |
| ❖ mitten | mitaine/moufle |
| ❖ necklace | collier |
| ❖ pyjamas | pyjama |
| ❖ pants | pantalon |
| ❖ raincoat | imperméable |
| ❖ running shoe | espadrille/soulier de course |
| ❖ sandal | sandale |
| ❖ scarf | foulard |
| ❖ shirt | chemise |
| ❖ shoe | soulier |
| ❖ shorts | short |
| ❖ skirt | jupe |
| ❖ slipper | pantoufle |
| ❖ sock | bas/chaussette |
| ❖ sunglasses | lunettes fumées |
| ❖ suspenders | bretelles |
| ❖ sweatshirt | pull d'entraînement |
| ❖ sweater | chandail |
| ❖ tank top | débardeur |
| ❖ tie | cravate |
| ❖ T-shirt | chandail à manches courtes/ tee-shirt |
| ❖ turtleneck | chandail à col roulé |
| ❖ umbrella | parapluie |
| ❖ underwear | sous-vêtement |
| ❖ vest | veste/gilet |
| ❖ watch | montre |

## Quels sont les mots de vocabulaire liés à la maison ? —————

| ANGLAIS | FRANÇAIS |
|---|---|
| ✧ apartment | appartement |
| ✧ armchair | fauteuil |
| ✧ attic | grenier |
| ✧ basement | sous-sol |
| ✧ bathroom | salle de bain |
| ✧ baththub | baignoire |
| ✧ bed | lit |
| ✧ bedroom | chambre |
| ✧ blinds | store |
| ✧ carpet | tapis |
| ✧ chimney | cheminée |
| ✧ coffee table | table basse |
| ✧ condominium | condominium |
| ✧ couch/sofa | canapé/sofa |
| ✧ curtain | rideau |
| ✧ dining room | salle à manger |
| ✧ dishwasher | lave-vaisselle |
| ✧ dresser | commode |
| ✧ dryer | sécheuse |
| ✧ fireplace | foyer |
| ✧ floor | plancher |
| ✧ freezer | congélateur |
| ✧ garage | garage |
| ✧ hall | vestibule/entrée |
| ✧ house/home | maison |
| ✧ kitchen | cuisine |
| ✧ lamp | lampe |
| ✧ laundry room | buanderie |
| ✧ living room | salon/séjour |
| ✧ microwave oven | four à micro-ondes |
| ✧ mirror | miroir |
| ✧ night table | table de chevet |
| ✧ pillow | oreiller |
| ✧ refrigerator | réfrigérateur |
| ✧ roof | toit |
| ✧ semi-detached house | maison jumelée |

| | |
|---|---|
| ❖ shower | douche |
| ❖ sink | évier |
| ❖ stairs | escalier |
| ❖ stove | cuisinière |
| ❖ swimming pool | piscine |
| ❖ table | table |
| ❖ television | téléviseur |
| ❖ toilet | toilettes |
| ❖ town house | maison de ville |
| ❖ wardrobe | garde-robe |
| ❖ washer | laveuse |
| ❖ yard | cour |

## *Quels sont les mots de vocabulaire liés aux sentiments et aux émotions ?* ① ❷ ❸

| ANGLAIS | FRANÇAIS |
|---|---|
| ❖ afraid | effrayé/effrayée |
| ❖ anger | colère |
| ❖ angry | fâché/fâchée |
| ❖ anxiety | anxiété |
| ❖ anxious | anxieux/anxieuse |
| ❖ busy | occupé/occupée |
| ❖ fear | peur |
| ❖ feeling | sentiment |
| ❖ friendship | amitié |
| ❖ happiness | bonheur |
| ❖ happy | heureux/heureuse |
| ❖ jealous | jaloux/jalouse |
| ❖ jealousy | jalousie |
| ❖ love | amour |
| ❖ nervous | nerveux/nerveuse |
| ❖ pain | douleur |
| ❖ pleased | enchanté/enchantée |
| ❖ pleasure | plaisir |
| ❖ sad | triste |
| ❖ sadness | tristesse |

| | |
|---|---|
| ❖ smile | sourire |
| ❖ tear | larme |
| ❖ tired | fatigué/fatiguée |

## *Quels sont les mots de vocabulaire liés à la communauté ?* — ① ❷ ❸

| ANGLAIS | FRANÇAIS |
|---|---|
| ❖ airport | aéroport |
| ❖ arena | aréna |
| ❖ bakery | boulangerie |
| ❖ bank | banque |
| ❖ barber shop | salon de coiffure pour hommes |
| ❖ beauty salon | salon de beauté |
| ❖ bookstore | librairie |
| ❖ bridge | pont |
| ❖ bus station | gare d'autobus |
| ❖ church | église |
| ❖ city hall | hôtel de ville |
| ❖ drugstore/pharmacy | pharmacie |
| ❖ elementary school | école primaire |
| ❖ fire hall | poste de pompiers |
| ❖ grocery store | épicerie |
| ❖ high School | école secondaire |
| ❖ highway | autoroute |
| ❖ hospital | hôpital |
| ❖ laundromat | buanderie ou lavoir |
| ❖ library | bibliothèque |
| ❖ movie theatre | cinéma |
| ❖ museum | musée |
| ❖ neighbourhood | voisinage |
| ❖ park | parc |
| ❖ police station | poste de police |
| ❖ post office | bureau de poste |
| ❖ restaurant | restaurant |
| ❖ road | route |
| ❖ shopping mall | centre commercial |
| ❖ skyscraper | gratte-ciel |

| | |
|---|---|
| ✧ street | rue |
| ✧ theatre | théâtre |
| ✧ train station | gare de trains |

## *Quels sont les mots de vocabulaire liés à la météorologie ?* — ① ❷ ❸

| ANGLAIS | FRANÇAIS |
|---|---|
| ✧ cloud | nuage |
| ✧ cloudy | nuageux |
| ✧ cold | froid |
| ✧ cool | frais |
| ✧ fog | brouillard |
| ✧ foggy | brumeux |
| ✧ hot | très chaud |
| ✧ hurricane | ouragan |
| ✧ ice | glace |
| ✧ icy | glacé |
| ✧ lightning | éclair |
| ✧ rain | pluie |
| ✧ rainy | pluvieux |
| ✧ snow | neige |
| ✧ snowy | neigeux |
| ✧ storm | tempête |
| ✧ stormy | orageux |
| ✧ sun | soleil |
| ✧ sunny | ensoleillé |
| ✧ thunder | tonnerre |
| ✧ thunderstorm | orage |
| ✧ tornado | tornade |
| ✧ warm | chaud |
| ✧ weather | conditions météorologiques |
| ✧ wind | vent |
| ✧ windy | venteux |

## Quels sont les mots de vocabulaire liés aux parties du corps ? ① ❷ ❸

| ANGLAIS | FRANÇAIS |
|---|---|
| ✧ ankle | cheville |
| ✧ arm | bras |
| ✧ armpit | aisselle |
| ✧ back | dos |
| ✧ bone | os |
| ✧ bum/bottom | fesses |
| ✧ calf | mollet |
| ✧ cheek | joue |
| ✧ chest | poitrine |
| ✧ chin | menton |
| ✧ ear | oreille |
| ✧ elbow | coude |
| ✧ eye | œil |
| ✧ eyebrow | sourcil |
| ✧ eyelashes | cils |
| ✧ face | visage |
| ✧ finger | doigt |
| ✧ foot/feet | pied/pieds |
| ✧ forehead | front |
| ✧ hair | cheveux |
| ✧ hand | main |
| ✧ head | tête |
| ✧ heart | cœur |
| ✧ heel | talon |
| ✧ hip | hanche |
| ✧ knee | genou |
| ✧ leg | jambe |
| ✧ mouth | bouche |
| ✧ nail | ongle |
| ✧ navel/belly button | nombril |
| ✧ neck | cou |
| ✧ nose | nez |
| ✧ skull | crâne |
| ✧ shoulder | épaule |
| ✧ stomach | estomac |
| ✧ thigh | cuisse |

| | |
|---|---|
| ❖ thumb | pouce |
| ❖ toe | orteil |
| ❖ tongue | langue |
| ❖ waist | taille |
| ❖ wrist | poignet |

## Quels sont les mots de vocabulaire liés aux métiers et aux professions ? ① ❷ ❸

| ANGLAIS | FRANÇAIS |
|---|---|
| ❖ actor/actress | acteur/actrice |
| ❖ astronaut | astronaute |
| ❖ astronomer | astronome |
| ❖ babysitter | gardien/gardienne d'enfants |
| ❖ baker | boulanger/boulangère |
| ❖ banker | banquier/banquière |
| ❖ barber | coiffeur pour hommes |
| ❖ broker | courtier/courtière |
| ❖ bus driver | chauffeur/chauffeuse d'autobus |
| ❖ carpenter | menuisier/menuisière |
| ❖ clerk | commis |
| ❖ coach | entraîneur/entraîneuse |
| ❖ comedian | comique/humoriste |
| ❖ computer technician | technicien/technicienne en informatique |
| ❖ counselor | conseiller/conseillère |
| ❖ dancer | danseur/danseuse |
| ❖ dentist | dentiste |
| ❖ director | directeur/directrice |
| ❖ doctor | médecin |
| ❖ electrician | électricien/électricienne |
| ❖ farmer | fermier/fermière |
| ❖ firefighter | pompier/pompière |
| ❖ fisherman | pêcheur/pêcheuse |
| ❖ hairdresser | coiffeur/coiffeuse |
| ❖ janitor | concierge |
| ❖ lawyer | avocat/avocate |

| ANGLAIS | FRANÇAIS |
|---|---|
| ✧ librarian | bibliothécaire |
| ✧ maid | homme/femme de ménage |
| ✧ mail carrier | postier/postière |
| ✧ mayor | maire/mairesse |
| ✧ mechanic | mécanicien/mécanicienne |
| ✧ musician | musicien/musicienne |
| ✧ nurse | infirmier/infirmière |
| ✧ painter | peintre |
| ✧ pilot | pilote |
| ✧ plumber | plombier/plombière |
| ✧ police officer | policier/policière |
| ✧ principal | directeur/directrice |
| ✧ producer | producteur/productrice |
| ✧ professor | professeur/professeure |
| ✧ receptionist | réceptionniste |
| ✧ salesperson | vendeur/vendeuse |
| ✧ scientist | scientifique |
| ✧ secretary | secrétaire |
| ✧ singer | chanteur/chanteuse |
| ✧ surgeon | chirurgien/chirurgienne |
| ✧ taxi driver | chauffeur/chauffeuse de taxi |
| ✧ teacher | enseignant/enseignante |
| ✧ truck driver | camionneur/camionneuse |
| ✧ veterinarian | vétérinaire |
| ✧ waiter/waitress | serveur/serveuse |
| ✧ writer | écrivain/écrivaine |

## *Quels sont les mots de vocabulaire liés aux moyens de transport ?*

① ❷ ❸

| ANGLAIS | FRANÇAIS |
|---|---|
| ✧ airplane | avion |
| ✧ bicycle/bike | bicyclette/vélo |
| ✧ boat | bateau |
| ✧ bus | autobus |
| ✧ canoe | canot/canoë |
| ✧ car | voiture/automobile |

| | |
|---|---|
| ❖ helicopter | hélicoptère |
| ❖ jet | avion à réaction |
| ❖ motorcycle | motocyclette |
| ❖ rocket | fusée |
| ❖ school bus | autobus scolaire |
| ❖ snowmobile | motoneige |
| ❖ space shuttle | navette spatiale |
| ❖ submarine | sous-marin |
| ❖ subway | métro |
| ❖ taxi | taxi |
| ❖ train | train |
| ❖ truck | camion |

## *Quels sont les mots de vocabulaire liés aux occasions spéciales ?* ① ❷ ❸

| ANGLAIS | FRANÇAIS |
|---|---|
| **Halloween** | **Halloween** |
| ❖ bat | chauve-souris |
| ❖ broomstick | balai |
| ❖ candy | friandise/bonbon |
| ❖ cauldron | chaudron |
| ❖ costume | déguisement |
| ❖ flashlight | lampe de poche |
| ❖ ghost | fantôme |
| ❖ haunted house | maison hantée |
| ❖ jack-o'-lantern | citrouille |
| ❖ make-up | maquillage |
| ❖ mask | masque |
| ❖ monster | monstre |
| ❖ moon | lune |
| ❖ mummy | momie |
| ❖ pumpkin | citrouille |
| ❖ scarecrow | épouvantail |
| ❖ shadow | ombre |
| ❖ skeleton | squelette |
| ❖ spider | araignée |
| ❖ spiderweb | toile d'araignée |

| | |
|---|---|
| ❖ Trick or treat! | des bonbons ou je vous joue un tour |
| ❖ werewolf | loup-garou |
| ❖ witch | sorcière |

| **Christmas** | **Noël** |
|---|---|
| ❖ angel | ange |
| ❖ bell | cloche |
| ❖ candle | bougie/chandelle |
| ❖ cranberry | canneberge |
| ❖ elf | lutin |
| ❖ garland | guirlande |
| ❖ holly | houx |
| ❖ light | lumière |
| ❖ Christmas log | bûche de Noël |
| ❖ meat pie | tourtière |
| ❖ mistletoe | gui |
| ❖ nativity scene | crèche |
| ❖ ornament | décoration |
| ❖ gift | cadeau |
| ❖ reindeer | renne |
| ❖ ribbon | ruban |
| ❖ Santa Claus | père Noël |
| ❖ shepherd | berger |
| ❖ sleigh | traîneau |
| ❖ snowman | bonhomme de neige |
| ❖ star | étoile |
| ❖ Christmas stocking | bas de Noël |
| ❖ toys | jouets |
| ❖ Christmas tree | arbre de Noël |
| ❖ workshop | atelier |
| ❖ wreath | couronne |

| **Easter** | **Pâques** |
|---|---|
| ❖ basket | panier |
| ❖ bunny | lapin |
| ❖ chick | poussin |
| ❖ chocolate | chocolat |
| ❖ daffodil | jonquille |
| ❖ cross | croix |

| | |
|---|---|
| ✧ Easter egg hunt | chasse aux œufs en chocolat |
| ✧ flower | fleur |
| ✧ life | vie |
| ✧ lily | lys |
| ✧ tulip | tulipe |

| **Valentine's Day** | **Saint-Valentin** |
|---|---|
| ✧ arrow | flèche |
| ✧ card | carte |
| ✧ cherub | chérubin |
| ✧ Cupid | Cupidon |
| ✧ friend | ami/amie |
| ✧ heart | cœur |
| ✧ hug | étreinte/câlin |
| ✧ I love you. | Je t'aime. |
| ✧ kiss | baiser |
| ✧ love | amour |

| **St. Patrick's Day** | **la Saint-Patrick** |
|---|---|
| ✧ gold | or |
| ✧ leprechaun | lutin |
| ✧ luck | chance |
| ✧ shamrock | trèfle |

| **Birthday** | **anniversaire de naissance** |
|---|---|
| ✧ activity | activité |
| ✧ age | âge |
| ✧ anniversary | anniversaire |
| ✧ balloon | ballon |
| ✧ birth | naissance |
| ✧ birthday cake | gâteau d'anniversaire |
| ✧ candles | bougies |
| ✧ card | carte |
| ✧ celebration | célébration |
| ✧ feast | festin |
| ✧ game | jeu |
| ✧ guest | invité |
| ✧ invitation | invitation |
| ✧ music | musique |
| ✧ party | fête |

| ANGLAIS | FRANÇAIS |
|---|---|
| ❖ present/gift | cadeau |
| ❖ song | chanson |
| ❖ wish | vœu |
| ❖ wrapping paper | papier d'emballage |

## *Quels sont les pronoms personnels usuels ?* ① ❷ ❸

| ANGLAIS | FRANÇAIS |
|---|---|
| **Subject Pronouns** | **Les pronoms sujets** |
| ❖ I | je |
| ❖ you | tu |
| ❖ he | il (personne) |
| ❖ she | elle (personne) |
| ❖ it | il (animal/objet) |
| ❖ we | nous |
| ❖ you | vous |
| ❖ they | ils/elles |

Il est à noter que « I » est toujours écrit en majuscule, et ce, même au milieu d'une phrase.

| ANGLAIS | FRANÇAIS |
|---|---|
| **Object Pronouns** | **Les pronoms objets** |
| ❖ me | m'/me/moi |
| ❖ you | toi/vous |
| ❖ him | lui |
| ❖ her | elle |
| ❖ it | lui (animal/objet) |
| ❖ us | nous |
| ❖ them | eux/elles (animaux/objets) |

## *Quels sont les nombres cardinaux ?* ① ❷ ❸

| ANGLAIS | FRANÇAIS |
|---|---|
| ❖ one | un |
| ❖ two | deux |
| ❖ three | trois |
| ❖ four | quatre |
| ❖ five | cinq |

| | |
|---|---|
| ❖ six | six |
| ❖ seven | sept |
| ❖ eight | huit |
| ❖ nine | neuf |
| ❖ ten | dix |
| ❖ eleven | onze |
| ❖ twelve | douze |
| ❖ thirteen | treize |
| ❖ fourteen | quatorze |
| ❖ fifteen | quinze |
| ❖ sixteen | seize |
| ❖ seventeen | dix-sept |
| ❖ eighteen | dix-huit |
| ❖ nineteen | dix-neuf |
| ❖ twenty | vingt |
| ❖ thirty | trente |
| ❖ forty | quarante |
| ❖ fifty | cinquante |
| ❖ sixty | soixante |
| ❖ seventy | soixante-dix |
| ❖ eighty | quatre-vingts |
| ❖ ninety | quatre-vingt-dix |
| ❖ one hundred | cent |
| ❖ one thousand | mille |

## Quels sont les nombres ordinaux ? ① ❷ ❸

| ANGLAIS | FRANÇAIS |
|---|---|
| ❖ first | premier |
| ❖ second | deuxième |
| ❖ third | troisième |
| ❖ fourth | quatrième |
| ❖ fifth | cinquième |
| ❖ sixth | sixième |
| ❖ seventh | septième |
| ❖ eighth | huitième |
| ❖ ninth | neuvième |

| | |
|---|---|
| ❖ tenth | dixième |
| ❖ eleventh | onzième |
| ❖ twelfth | douzième |
| ❖ thirteenth | treizième |
| ❖ fourteenth | quatorzième |
| ❖ fifteenth | quinzième |
| ❖ sixteenth | seizième |
| ❖ seventeenth | dix-septième |
| ❖ eighteenth | dix-huitième |
| ❖ nineteenth | dix-neuvième |
| ❖ twentieth | vingtième |
| ❖ twenty-first | vingt et unième |
| ❖ twenty-second | vingt-deuxième |
| ❖ twenty-third | vingt-troisième |
| ❖ twenty-fourth | vingt-quatrième |
| ❖ twenty-fifth | vingt-cinquième |
| ❖ twenty-sixth | vingt-sixième |
| ❖ twenty-seventh | vingt-septième |
| ❖ twenty-eighth | vingt-huitième |
| ❖ twenty-ninth | vingt-neuvième |
| ❖ thirtieth | trentième |
| ❖ thirty-first | trente et unième |
| ❖ last | dernier |

## *Quels sont les mots de vocabulaire liés aux couleurs et aux formes géométriques ?* ① ❷ ❸

| ANGLAIS | FRANÇAIS |
|---|---|
| ❖ beige | beige |
| ❖ black | noir |
| ❖ blue | bleu |
| ❖ brown | brun |
| ❖ burgundy | bourgogne |
| ❖ circle | cercle |
| ❖ dark | foncé |
| ❖ diamond | losange |
| ❖ ebony | ébène |

| | |
|---|---|
| ✦ fuchsia | fuchsia |
| ✦ green | vert |
| ✦ grey | gris |
| ✦ gold | doré |
| ✦ heart | cœur |
| ✦ ivory | ivoire |
| ✦ lavender | lavande |
| ✦ light | clair |
| ✦ lilac | lilas |
| ✦ magenta | magenta |
| ✦ ochre | ocre |
| ✦ orange | orangé |
| ✦ oval | ovale |
| ✦ pink | rose |
| ✦ purple | pourpre/violet |
| ✦ rectangle | rectangle |
| ✦ red | rouge |
| ✦ russet | roux |
| ✦ scarlet | écarlate |
| ✦ silver | argent |
| ✦ square | carré |
| ✦ star | étoile |
| ✦ trapezoid | trapèze |
| ✦ triangle | triangle |
| ✦ turquoise | turquoise |
| ✦ white | blanc |
| ✦ yellow | jaune |

## *Quels sont les prépositions et les mots de localisation usuels ?*  ① ❷ ❸

| ANGLAIS | FRANÇAIS |
|---|---|
| ✦ around | autour |
| ✦ at | à/au/en |
| ✦ behind/in back of | derrière/en arrière de |
| ✦ below/under | en dessous de/sous |
| ✦ beside/next to | à côté/près de |
| ✦ between | entre |
| ✦ bottom | fond |

| | |
|---|---|
| ❖ down | en bas |
| ❖ far | loin |
| ❖ in | en/dans |
| ❖ in front of | en avant de |
| ❖ inside | à l'intérieur |
| ❖ middle | milieu |
| ❖ near | près |
| ❖ on | sur |
| ❖ on the left | à gauche |
| ❖ on the right | à droite |
| ❖ opposite/across from | devant/en face de |
| ❖ outside | à l'extérieur |
| ❖ over/above | au-dessus |
| ❖ top | dessus |
| ❖ up | en haut |

## *Quels sont les mots de vocabulaire reliés au temps ?* ①❷❸

| ANGLAIS | FRANÇAIS |
|---|---|
| ❖ after | après |
| ❖ afternoon | après-midi |
| ❖ April | avril |
| ❖ August | août |
| ❖ autumn/fall | automne |
| ❖ before | avant |
| ❖ century | siècle |
| ❖ day | jour |
| ❖ decade | décennie |
| ❖ December | décembre |
| ❖ early | tôt |
| ❖ evening | soirée |
| ❖ February | février |
| ❖ formerly | autrefois/jadis |
| ❖ Friday | vendredi |
| ❖ hour | heure |
| ❖ January | janvier |
| ❖ July | juillet |

| | |
|---|---|
| ❖ June | juin |
| ❖ late | tard |
| ❖ later | plus tard |
| ❖ March | mars |
| ❖ May | mai |
| ❖ midnight | minuit |
| ❖ millenium | millénaire |
| ❖ minute | minute |
| ❖ Monday | lundi |
| ❖ month | mois |
| ❖ morning | matin |
| ❖ night | nuit |
| ❖ noon | midi |
| ❖ November | novembre |
| ❖ October | octobre |
| ❖ Saturday | samedi |
| ❖ season | saison |
| ❖ second | seconde |
| ❖ September | septembre |
| ❖ soon | bientôt |
| ❖ spring | printemps |
| ❖ summer | été |
| ❖ Sunday | dimanche |
| ❖ Thursday | jeudi |
| ❖ time | temps |
| ❖ tomorrow | demain |
| ❖ Tuesday | mardi |
| ❖ Wednesday | mercredi |
| ❖ week | semaine |
| ❖ while | pendant/durant |
| ❖ winter | hiver |
| ❖ year | année |
| ❖ yesterday | hier |

## Quels sont les mots servant à poser des questions ? ———— ① ❷ ❸

| ANGLAIS | FRANÇAIS |
|---|---|
| ✧ How many? | Combien ? (pour les choses ou de personnes qu'on peut compter) |
| ✧ How much? | Combien ? (pour les choses qu'on ne peut pas compter) |
| ✧ How? | Comment ? |
| ✧ What? | Quoi ? |
| ✧ When? | Quand ? |
| ✧ Where? | Où ? |
| ✧ Which? | Lequel ? |
| ✧ Who? | Qui ? (sujet) |
| ✧ Whom? | Qui ? (complément) |
| ✧ Whose? | À qui ? |
| ✧ Why? | Pourquoi ? |

## Quelles sont les questions appelant une réponse par oui ou par non ? ———————— ① ❷ ❸

✧ **Les questions appelant une réponse fermée :** elles débutent généralement par un mot ou une expression comme le verbe « to be » sous toutes ses formes (p. ex. : « Are you happy? », « Is he your brother? », « Am I late? », « Was it good? », « Where they absent? »), le verbe auxiliaire « to do » sous toutes ses formes (p. ex. : « Do you like chocolate? », « Does he know? », « Did you have fun yesterday? »), l'auxiliaire « can » (p. ex. : « Can I have a glass of milk? »), l'auxiliaire « could » (p. ex. : « Could you pass me the salt? »), l'auxiliaire « may » (p. ex. : « May I turn off the light? »), l'auxiliaire « should » (p. ex. : « Should you call your mother? »), l'auxiliaire « will » (p. ex. : « Will you play with me tomorrow? »), et l'auxiliaire « would » (p. ex. : « Would like to be my friend? »).

**2.4.2** *LES STRATÉGIES D'APPRENTISSAGE*

*Quelles sont les stratégies d'écoute et de lecture ?* ─────── ① ❷ ❸

❖ **L'autorégulation** : en remettant en question la prononciation des mots nouveaux (lus ou entendus), en choisissant et en utilisant la bonne stratégie, en vérifiant et en adaptant sa performance en cours.

❖ **L'autoévaluation** : en réfléchissant à ce qui a été appris, en réfléchissant à la qualité de son écoute et de ses interventions, en décrivant ou en expliquant la démarche suivie.

❖ **La planification** : en se demandant ce qu'il faut faire, dans quel ordre et avec quelles ressources, ce qu'il y a lieu d'écouter ou de lire, de dire ou d'écrire et comment le faire.

❖ **L'attention** : en prêtant attention aux bonnes choses et en se concentrant sur elles.

❖ **L'exploitation des connaissances antérieures** : en tirant parti de ses connaissances antérieures comme source d'information, en établissant des liens avec d'autres œuvres lues ou entendues ou avec ses connaissances personnelles.

❖ **La prédiction** : en formulant des hypothèses et en les réajustant au fur et à mesure, en prédisant la suite d'une conversation ou d'un texte, et ce, grâce à ses connaissances antérieures ou au thème, à la tâche à accomplir, au titre, aux illustrations et au survol du texte.

❖ **L'inférence** : en déduisant la signification d'un mot ou d'une expression à partir de tous les indices disponibles comme le contexte, les mots apparentés, les mots et expressions connus, les indices visuels, les indices contextuels, l'intonation ou les structures de phrases.

❖ **La pratique** : en redisant, en répétant, en regroupant, en intégrant et en assimilant des expressions essentielles du langage fonctionnel.

❖ **L'utilisation de ressources** : en tirant parti des ressources humaines et matérielles telles que banques de mots et d'expressions, représentations graphiques, affiches, aide-mémoire, outils de

référence rapides, ouvrages, dictionnaires thématiques et visuels, technologies de l'information.

⋄ **La prise de notes :** en consignant l'information pertinente.

⋄ **Parcourir rapidement :** en lisant le titre et en examinant les illustrations, en lisant un texte pour en avoir un aperçu.

⋄ **Le repérage :** en cherchant une information particulière dans un texte.

⋄ **La coopération :** en travaillant et en apprenant avec les autres dans le but de s'aider mutuellement.

⋄ **La prise de risques :** en osant parler uniquement en anglais, en expérimentant avec le langage connu, en tentant d'assimiler un langage nouveau.

⋄ **Accepter de ne pas tout comprendre ce qui est entendu ou lu :** en faisant preuve d'humilité, de persévérance et de patience.

## 2.5 ÉCRIRE DES TEXTES EN ANGLAIS

### 2.5.1 LES CONVENTIONS LINGUISTIQUES

#### Dans quel ordre doit-on écrire les mots ? —————— ① ❷ ❸

⋄ **La phrase simple :** groupe sujet + groupe-verbe avec ou sans complément (p. ex. : « The apple fell from the tree. »)

⋄ **La position de l'adjectif :** il est placé devant le nom ou après le verbe « to be » (p. ex. : « Give me the *red* shirt. »).

⋄ **Les pluriels réguliers :** on ajoute un « s » à la fin du mot (p. ex. : a book/many book*s*).

⋄ **Les déterminants indéfinis :** on les place devant des noms accordés au singulier seulement ; si le mot qui suit l'article commence par une consonne ou la lettre « y », on écrit « a » (p. ex. : *a* pencil, *a* yacht) ; au contraire, si le mot débute par une voyelle, ce sera « an » (p. ex. : *an* eraser).

## Quels sont les temps de verbes les plus fréquemment utilisés ?

◇ **Le «simple present»** : temps utilisé pour décrire des activités ou des habitudes régulières (p. ex. : «I *go* to to school every day.») ; exceptionnellement, à la troisième personne du singulier (avec «he», «she» ou «it»), on ajoute un «s» à la fin du verbe (p. ex. : «He *likes* to play hockey.»).

◇ **Le «present progressive»** : temps utilisé pour exprimer une action qui se déroule en ce moment, au moment même où l'interlocuteur parle ; le verbe est formé de l'auxiliaire «to be» au «simple present» et du verbe concerné auquel on ajoute la terminaison «-ing» (p. ex. : «Right now, I *am eating* an apple.»).

◇ **Le «simple past»** : temps utilisé pour décrire une action qui a commencé et s'est terminée à un moment spécifique dans le passé ; on ajoute la terminaison «-ed» aux verbes réguliers, mais les verbes irréguliers peuvent prendre plusieurs formes (p. ex. : «Yesterday, I *played* outside.» et «Last week, we *went* to the park.»).

◇ **Le «simple future»** : temps utilisé pour exprimer une action qui aura lieu plus tard, dans le futur ; deux formes possibles, dont la première dans laquelle on ajoute l'auxiliaire «will» devant le verbe (p. ex. : «You *will eat* your vegetables.»), et la seconde dans laquelle on utilise l'expression «be going to» devant le verbe en prenant soin de conjuguer le verbe «to be» (p. ex. : «You *are going to eat* your vegetables.»).

◇ **L'«imperative»** : temps utilisé pour donner un ordre ; la forme du verbe dépend de la personne (absente) avec qui il est conjugué ; lorsqu'il est utilisé à la deuxième personne (singulier ou pluriel), le verbe demeure invariable (p. ex. : «*Drink* your milk !»), mais s'il est utilisé à la première personne (pluriel), on ajoute «let's» devant le verbe (p. ex. : «*Let's drink* our milk !»).

## Quels sont les signes de ponctuation les plus fréquemment utilisés ?

① ❷ ❸

◇ **La ponctuation** : on doit employer la majuscule en début de phrase, le point et le point d'interrogation à la fin de la phrase (phrase déclarative ou interrogative), et les virgules entre les éléments d'une énumération.

(2.5.2) **LES COMPOSANTES D'UN TEXTE**

## Quels sont les marqueurs de relation les plus fréquemment utilisés ?

① ❷ ❸

| ANGLAIS | FRANÇAIS |
|---|---|
| ✧ above all | avant tout |
| ✧ after | après |
| ✧ all things considered | en somme |
| ✧ also | aussi |
| ✧ and | et |
| ✧ and they lived happily ever after | et ils vécurent heureux jusqu'à la fin de leurs jours |
| ✧ but | mais |
| ✧ by | par |
| ✧ despite everything | malgré tout |
| ✧ finally | finalement |
| ✧ first | premièrement |
| ✧ for | pour |
| ✧ from now on | désormais |
| ✧ however | pourtant/toutefois/cependant |
| ✧ if | si |
| ✧ in addition | par ailleurs/de plus |
| ✧ in order to | afin de |
| ✧ in short | bref |
| ✧ in spite of | malgré |
| ✧ indeed | en effet |
| ✧ meanwhile | pendant ce temps |
| ✧ moreover | en outre |
| ✧ nevertheless | néanmoins |
| ✧ next | ensuite |
| ✧ on my way home | en revenant à la maison |
| ✧ on the other hand | par contre |
| ✧ once upon a time | il était une fois |
| ✧ or | ou |
| ✧ since | puisque/depuis que/depuis |
| ✧ so | donc |
| ✧ then | puis/alors |
| ✧ two years later | deux ans plus tard |

| | |
|---|---|
| ❖ unless | sauf si |
| ❖ until | jusqu'à/jusqu'au |
| ❖ while | tandis que |

## *Quels sont les indices contextuels les plus fréquemment utilisés ?* ①❷❸

| ANGLAIS | FRANÇAIS |
|---|---|
| ❖ chapter | chapitre |
| ❖ glossary | glossaire |
| ❖ illustration | illustration |
| ❖ lexicon | lexique |
| ❖ subtitle | sous-titre |
| ❖ summary | résumé |
| ❖ synopsis | synopsis |
| ❖ table of contents | table des matières |
| ❖ title | titre |

### 2.5.3 LES PRODUITS CULTURELS

## *Quels éléments de culture doit-on connaître ?* ①❷❸

❖ **L'origine des noms :** certains noms de famille, d'entreprise ou d'objets ont des origines simples ou anecdotiques (p. ex. : le nom propre Johnson qui signifie « fils de John » ; le nom propre Baker qui signifie « boulanger » ; le nom commun « sandwich » issu du nom de son inventeur, John Montagu, 4e comte de Sandwich).

❖ **Les marques d'appropriation du territoire :** plusieurs bâtiments, ponts, statues, entreprises, rues, villages, municipalités et villes portent des noms anglophones (p. ex. : le pont Victoria à Montréal fut nommé en l'honneur de la reine d'Angleterre qui régna de 1837 à 1901 ; la rue Sherbrooke et la ville du même nom furent nommées en souvenir de sir John Coape Sherbrooke, gouverneur général du Canada entre 1816 et 1818).

⋄ **Les traditions reliées à des fêtes ou à des événements spéciaux :** la fête de « Thanksgiving » ou Action de grâce qui, aux États-Unis, a lieu le 4ᵉ jeudi du mois de novembre (les familles se réunissent autour d'un repas copieux dont l'aliment principal est la dinde) ; la fête de l'Halloween qui se déroule le 31 octobre et qui est fêtée principalement au Canada et aux États-Unis (les enfants se déguisent et sonnent aux portes pour demander des bonbons en disant « Trick or treat ! »).

## *Quelles sont les expressions idiomatiques les plus fréquemment utilisées ?*

① ❷ ❸

| ANGLAIS | FRANÇAIS |
|---|---|
| ⋄ There is a snake in the grass | Il y a anguille sous roche |
| ⋄ To ask for the moon | Demander l'impossible |
| ⋄ To be chicken | Être une poule mouillée |
| ⋄ To be knee-high to a grasshopper | Être haut comme trois pommes |
| ⋄ To be nuts | Tomber sur la tête |
| ⋄ To be soaked to the bone | Être trempé jusqu'aux os |
| ⋄ To beat around the bush | Tourner autour du pot |
| ⋄ To cost an arm and a leg | Coûter les yeux de la tête |
| ⋄ To fall of one's chair | Tomber des nues |
| ⋄ To get back on track | Revenir à ses moutons |
| ⋄ To give helping hand | Donner un coup de main |
| ⋄ To have a frog in one's throat | Avoir un chat dans la gorge |
| ⋄ To kill two birds with one stone | Faire d'une pierre deux coups |
| ⋄ To know by heart | Connaître par cœur |
| ⋄ To rain cats and dogs | Pleuvoir des cordes |
| ⋄ To start from scratch | Partir de zéro |
| ⋄ To take the plunge | Se jeter à l'eau |
| ⋄ To throw in the towel | Baisser les bras/Jeter l'éponge |
| ⋄ When pigs fly | Quand les poules auront des dents |

## CHAPITRE 3  MATHÉMATIQUE

### 3.1  RÉSOUDRE UNE SITUATION-PROBLÈME MATHÉMATIQUE

#### 3.1.1  LES STRATÉGIES DE RÉSOLUTION DE SITUATIONS-PROBLÈMES

##### Comment décode-t-on les éléments de la situation-problème ?

❖ **Décoder les éléments de la situation :** en lisant le problème,  ❶ ❷ ❸
en séparant les énoncés qui le composent, en déterminant le sens
des termes (p. ex. : plus que, moins que, 5 fois plus, 8 fois moins,
somme, différence, etc.) et des symboles mathématiques (p. ex. :
<, >, =, %, etc.), en dégageant l'information contenue dans un
diagramme, un tableau ou un schéma, en distinguant les données
pertinentes des données inutiles ou superflues, en déterminant les
données manquantes, en identifiant les besoins, en dégageant la
tâche à réaliser ou le but à poursuivre.

##### Comment modélise-t-on la situation-problème ?

❖ **Modéliser et activer ses connaissances antérieures :**  ❶ ❷ ❸
en associant la situation à des situations semblables résolues
antérieurement, en représentant la situation à l'aide de matériel
de manipulation, d'illustrations, de diagrammes, de symboles,
de phrases mathématiques pour montrer les relations entre les
données du problème (p. ex. : nombre de personnes $x$ nombre de
biscuits par personne = nombre total de biscuits).

##### Comment applique-t-on différentes stratégies en vue d'élaborer une solution ?

❖ **Appliquer pour résoudre la situation :** en proposant une ou  ❶ ❷ ❸
plusieurs stratégies, en combinant, transformant et réorganisant
ses connaissances et les données, en effectuant les calculs ou en

produisant un dessin, en procédant par tâtonnement (essais et erreurs), en utilisant du matériel de manipulation, en laissant des traces de sa démarche et du résultat.

## Comment valide-t-on la solution ?

❖ **Valider la solution :** en vérifiant ses calculs à l'aide d'un dessin ou de matériel de manipulation, en effectuant l'opération contraire, en comparant sa solution avec celle de ses pairs, en confrontant le résultat obtenu avec celui qui était attendu, en justifiant les étapes de la démarche, en rectifiant la solution au besoin. ❶ ❷ ❸

## Comment partage-t-on l'information relative à la solution ?

❖ **Partager la solution :** en composant un message simple et court qui tient compte du destinataire, en décrivant les moyens utilisés pour trouver et valider la solution, en identifiant les obstacles rencontrés et la façon dont ils ont été surmontés, en utilisant le langage mathématique, en comparant la solution avec celles qui sont attendues. ❶ ❷ ❸

## ( 3.2 )  RAISONNER À L'AIDE DE CONCEPTS ET DE PROCESSUS MATHÉMATIQUES

### ( 3.2.1 )  LE SENS ET L'ÉCRITURE DES NOMBRES NATURELS

#### Comment définit-on et représente-t-on les nombres naturels inférieurs à 1000 ?

❖ **La différence entre chiffre et nombre :** le chiffre est un caractère (0, 1, 2, 3, 4, 5, 6, 7, 8 ou 9) utilisé pour représenter un nombre qui lui est une valeur ou une quantité (nombres naturels, nombres décimaux, fractions, nombres entiers). ❶ ② ③

❖ **Les nombres naturels :** nombres qui servent généralement à compter, à dénombrer (0, 1, 2, 3, 4, 5, 6, 7, 8, 9, 10, 11, 12… jusqu'à l'infini). ❶ ❷ ❸

❖ **La comparaison des nombres naturels :** pour comparer les nombres naturels à l'aide des symboles < (est plus petit que), ❶ ❷ ❸

> (est plus grand que) ou = (est égal à), il suffit de trouver la valeur de chaque nombre à partir des unités, des dizaines, des centaines et des unités de mille (p. ex. : 8**7**3 < 8**8**2, **5**39 > **4**65, **270 = 270**).

✧ **L'ordre croissant et l'ordre décroissant dans les nombres naturels :** pour mettre les nombres naturels dans l'ordre croissant (du plus petit au plus grand) ou décroissant (du plus grand au plus petit), il suffit de trouver la valeur de chaque nombre à partir des unités, des dizaines, des centaines et des unités de mille (p. ex. : ordre croissant → 36, 57, 124, 319, 540, 795). ❶ ❷ ❸

✧ **La décomposition des nombres naturels :** représentation d'un nombre naturel sous la forme d'une somme de ses termes en base 10 (p. ex. : 852 = 800 + 50 + 2 ou 8 centaines + 5 dizaines + 2 unités). ❶ ❷ ❸

✧ **Les régularités dans les nombres naturels :** dans une suite arithmétique, formule ou opération qui se manifeste logiquement et qui permet de déduire la règle pour trouver le nombre suivant (p. ex. : 6, 9, 12, 15, 18 → on déduit qu'il faut additionner 3 à chaque terme de la suite pour la poursuivre). ❶ ❷ ❸

✧ **Les nombres naturels pairs et impairs :** les nombres naturels qui se terminent par 0, 2, 4, 6 et 8 sont tous pairs (donc ceux qui sont divisibles par 2), et ceux qui se terminent par 1, 3, 5, 7, 9 sont tous impairs. ❶ ② ③

✧ **La droite numérique pour représenter les nombres naturels :** on peut représenter les nombres naturels sur la droite numérique en les plaçant dans l'ordre croissant. ❶ ❷ ❸

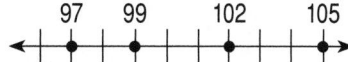

## Comment définit-on et représente-t-on les nombres naturels inférieurs à 100 000 ?

✧ **L'abaque :** table à calcul divisée en colonnes dans lesquelles sont placés des jetons, des boules ou des rondelles qui représentent les ① ❷ ❸ centaines de mille, les dizaines de mille, les unités de mille, les centaines, les dizaines et les unités.

Exemple : 45 037

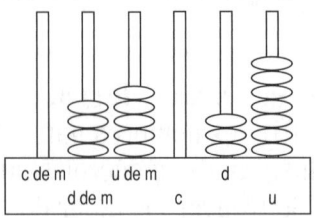

❖ **L'écriture des nombres en lettres :** les nombres composés ① ❷ ❸
inférieurs à 100 qui ne se terminent pas par 1, sauf 81 et 91, prennent un trait d'union (p. ex. : quatre-vingt-dix-huit), les nombres composés supérieurs à 100 ne prennent pas de trait d'union, sauf leur partie comprise entre 1 et 99 (p. ex. : cinq mille six cent cinquante-quatre), on ajoute « et » lorsqu'un nombre se termine par 1, sauf 81 et 91 (p. ex. : soixante et un) ; les nombres 20 et 100 prennent la marque du pluriel lorsqu'ils sont multipliés et qu'ils ne sont pas suivis d'un autre nombre (p. ex. : quatre-vingts, quatre-vingt-un, six cents, six cent un), sauf s'il s'agit de milliers, millions et milliards (p. ex. : quatre-vingts milliers, sept cents millions), et le nombre 1000 est toujours invariable (p. ex. : trente-trois mille).

❖ **Les nombres carrés :** nombres que l'on peut représenter par un ① ❷ ③
carré ou nombres obtenus en multipliant un nombre quelconque par lui-même.

Exemple : 25      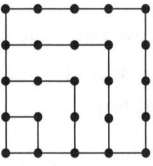      5 x 5 = 25

❖ **Les nombres premiers :** nombres qui n'ont pour diviseurs que 1 ① ❷ ③
et eux-mêmes (p. ex. : 2, 3, 5, 7, 11, 13, 17, 19, 23, 29, 31, 37, 41, etc.).

❖ **Les nombres composés :** nombres qui comptent 3 diviseurs ou ① ❷ ③
plus (p. ex. : 32 est un nombre composé puisqu'il compte parmi ses diviseurs les nombres 1, 2, 4, 8, 16 et 32).

## Comment définit-on et représente-t-on les nombres naturels inférieurs à 1 000 000 ?

◊ **Les puissances et les exposants :** la puissance d'un nombre s'obtient en multipliant ce nombre, soit la base, par lui-même un certain nombre de fois, soit l'exposant (p. ex. : $5^3 = 5 \times 5 \times 5 = 125$ et $3^4 = 3 \times 3 \times 3 \times 3 = 81$).

### 3.2.2  LE SENS ET L'ÉCRITURE DES FRACTIONS

## Comment définit-on et représente-t-on les fractions ?

◊ **La fraction :** quantité qui désigne une partie d'un tout sous la forme d'un rapport entre deux entiers positifs séparés par une ligne horizontale, le numérateur étant en haut et le dénominateur en bas (p. ex. : $\frac{5}{8}$).

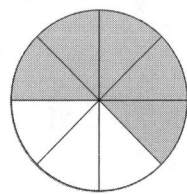

◊ **Le numérateur :** premier terme d'une fraction qui indique combien de parties égales d'un tout sont considérées (p. ex. : $\frac{2}{3}$).

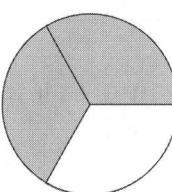

◊ **Le dénominateur :** deuxième terme d'une fraction qui indique en combien de parties égales un tout a été divisé (p. ex. : $\frac{4}{9}$).

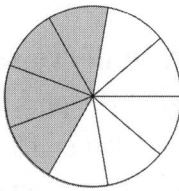

✧ **Le nombre fractionnaire :** quantité qui comprend un entier et une fraction (p. ex.: $1\frac{3}{4}$).

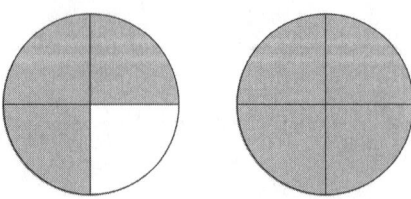

✧ **La fraction impropre :** fraction dont le numérateur est plus grand que le dénominateur et qui peut être transformée en nombre fractionnaire (p. ex.: $\frac{7}{2} = 3\frac{1}{2}$).

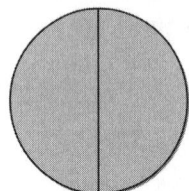 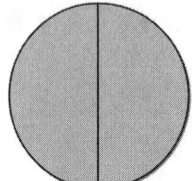 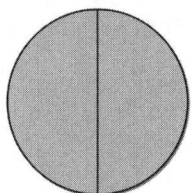 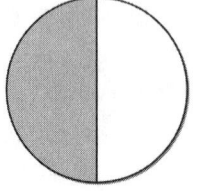

✧ **La fraction décimale :** fraction dont le dénominateur est une puissance de 10 (p. ex.: $\frac{37}{100}$).

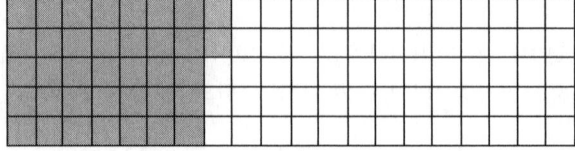

✧ **La comparaison à 0, à $\frac{1}{2}$ et à 1 :** les fractions peuvent être supérieures à 0, mais inférieures à $\frac{1}{2}$ (p. ex.: $0 < \frac{1}{4} < \frac{1}{2}$) ou supérieures à $\frac{1}{2}$ et inférieures à 1 (p. ex.: $\frac{1}{2} < \frac{3}{4} < 1$); les nombres fractionnaires ou les fractions impropres sont supérieurs à 1 (p. ex.: $1 < 1\frac{1}{2}$).

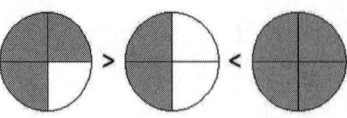 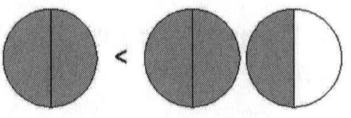

✧ **L'ordre croissant et l'ordre décroissant :** pour mettre les fractions dans l'ordre croissant (du plus petit au plus grand) ou décroissant (du plus grand au plus petit), il suffit de trouver le plus petit commun multiple de tous les dénominateurs des fractions visées, de ramener ces dénominateurs au multiple trouvé en les multipliant, et en faisant de même avec le numérateur de chaque fraction (p. ex.: $\frac{1}{2}$, $\frac{2}{3}$, $\frac{4}{5}$, $\frac{5}{6}$ → le plus petit commun multiple de 2, 3, 5 et 6 est 30 → donc, on multiplie chaque dénominateur par le nombre qui donnera le produit 30, et on fait de même pour le numérateur → $\frac{1}{2}$ x $\frac{15}{15}$ = $\frac{\mathbf{15}}{\mathbf{30}}$, $\frac{2}{3}$ x $\frac{10}{10}$ = $\frac{\mathbf{20}}{\mathbf{30}}$, $\frac{4}{5}$ x $\frac{6}{6}$ = $\frac{\mathbf{24}}{\mathbf{30}}$, $\frac{5}{6}$ x $\frac{5}{5}$ = $\frac{\mathbf{25}}{\mathbf{30}}$ → l'ordre décroissant des fractions serait alors $\frac{\mathbf{5}}{\mathbf{6}}$ ou $\frac{25}{30}$, $\frac{\mathbf{4}}{\mathbf{5}}$ ou $\frac{24}{30}$, $\frac{\mathbf{2}}{\mathbf{3}}$ ou $\frac{20}{30}$, $\frac{\mathbf{1}}{\mathbf{2}}$ ou $\frac{15}{30}$).

⋄ **La comparaison des fractions :** pour comparer les fractions à l'aide des symboles < (est plus petit que), > (est plus grand que) ou = (est égal à), il suffit de trouver le plus petit commun multiple des dénominateurs des fractions à comparer, comme pour l'ordre croissant et décroissant (ex.: $\frac{7}{8}$ et $\frac{8}{9}$ → le plus petit commun multiple de 8 et 9 est 72 → $\frac{7}{8}$ x $\frac{9}{9}$ = $\frac{63}{72}$ et $\frac{8}{9}$ x $\frac{8}{8}$ = $\frac{64}{72}$ → $\frac{7}{8}$ ou $\frac{63}{72}$ < $\frac{8}{9}$ ou $\frac{64}{72}$). ① ② ❸

⋄ **Les fractions équivalentes :** fractions qui représentent le même nombre rationnel ; on peut trouver des fractions équivalentes en multipliant le numérateur et le dénominateur de la fraction originale par le même nombre (p. ex.: $\frac{3}{8}$ x $\frac{2}{2}$ = $\frac{6}{16}$ → $\frac{3}{8}$ et $\frac{6}{16}$ sont des fractions équivalentes). ① ② ❸

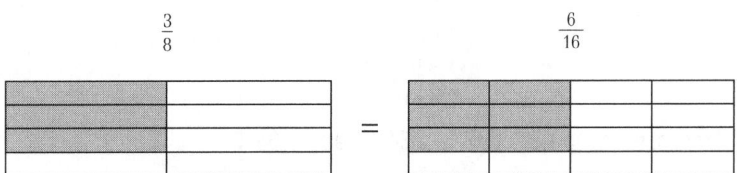

⋄ **La réduction de fractions :** pour réduire une fraction à sa plus simple expression, il suffit de diviser le numérateur et le dénominateur par leur plus grand commun diviseur (p. ex.: $\frac{16}{24}$ → $\frac{16}{24}$ ÷ $\frac{8}{8}$ = $\frac{2}{3}$ → donc, $\frac{16}{24}$ peut être réduit à $\frac{2}{3}$). ① ② ❸

⋄ **Les fractions irréductibles :** fractions qui ne peuvent être réduites davantage parce que leur numérateur et leur dénominateur ne comportent pas de plus grand commun diviseur (p. ex.: $\frac{5}{9}$, $\frac{8}{11}$, $\frac{15}{29}$, $\frac{37}{100}$, etc.). ① ② ❸

❖ **Les pourcentages :** fractions dont le dénominateur est 100    ① ② ❸
(p. ex. : la fraction $\frac{85}{100}$ peut s'écrire 85 %).

---

⟨ 3.2.3 ⟩   *LE SENS ET L'ÉCRITURE DES NOMBRES DÉCIMAUX*

*Comment définit-on et représente-t-on les nombres décimaux jusqu'à l'ordre des centièmes ou des millièmes ?* ————

❖ **Le nombre décimal :** nombre entier suivi d'une fraction décimale    ① ❷ ❸
(séparés d'une virgule), c'est-à-dire dixièmes, centièmes et millièmes (p. ex. : 7 unités + 3 dixièmes + 9 centièmes + 4 millièmes →
$7 + \frac{3}{10} + \frac{9}{100} + \frac{4}{1000}$ → 7,394).

❖ **L'ordre croissant et l'ordre décroissant dans les nombres**    ① ❷ ❸
**décimaux :** pour mettre les nombres décimaux dans l'ordre croissant (du plus petit au plus grand) ou décroissant (du plus grand au
plus petit), il suffit d'aligner les virgules de ces nombres décimaux
et de déterminer leur valeur (pour ce faire, on peut ajouter des 0
pour remplacer les décimales manquantes et une virgule après un
nombre naturel).

Si l'on veut mettre les nombres 2,34 – 2,6 – 1,975 – 3 – 1,8 – 2,44 dans l'ordre croissant :

$$2,34\mathbf{0}$$
$$2,6\mathbf{00}$$
$$1,975$$
$$3,\mathbf{00}$$
$$1,8\mathbf{00}$$
$$2,44\mathbf{0}$$

L'ordre croissant est donc 1,8 – 1,975 – 2,34 – 2,44 – 2,6 – 3.

❖ **La comparaison des nombres décimaux :** pour comparer    ① ❷ ❸
les nombres décimaux à l'aide des symboles < (est plus petit que),
> (est plus grand que) ou = (est égal à), il suffit d'aligner les vir-
gules de ces nombres décimaux et de comparer leur valeur (pour
ce faire, on peut ajouter des 0 pour remplacer les décimales manquantes et une virgule après un nombre naturel).

Si l'on veut comparer les nombres 65,7 et 64,94 :

$$65,7\mathbf{00}$$
$$64,94\mathbf{0}$$
$$65,7 > 64,94$$

⬥ **La décomposition :** représentation d'un nombre décimal sous la ① ❷ ❸
forme d'une somme de ses termes en base 10 (p. ex. : 7846,53 =
7000 + 800 + 40 + 6 + $\frac{5}{10}$ + $\frac{3}{100}$ ou 7 unités de mille + 8 centaines
+ 4 dizaines + 6 unités + 5 dixièmes + 3 centièmes).

⬥ **La droite numérique pour représenter les nombres déci-** ① ❷ ❸
**maux :** on peut représenter les nombres décimaux sur la droite
numérique en les plaçant dans l'ordre croissant.

$$49 \qquad 49,5 \quad 49,75 \qquad 50$$

( 3.2.4 ) *L'UTILISATION DES NOMBRES*

## *Comment passe-t-on d'une forme d'écriture à une autre ?*

⬥ **De la notation fractionnaire à la notation décimale :** pour ① ② ❸
transformer une fraction en nombre décimal, il suffit de diviser le
numérateur par le dénominateur (p. ex. : $\frac{3}{5}$ → 3 ÷ 5 = 0,6 et $\frac{7}{8}$ →
7 ÷ 8 = 0,875).

⬥ **De la notation décimale à la notation fractionnaire :** pour ① ② ❸
transformer un nombre décimal en fraction, il suffit de ramener le
nombre décimal sur 10 ou un de ses multiples et, s'il y a lieu, de
réduire la fraction obtenue en divisant le numérateur et le dénominateur par leur plus grand commun diviseur (p. ex. : 0,625 → $\frac{625}{1000}$ →
$\frac{625}{1000}$ ÷ $\frac{125}{125}$ = $\frac{5}{8}$ → donc 0,625 = $\frac{5}{8}$ ).

⬥ **De la notation fractionnaire au pourcentage :** pour transfor- ① ② ❸
mer une fraction en pourcentage, il suffit de diviser le numérateur
par le dénominateur et de transposer le nombre décimal en pourcentage (p. ex. : $\frac{3}{4}$ → 3 ÷ 4 = 0,75 = 75 centièmes = 75 %, et aussi
$\frac{7}{8}$ → 7 ÷ 8 = 0,875 = 875 millièmes = 87,5 %).

⬥ **Du pourcentage à la notation fractionnaire :** pour transfor- ① ② ❸
mer un pourcentage en fraction, il suffit de le transposer en fraction dont le dénominateur est 100 et, s'il y a lieu, de réduire celle-
ci à sa plus simple expression (p. ex. : 72 % → $\frac{72}{100}$ → $\frac{72}{100}$ ÷ $\frac{1}{4}$ = $\frac{18}{25}$ ).

❖ **De la notation décimale au pourcentage :** pour transformer ① ② ❸
un nombre décimal en pourcentage, il suffit de le transposer sur
100 puis en % (p. ex. : 0,43 → $\frac{43}{100}$ → 43 %, mais aussi 0,569 → $\frac{569}{1000}$
→ $\frac{56,9}{100}$ → 56,9 %).

❖ **Du pourcentage à la notation décimale :** pour transformer un ① ② ❸
pourcentage en nombre décimal, il suffit de le transposer sur 100
puis en nombre à virgule (p. ex. : 36 % → $\frac{36}{100}$ → 36 centièmes →
0,36).

**(3.2.5)** *LE SENS ET L'ÉCRITURE DES NOMBRES ENTIERS*

*Comment définit-on et représente-t-on les nombres entiers ?*

❖ **Les nombres entiers :** les nombres entiers sont les nombres ① ② ❸
positifs ou supérieurs à 0, le nombre 0 et les nombres négatifs ou
inférieurs à 0 (p. ex. : –6, –4, 0, 5, 7, etc.).

❖ **L'ordre croissant et l'ordre décroissant dans les nombres** ① ② ❸
**entiers :** pour mettre les nombres entiers dans l'ordre croissant
(du plus petit au plus grand) ou décroissant (du plus grand au plus
petit), il suffit de déterminer leur valeur ; par conséquent, le 0 est
toujours plus grand que les nombres négatifs et est toujours plus
petit que les nombres positifs, les nombres négatifs sont toujours
plus petits que les nombres positifs, les nombres positifs sont toujours plus grands que les nombres négatifs, et les nombres négatifs
représentés par des chiffres plus gros sont plus petits que ceux qui
sont représentés par des plus petits chiffres (p. ex. : ordre décroissant → 25, 21, 17, 13, 8, 5, 2, 0, –4, –9, –12, –16, –20, etc.).

❖ **La comparaison des nombres entiers :** pour comparer les ① ② ❸
nombres entiers à l'aide des symboles < (est plus petit que), > (est
plus grand que) ou = (est égal à), il suffit de déterminer leur valeur
de la même façon que pour l'ordre croissant et l'ordre décroissant
(p. ex. : 4 < 6, 7 > 3, 2 > –2, 0 > –4, –1 > –8, –9 < –5, etc.).

❖ **La droite numérique pour représenter les nombres** ① ② ❸
**entiers :** on peut représenter les nombres entiers sur la droite
numérique en les plaçant dans l'ordre croissant.

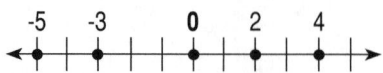

(3.2.6) **LES OPÉRATIONS SUR LES NOMBRES NATURELS**

*Comment additionne-t-on les nombres naturels?* ————

✦ **Le répertoire mémorisé :** tables d'addition qui doivent être    ❶ ② ③
apprises par cœur afin de résoudre des opérations plus complexes.

| + | 0 | 1 | 2 | 3 | 4 | 5 | 6 | 7 | 8 |
|---|---|---|---|---|---|---|---|---|---|
| **0** | 0 | 1 | 2 | 3 | 4 | 5 | 6 | 7 | 8 |
| **1** | 1 | 2 | 3 | 4 | 5 | 6 | 7 | 8 | 9 |
| **2** | 2 | 3 | 4 | 5 | 6 | 7 | 8 | 9 | 10 |
| **3** | 3 | 4 | 5 | 6 | 7 | 8 | 9 | 10 | 11 |
| **4** | 4 | 5 | 6 | 7 | 8 | 9 | 10 | 11 | 12 |
| **5** | 5 | 6 | 7 | 8 | 9 | 10 | 11 | 12 | 13 |
| **6** | 6 | 7 | 8 | 9 | 10 | 11 | 12 | 13 | 14 |
| **7** | 7 | 8 | 9 | 10 | 11 | 12 | 13 | 14 | 15 |
| **8** | 8 | 9 | 10 | 11 | 12 | 13 | 14 | 15 | 16 |
| **9** | 9 | 10 | 11 | 12 | 13 | 14 | 15 | 16 | 17 |

✦ **L'addition de deux nombres naturels à 2 et 3 chiffres :**    ❶ ② ③
addition de chaque terme du premier nombre (unité, dizaine, centaine) avec chaque terme correspondant du second nombre (unité,
dizaine) qui implique souvent des retenues.

$$
\begin{array}{r} 573 \\ +\ 64 \\ \hline 7 \end{array}
\qquad
\begin{array}{r} {}^{1}\ \\ 573 \\ +\ 64 \\ \hline 37 \end{array}
\qquad
\begin{array}{r} {}^{1}\ \\ 573 \\ +\ 64 \\ \hline 637 \end{array}
$$

$3 + 4 = 7 \qquad 7 + 6 = 13 \qquad 5 + 1 = 6$

✦ **L'addition de deux nombres naturels à 4 chiffres :** addition    ① ❷ ③
de chaque terme du premier nombre (unité, dizaine, centaine, unité
de mille) avec chaque terme correspondant du second nombre
(unité, dizaine, centaine, unité de mille) qui implique souvent des
retenues.

$$
\begin{array}{r} 8573 \\ +2364 \\ \hline 7 \end{array}
\qquad
\begin{array}{r} {}^{1}\ \\ 8573 \\ +2364 \\ \hline 37 \end{array}
\qquad
\begin{array}{r} {}^{1}\ \\ 8573 \\ +2364 \\ \hline 937 \end{array}
\qquad
\begin{array}{r} {}^{1}\ \\ 8573 \\ +2364 \\ \hline 10\ 937 \end{array}
$$

$3 + 4 = 7 \qquad 7 + 6 = 13 \qquad 5 + 3 + 1 = 9 \qquad 8 + 2 = 10$

❖ **L'addition de deux nombres naturels à 5 et 6 chiffres :** ① ② ❸
addition de chaque terme du premier nombre (unité, dizaine, centaine, unité de mille, dizaine de mille, centaine de mille) avec chaque terme correspondant du second nombre (unité, dizaine, centaine, unité de mille, dizaine de mille) qui implique souvent des retenues.

| ¹ 345 984 + 27 039 | ¹ ¹ 345 984 + 27 039 | ¹ ¹ ¹ 345 984 + 27 039 | ¹¹ ¹¹ 345 984 + 27 039 | ¹¹ ¹¹ 345 984 + 27 039 | ¹¹ ¹¹ 345 984 + 27 039 |
|---|---|---|---|---|---|
| 3 | 23 | 023 | 3 023 | 73 023 | 373 023 |
| 4 + 9 = 13 | 8 + 3 + 1 = 12 | 9 + 0 + 1 = 10 | 5 + 7 + 1 = 13 | 4 + 2 + 1 = 7 | 3 + 0 = 3 |

## *Comment soustrait-on les nombres naturels ?*——————

❖ **Le répertoire mémorisé :** tables de soustraction qui doivent ❶ ② ③
être apprises par cœur afin de résoudre des opérations plus complexes.

| −  | 0 | 1 | 2 | 3 | 4 | 5 | 6 | 7 | 8 | 9 |
|----|---|---|---|---|---|---|---|---|---|---|
| 18 |   |   |   |   |   |   |   |   |   | 9 |
| 17 |   |   |   |   |   |   |   |   | 9 | 8 |
| 16 |   |   |   |   |   |   |   | 9 | 8 | 7 |
| 15 |   |   |   |   |   |   | 9 | 8 | 7 | 6 |
| 14 |   |   |   |   |   | 9 | 8 | 7 | 6 | 5 |
| 13 |   |   |   |   | 9 | 8 | 7 | 6 | 5 | 4 |
| 12 |   |   |   | 9 | 8 | 7 | 6 | 5 | 4 | 3 |
| 11 |   |   | 9 | 8 | 7 | 6 | 5 | 4 | 3 | 2 |
| 10 |   | 9 | 8 | 7 | 6 | 5 | 4 | 3 | 2 | 1 |
| 9  | 9 | 8 | 7 | 6 | 5 | 4 | 3 | 2 | 1 | 0 |
| 8  | 8 | 7 | 6 | 5 | 4 | 3 | 2 | 1 | 0 |   |
| 7  | 7 | 6 | 5 | 4 | 3 | 2 | 1 | 0 |   |   |
| 6  | 6 | 5 | 4 | 3 | 2 | 1 | 0 |   |   |   |
| 5  | 5 | 4 | 3 | 2 | 1 | 0 |   |   |   |   |
| 4  | 4 | 3 | 2 | 1 | 0 |   |   |   |   |   |
| 3  | 3 | 2 | 1 | 0 |   |   |   |   |   |   |
| 2  | 2 | 1 | 0 |   |   |   |   |   |   |   |
| 1  | 1 | 0 |   |   |   |   |   |   |   |   |

❖ **La soustraction de deux nombres naturels à 2 et 3 chiffres :** soustraction de chaque terme du second nombre (unité, dizaine) à partir de chaque terme correspondant du premier nombre (unité, dizaine, centaine) qui implique souvent des emprunts.

❶ ② ③

$$
\begin{array}{r} 758 \\ -\ 64 \\ \hline 4 \end{array}
\qquad
\begin{array}{r} {}^{6\ 1}\!\cancel{7}58 \\ -\ 64 \\ \hline 94 \end{array}
\qquad
\begin{array}{r} {}^{6\ 1}\!\cancel{7}58 \\ -\ 64 \\ \hline 694 \end{array}
$$

$8 - 4 = 4 \qquad\qquad 15 - 6 = 9 \qquad\qquad 6 - 0 = 6$

❖ **La soustraction de deux nombres naturels à 4 chiffres :** soustraction de chaque terme du second nombre (unité, dizaine, centaine, unité de mille) à partir de chaque terme correspondant du premier nombre (unité, dizaine, centaine, unité de mille) qui implique souvent des emprunts.

① ❷ ③

$$
\begin{array}{r} 5758 \\ -2964 \\ \hline 4 \end{array}
\qquad
\begin{array}{r} {}^{6\ 1}5\cancel{7}58 \\ -2964 \\ \hline 94 \end{array}
\qquad
\begin{array}{r} {}^{4\ 16}\!\cancel{5}\cancel{7}58 \\ -2964 \\ \hline 794 \end{array}
\qquad
\begin{array}{r} {}^{4\ 16}\!\cancel{5}\cancel{7}58 \\ -2964 \\ \hline 2794 \end{array}
$$

$8 - 4 = 4 \qquad 15 - 6 = 9 \qquad 16 - 9 = 7 \qquad 4 - 2 = 2$

❖ **La soustraction de deux nombres naturels à 5 et 6 chiffres :** soustraction de chaque terme du second nombre (unité, dizaine, centaine, unité de mille, dizaine de mille) à partir de chaque terme correspondant du premier nombre (unité, dizaine, centaine, unité de mille, dizaine de mille, centaine de mille) qui implique souvent des emprunts.

① ② ❸

$$
\begin{array}{r} 653\,758 \\ -\ 82\,964 \\ \hline 4 \end{array}
\quad
\begin{array}{r} {}^{6\ 1}653\,\cancel{7}58 \\ -\ 82\,964 \\ \hline 94 \end{array}
\quad
\begin{array}{r} {}^{2\ 16}65\cancel{3}\,\cancel{7}58 \\ -\ 82\,964 \\ \hline 794 \end{array}
\quad
\begin{array}{r} {}^{2\ 16}65\cancel{3}\,\cancel{7}58 \\ -\ 82\,964 \\ \hline 0\,794 \end{array}
\quad
\begin{array}{r} {}^{5\ 1\ 2\ 16}\!\cancel{6}5\cancel{3}\,\cancel{7}58 \\ -\ 82\,964 \\ \hline 70\,794 \end{array}
\quad
\begin{array}{r} {}^{5\ 12\ 16}\!\cancel{6}\cancel{5}\cancel{3}\,\cancel{7}58 \\ -\ 82\,964 \\ \hline 570\,794 \end{array}
$$

$8-4=4 \quad 15-6=9 \quad 16-9=7 \quad 2-2=0 \quad 15-8=7 \quad 5-0=5$

## *Comment multiplie-t-on les nombres naturels ?* ————

❖ **La multiplication par addition répétée :** pour multiplier un nombre, on peut additionner consécutivement ce nombre le nombre de fois indiqué dans la multiplication (p. ex. : $7 \times 4 \rightarrow 7 + 7 + 7 + 7 = 28$).

❶ ② ③

❖ **Le répertoire mémorisé :** tables de multiplication qui doivent être apprises par cœur afin de résoudre des opérations plus complexes. ① ❷ ③

| X | 0 | 1 | 2 | 3 | 4 | 5 | 6 | 7 | 8 | 9 |
|---|---|---|---|---|---|---|---|---|---|---|
| **0** | 0 | 0 | 0 | 0 | 0 | 0 | 0 | 0 | 0 | 0 |
| **1** | 0 | 1 | 2 | 3 | 4 | 5 | 6 | 7 | 8 | 9 |
| **2** | 0 | 2 | 4 | 6 | 8 | 10 | 12 | 14 | 16 | 18 |
| **3** | 0 | 3 | 6 | 9 | 12 | 15 | 18 | 21 | 24 | 27 |
| **4** | 0 | 4 | 8 | 12 | 16 | 20 | 24 | 28 | 32 | 36 |
| **5** | 0 | 5 | 10 | 15 | 20 | 25 | 30 | 35 | 40 | 45 |
| **6** | 0 | 6 | 12 | 18 | 24 | 30 | 36 | 42 | 48 | 54 |
| **7** | 0 | 7 | 14 | 21 | 28 | 35 | 42 | 49 | 56 | 63 |
| **8** | 0 | 8 | 16 | 24 | 32 | 40 | 48 | 56 | 64 | 72 |
| **9** | 0 | 9 | 18 | 27 | 36 | 45 | 54 | 63 | 72 | 81 |

❖ **La multiplication d'un nombre naturel à 3 chiffres par un nombre naturel à 1 chiffre :** multiplication de chaque terme (unité, dizaine, centaine) du premier nombre par le second nombre (unité) qui implique parfois des retenues. ① ❷ ③

```
   2              4 2            4 2
  374            374            374
x   6          x   6          x   6
 ────           ────           ────
    4             44           2244
```

6 x 4 = 24        (6 x 7) + 2 = 44        (6 x 3) + 4 = 22

❖ **La multiplication d'un nombre naturel à 3 chiffres par un nombre naturel à 2 chiffres :** multiplication de chaque terme (unité, dizaine, centaine) du premier nombre par chaque terme (unité, dizaine) du second nombre qui implique souvent des retenues. ① ❷ ③

```
    6          4 6          4 6          4 6            2            1 2          1 2
                                                      4 6          4 6          4 6
  459          459          459          459          459          459          459
x   37       x   37       x   37       x   37       x   37       x   37       x   37
 ────         ────         ────         ────         ────         ────         ────
    3           13         3213         3213         3213         3213         3213
                                           0       +   70       +  770       + 13770
                                                                              ───────
                                                                               16 983
```

7 x 9 = 63   (7 x 5) + 6 = 41   (7 x 4) + 4 = 32        3 x 9 = 27   (3 x 5) + 2 = 17 (3 x 4) + 1 = 13

❖ **Les multiples :** nombre obtenu par la multiplication d'un autre   ① ❷ ❸
nombre (p. ex. : les multiples de 5 sont **0** ou 5 x 0, **5** ou 5 x 1,
**10** ou 5 x 2, **15** ou 5 x 3, **20** ou 5 x 4, etc.).

❖ **Le plus petit commun multiple :** après avoir établi la liste des   ① ❷ ❸
multiples de deux nombres distincts, plus petit nombre autre que 0
qui se retrouve à la fois dans les deux listes (p. ex. : les dix premiers multiples de **6** sont 0, 6, 12, 18, **24**, 30, 36, 42, 48 et 54,
et les dix premiers multiples de **8** sont 0, 8, 16, **24**, 32, 40, 48, 56,
64 et 72 → donc, le plus petit commun multiple de 6 et 8 est **24**).

## Comment divise-t-on les nombres naturels ?

❖ **La division par soustraction répétée :** pour diviser un nom-   ❶ ② ③
bre, on peut soustraire consécutivement de ce nombre celui qui est
indiqué dans la division (p. ex. : 28 ÷ 7 → 28 − **7** = 21, 21 − **7** = 14,
14 − **7** = 7, 7 − **7** = 0 → on compte combien de fois on a soustrait
le nombre 7 pour se rendre à 0, dans ce cas-ci 4 fois, et on obtient
la réponse → 28 ÷ 7 = 4).

❖ **Le répertoire mémorisé :** tables de division qui doivent être   ① ❷ ③
apprises par cœur afin de résoudre des opérations plus complexes.

| ÷ | 1 | 2 | 3 | 4 | 5 | 6 | 7 | 8 | 9 |
|---|---|---|---|---|---|---|---|---|---|
| 81 | | | | | | | | | 9 |
| 72 | | | | | | | | 9 | 8 |
| 64 | | | | | | | | 8 | |
| 63 | | | | | | | 9 | | 7 |
| 56 | | | | | | | 8 | 7 | |
| 49 | | | | | | | 7 | | |
| 48 | | | | | | 8 | | 6 | |
| 45 | | | | | 9 | | | | 5 |
| 42 | | | | | | 7 | 6 | | |
| 40 | | | | | 8 | | 5 | | |
| 36 | | | | 9 | | 6 | | | 4 |
| 35 | | | | | 7 | | 5 | | |
| 32 | | | | 8 | | | | 4 | |
| 30 | | | | | 6 | 5 | | | |
| 28 | | | | 7 | | | 4 | | |
| 27 | | | 9 | | | | | | 3 |
| 25 | | | | | 5 | | | | |
| 24 | | | 8 | 6 | | 4 | | 3 | |
| 21 | | | 7 | | | | 3 | | |
| 20 | | | | 5 | 4 | | | | |
| 18 | | 9 | 6 | | | 3 | | | 2 |
| 16 | | 8 | | 4 | | | | 2 | |
| 15 | | | 5 | | 3 | | | | |
| 14 | | 7 | | | | | 2 | | |
| 12 | | 6 | 4 | 3 | | 2 | | | |
| 10 | | 5 | | | 2 | | | | |
| 9 | 9 | | 3 | | | | | | 1 |
| 8 | 8 | 4 | | 2 | | | | 1 | |
| 7 | 7 | | | | | | 1 | | |
| 6 | 6 | 3 | 2 | | | 1 | | | |
| 5 | 5 | | | | 1 | | | | |
| 4 | 4 | 2 | | 1 | | | | | |
| 3 | 3 | | 1 | | | | | | |
| 2 | 2 | 1 | | | | | | | |
| 1 | 1 | | | | | | | | |

❖ **La division d'un nombre naturel à 3 chiffres par un nom-** ① ❷ ③
**bre naturel à 1 chiffre :** division des termes du premier nombre
(centaine, dizaine, unité) par le second nombre (unité) qui implique
souvent des emprunts.

```
252 |3        252 |3          252 |3
24   8      - 24   8        - 24   84
            ────           ────
             12              12
                           - 12
                           ────
                             0
```

$$24 \div 3 = 8 \qquad\qquad 12 \div 3 = 4$$

❖ **La division d'un nombre naturel à 4 chiffres par un nom-** ① ② ❸
**bre naturel à 2 chiffres :** division des termes du premier nombre (unité de mille, centaine, dizaine, unité) par les termes du
second nombre (dizaine, unité) qui implique souvent des emprunts.

```
8472 |24     8472 |24      8472 |24       8472 |24        8472 |24
72     3   - 72     3    - 72     35    - 72     35     - 72     353
           ────          ────            ────             ────
            12            127             127              127
                                        - 120            - 120
                                        ────             ────
                                          7               72
                                                        - 72
                                                        ────
                                                          0
```

$$72 \div 24 = 3 \qquad\qquad 120 \div 24 = 5 \qquad\qquad 72 \div 24 = 3$$

❖ **Les diviseurs ou facteurs :** ensemble des nombres placés entre ① ❷ ❸
accolades par lesquels on peut diviser un nombre donné (p. ex. : 24
→ {1, 2, 3, 4, 6, 8, 12, 24}).

❖ **Le plus grand commun diviseur :** après avoir établi la liste ① ❷ ❸
des diviseurs de deux nombres distincts, plus grand nombre qui se
retrouve à la fois dans les deux listes (p. ex. : les diviseurs de 24
→ {1, 2, 3, 4, 6, **8**, 12, 24} et les diviseurs de 32 → {1, 2, 4, **8**, 16,
32} → donc, le PGCD de 24 et 32 est **8**).

❖ **La décomposition en facteurs premiers :** diagramme en arbre des produits de nombres premiers relatifs à un nombre donné (p. ex. : 48 = 2 x 2 x 2 x 3 x 3).

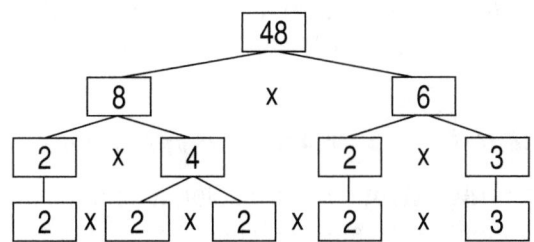

❖ **La divisibilité par 2, 3, 5, 9 et 10 :** tous les nombres pairs (donc qui se terminent par 0, 2, 4, 6 ou 8) sont divisibles par 2 ; tous les nombres dont la somme des chiffres qui le composent est un multiple de 3 (p. ex. : 0, 3, 6, 9, 12, 15, 18, 21, 24, 27, etc. → 525 → 5 + 2 + 5 = 12 → 12 est divisible par 3) sont divisibles par 3 ; tous les nombres qui se terminent par 0 ou 5 sont divisibles par 5 (p. ex. : 4325 est divisible par 5) ; tous les nombres dont la somme des chiffres qui le composent est un multiple de 9 (p. ex. : 0, 9, 18, 27, 36, 45, 54, 63, 72, 81, etc. → 738 → 7 + 3 + 8 = 18 → 18 est divisible par 9) sont divisibles par 9 ; tous les nombres qui se terminent par 0 sont divisibles par 10 (p. ex. : 976**0** est divisible par 10).

## Comment applique-t-on la commutativité ?

❖ **La commutativité :** propriété qui consiste à changer les termes de place dans une addition ou une multiplication sans en changer la somme ou le produit (p. ex. : 8 + 9 = 17 et 9 + 8 = 17 → 5 x 3 = 15 et 3 x 5 = 15).

## Comment applique-t-on l'associativité ?

❖ **L'associativité :** propriété qui consiste à regrouper les termes d'une série d'additions et de multiplications sans en changer la somme ou le produit (p. ex. : (7 + 8) + 6 = 15 + 6 = 21 et 7 + (8 + 6) = 7 + 14 = 21 → (3 x 4) x 9 = 12 x 9 = 108 et 3 x (4 x 9) = 3 x 36 = 108).

## *Comment applique-t-on la distributivité ?*

❖ **La distributivité** : propriété qui consiste à distribuer une mul-     ① ② ❸
tiplication ou une division sur une addition ou une soustraction
placée entre parenthèses (p. ex. : 6 x (5 + 8) → 6 x 13 = 78 ou
(6 x 5) + (6 x 8) → 30 + 48 = 78).

## *Comment applique-t-on la priorité des opérations ?*

❖ **La priorité des opérations** : ordre selon lequel les opérations     ① ② ❸
doivent être résolues ; on commence généralement par résoudre les
opérations qui sont placées entre parenthèses pour ensuite résoudre les multiplications et les divisions et enfin résoudre les additions et les soustractions (p. ex. : 7 + 5 x 7 – (12 + 4) → 7 + (5 x 7)
– 16 → 7 + 35 – 16 = 26).

(3.2.7) ## *LES OPÉRATIONS SUR LES NOMBRES DÉCIMAUX*

### *Comment additionne-t-on les nombres décimaux ?*

❖ **L'addition de nombres décimaux dont la somme ne**     ① ❷ ③
**dépasse pas l'ordre des centièmes** : addition de chaque terme
du premier nombre (centième, dixième, unité, dizaine, centaine,
unité de mille) avec chaque terme correspondant du second nombre (centième, dixième, unité, dizaine, centaine, unité de mille)
après avoir aligné les virgules de chaque nombre.

$$
\begin{array}{r}
{\scriptstyle 1 \;\; 1\,1} \\
3456{,}59 \\
+ \;\; 823{,}7 \\
\hline
4280{,}29
\end{array}
$$

### *Comment soustrait-on les nombres décimaux ?*

❖ **La soustraction de nombres décimaux dont la différence**     ① ❷ ③
**ne dépasse pas l'ordre des centièmes** : soustraction de
chaque terme du second nombre (centième, dixième, unité, dizaine,
centaine, unité de mille) à partir de chaque terme correspondant
du premier nombre (centième, dixième, unité, dizaine, centaine,
unité de mille) après avoir aligné les virgules de chaque nombre.

$$
\begin{array}{r}
{\scriptstyle 2\;\;\; 5\,14} \\
3456{,}50 \\
- \;\; 823{,}79 \\
\hline
2632{,}71
\end{array}
$$

## Comment multiplie-t-on les nombres décimaux ?

◇ **La multiplication de nombres décimaux dont le produit ne** ① ② ❸
**dépasse pas l'ordre des centièmes :** multiplication de chaque
terme (dixième, unité, dizaine, centaine) du premier nombre par
le second nombre (dixième, unité, dizaine) après avoir aligné les
virgules de chaque nombre.

```
      45,3      (1 nombre après la virgule)
   x   7,8    + (1 nombre après la virgule)
   _____    _____
        1
      36,24
   + 317,10
   _____
     353,34     (2 nombres après la virgule)
```

## Comment divise-t-on les nombres décimaux par un nombre naturel ?

◇ **La division d'un nombre décimal par un nombre naturel** ① ② ❸
**inférieur à 11 :** division des termes du premier nombre (centaine,
dizaine, unité, dixième, centième) par le second nombre (dizaine ou
unité) où le quotient conserve le même nombre de chiffres après la
virgule.

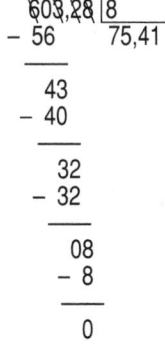

```
     5
   603,28 |8
   - 56    75,41
   ____
     43
   - 40
   ____
     32
   - 32
   ____
     08
   -  8
   ____
      0
```

**LES OPÉRATIONS SUR LES FRACTIONS**

## Comment additionne-t-on des fractions dont le dénominateur de l'une est un multiple de l'autre ?

① ② ❸

◇ **L'addition des fractions :** pour additionner deux fractions, on
doit préalablement multiplier le numérateur et le dénominateur de
la fraction qui comporte le plus petit dénominateur par le nombre
dont le produit est le dénominateur de la fraction qui comporte le

plus grand dénominateur (p. ex.: $\frac{1}{3} + \frac{4}{9} \rightarrow \frac{1}{3}$ x $\frac{3}{3} = \frac{3}{9} \rightarrow \frac{3}{9} + \frac{4}{9} = \frac{7}{9}$ $\rightarrow \frac{1}{3} + \frac{4}{9} = \frac{7}{9}$).

## *Comment soustrait-on des fractions dont le dénominateur de l'une est un multiple de l'autre ?*

⋄ **La soustraction des fractions :** pour soustraire deux fractions, on doit préalablement multiplier le numérateur et le dénominateur de la fraction qui comporte le plus petit dénominateur par le nombre dont le produit est le dénominateur de la fraction qui comporte le plus grand dénominateur (p. ex.: $\frac{7}{12} - \frac{1}{6} \rightarrow \frac{1}{6}$ x $\frac{2}{2} = \frac{2}{12} \rightarrow \frac{7}{12} - \frac{2}{12}$ $= \frac{5}{12} \rightarrow \frac{7}{12} - \frac{1}{6} = \frac{5}{12}$).

## *Comment multiplie-t-on une fraction par un nombre naturel ?*

⋄ **La multiplication d'une fraction par un nombre naturel :** pour multiplier une fraction par un nombre naturel, on doit multiplier le numérateur de la fraction par le nombre naturel et conserver le même dénominateur pour ensuite transformer la fraction impropre en nombre fractionnaire ou la réduire à sa plus simple expression (p. ex.: $5$ x $\frac{2}{3} = \frac{10}{3}$ ou $3\frac{1}{3}$).

*3.2.9* **L'ESPACE**

## *Comment repère-t-on des objets et soi-même dans l'espace ?*

⋄ **La gauche et la droite :** la gauche est la direction ou l'espace situés du côté où on commence à écrire sur une feuille ou un tableau, et la droite est la direction ou l'espace vers lesquels on se dirige en écrivant sur une feuille ou un tableau noir.

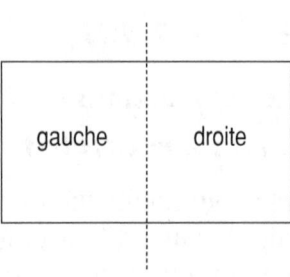

✧ **Les prépositions de lieu :** au-dessous de (en bas de), au-dessus **❶** ② ③
de (en haut de), à côté de (près du côté de), dans (à l'intérieur de),
autour de (dans l'espace qui fait le tour de), au milieu de (au centre
de), derrière (en arrière de), devant (en face de, face à).

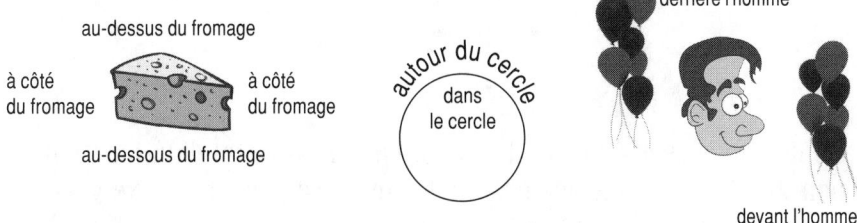

✧ **Les points cardinaux :** le nord est le point cardinal indiqué par **❶** ② ③
l'aiguille magnétisée de la boussole (le haut sur une carte), le sud
est le point cardinal inverse du nord (le bas sur une carte), l'est est
le point cardinal situé perpendiculairement à gauche du nord (la
gauche sur une carte), et l'ouest est le point cardinal situé perpendiculairement à droite du nord (la droite sur une carte).

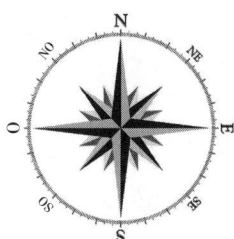

## *Comment repère-t-on un point sur un axe ?*

✧ **L'axe :** segment (ou demi-droite) orienté et gradué sur lequel des **❶** **❷** **❸**
nombres sont représentés par des points selon des intervalles
réguliers.

```
    0  2  4  6  8 10 12 14 16 18    La coordonnée
 ←──┼──┼──┼──┼──●──┼──┼──┼──┼──┼──→   du point A est 8.
                A
```

## Comment repère-t-on un point sur un plan cartésien ?

✧ **Le plan cartésien** : système de repérage composé de 2 droites perpendiculaires qui permettent de situer des points précis.

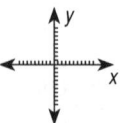

L'axe des abscisses ou l'axe des *x* est l'axe horizontal d'un plan cartésien, tandis que l'axe des ordonnées ou l'axe des *y* est l'axe vertical d'un plan cartésien. Les coordonnées sont des couples formés par la rencontre d'un point de l'axe des abscisses avec un point de l'axe des ordonnées. Les quadrants sont les parties formées par le croisement des axes d'un plan cartésien.

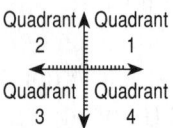

### 3.2.10  LES SOLIDES

## Comment reconnaît-on et décrit-on les solides ?

✧ **Les solides** : figures à trois dimensions limitées par une surface fermée.

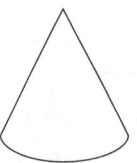 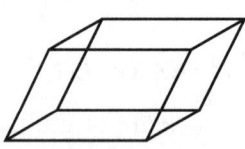 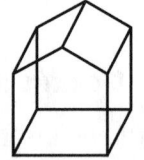 

✧ **Les attributs des solides** : les solides se caractérisent par leurs faces (surfaces planes ou courbes qui les délimitent), leurs arêtes (segments qui sont déterminés par la rencontre de deux faces) et leurs sommets (points qui sont déterminés par la rencontre de trois arêtes).

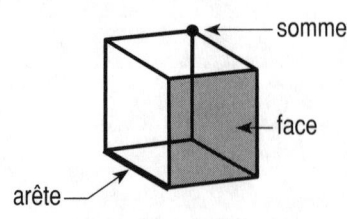

❖ **Les polyèdres :** solides dont les faces sont des polygones.

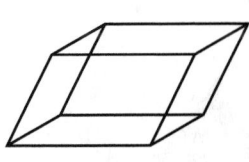   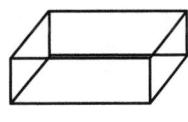

❖ **Le cube :** polyèdre convexe qui possède 6 faces carrées, 12 arêtes
et 8 sommets.

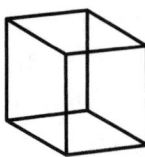

❖ **Le prisme à base carrée :** polyèdre convexe dont les 2 bases
sont carrées, dont les 4 faces latérales sont des parallélogrammes
et qui possède 12 arêtes et 8 sommets.

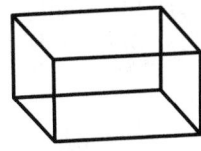 

❖ **Le prisme à base rectangulaire :** polyèdre convexe dont les
2 bases sont des rectangles, dont les 4 faces latérales sont des
parallélogrammes et qui possède 12 arêtes et 8 sommets.

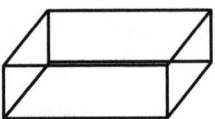 

❖ **Le prisme à base triangulaire :** polyèdre convexe dont les
2 bases sont des triangles, dont les 3 faces latérales sont des
parallélogrammes et qui possède 9 arêtes et 6 sommets.

❖ **La pyramide à base carrée :** polyèdre convexe dont la base est ① ❷ ❸
un carré, dont les 4 faces latérales sont des triangles et qui possède 8 arêtes et 5 sommets.

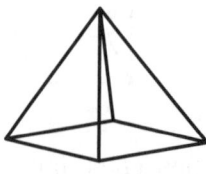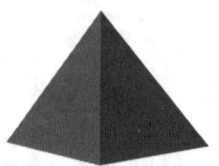

❖ **La pyramide à base rectangulaire :** polyèdre convexe dont la ① ❷ ❸
base est un rectangle, dont les 4 faces latérales sont des triangles et qui possède 8 arêtes et 5 sommets.

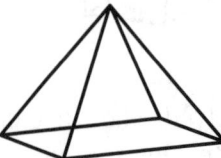

❖ **La pyramide à base triangulaire :** polyèdre convexe dont la ① ❷ ❸
base est un triangle, dont les 3 faces latérales sont des triangles et qui possède 6 arêtes et 4 sommets.

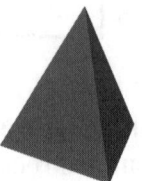

❖ **Le cylindre :** solide en forme de rouleau (un rectangle qui a été ① ❷ ❸
recourbé sur lui-même) dont les 2 bases sont des cercles et qui possède 2 arêtes, mais aucun sommet.

❖ **Le cône :** solide délimité par une surface conique et dont la base est un cercle ; le cône possède une arête, mais le bout du cône n'est pas un sommet : on le nomme l'apex.

❖ **La sphère ou la boule :** solide qui est délimité par une seule surface sphérique ; la sphère ne possède ni arête ni sommet.

❖ **Le développement de prismes et de pyramides :** le développement des prismes et des pyramides est une représentation, sous forme d'assemblage, des figures qui les constituent.

Développement du cube

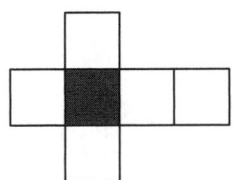

Développement du prisme à base carrée

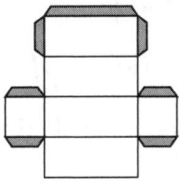

Développement du prisme à base rectangulaire

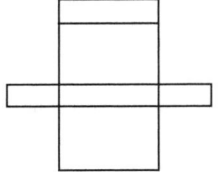

Développement du prisme à base triangulaire

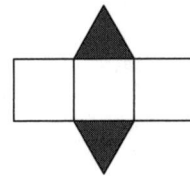

Développement de la pyramide
à base carrée

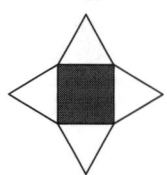

Développement de la pyramide
à base rectangulaire

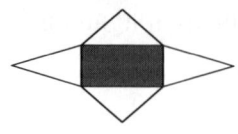

Développement de la pyramide
à base triangulaire

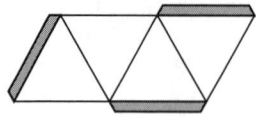

&#10022; **La relation d'Euler :** Leonhard Euler, mathématicien et physicien suisse qui a vécu au XVIII<sup>e</sup> siècle, a établi que le nombre de sommets moins le nombre d'arêtes plus le nombre de faces d'un polyèdre régulier donne toujours 2 (p. ex. : le cube compte 8 sommets, 12 arêtes et 6 faces → $8 - 12 + 6 = \mathbf{2}$ → la pyramide à base triangulaire compte 4 sommets, 6 arêtes et 4 faces → $4 - 6 + 4 = \mathbf{2}$).

(3.2.11) ## LES FIGURES PLANES

### Quelles sont les figures planes de base ? ——————

&#10022; **Le carré :** figure géométrique plane qui possède 4 côtés congrus et 4 angles droits.    ❶ ❷ ❸

◇ **Le rectangle** : figure géométrique plane qui possède 2 paires de ❶ ❷ ❸
côtés congrus et 4 angles droits.

◇ **Le triangle** : figure géométrique plane qui possède 3 côtés. ❶ ❷ ❸

◇ **Le cercle** : figure géométrique plane et circulaire dont le centre ❶ ❷ ❸
est à égale distance de tous les points faisant partie du contour de
la figure.

◇ **Le losange** : figure géométrique plane qui possède 4 côtés ❶ ❷ ❸
congrus.

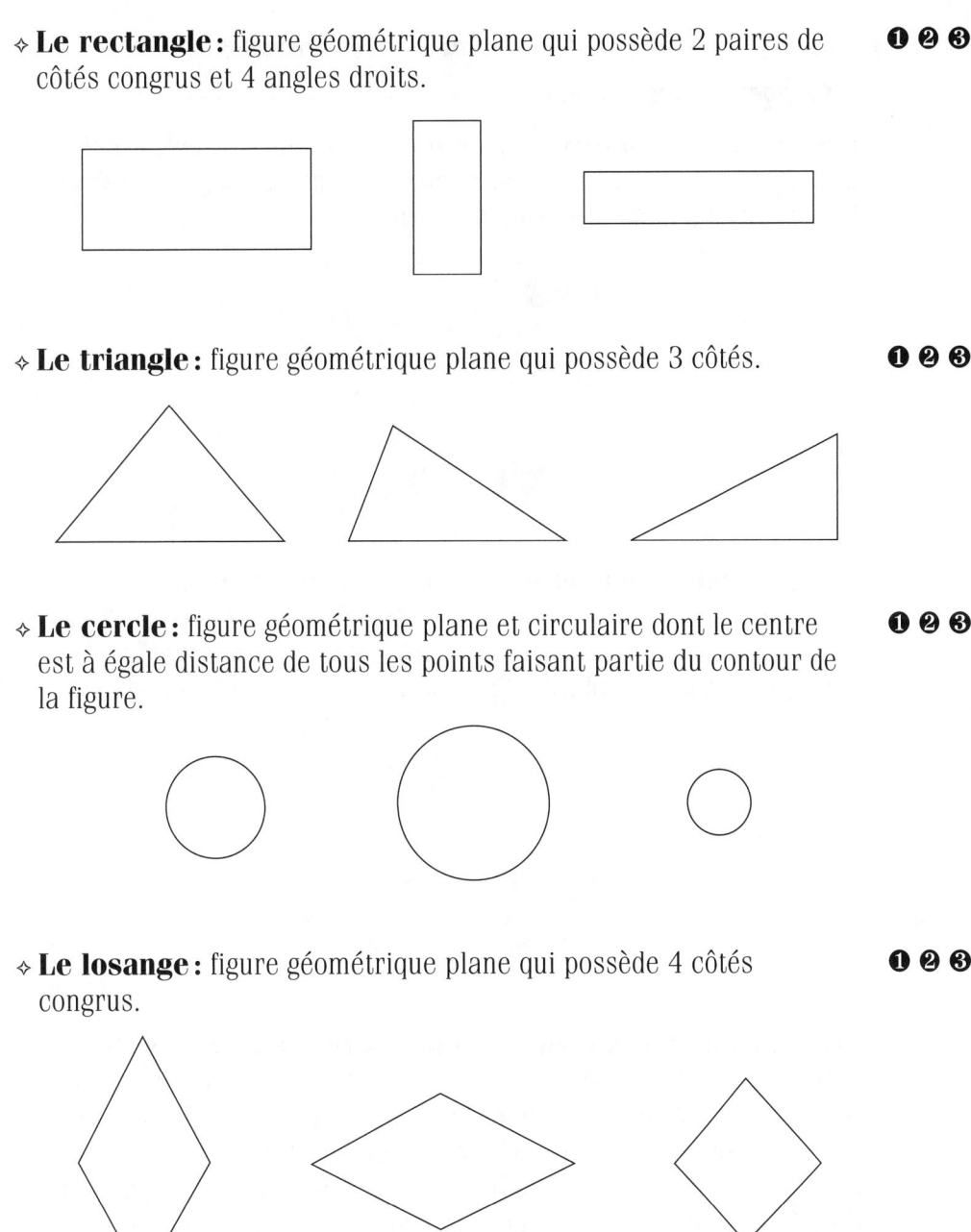

## Comment différencie-t-on les polygones convexes des polygones non convexes ?

❖ **Les polygones convexes :** polygones dont tous les angles sont aigus, droits ou obtus (une souris placée à l'un des angles peut voir le chat placé à n'importe quel autre angle).

❖ **Les polygones non convexes ou concaves :** polygones dont les angles peuvent être aigus, droits ou obtus, mais qui possèdent au moins un angle rentrant (une souris placée à l'un des angles ne peut pas voir le chat placé à l'un ou plusieurs des autres angles).

❖ **Les noms de polygones selon leur nombre de côtés :** les polygones qui comptent 3 côtés sont des triangles, ceux qui comptent 4 côtés sont des quadrilatères, ceux qui comptent 5 côtés sont des pentagones, ceux qui comptent 6 côtés sont des hexagones, ceux qui comptent 7 côtés sont des heptagones, ceux qui comptent 8 côtés sont des octogones, ceux qui comptent 9 côtés sont des ennéagones, et ceux qui comptent 10 côtés sont des décagones.

## Comment reconnaît-on et décrit-on les quadrilatères ?

❖ **Le quadrilatère :** polygone qui possède 4 côtés.

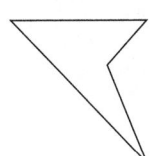 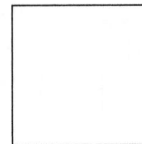 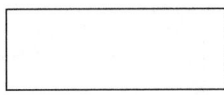 

❖ **Le carré :** quadrilatère qui possède 4 côtés congrus et 4 angles  droits ; le carré est un rectangle, un losange, un parallélogramme et un trapèze.

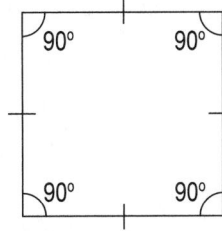

❖ **Le losange :** quadrilatère qui possède 4 côtés congrus et 2 paires  d'angles congrus.

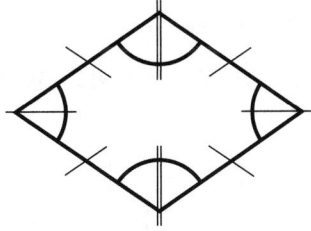

❖ **Le parallélogramme :** quadrilatère qui possède 2 paires de côtés  parallèles, 2 paires de côtés congrus et 2 paires d'angles congrus ; le parallélogramme est un trapèze.

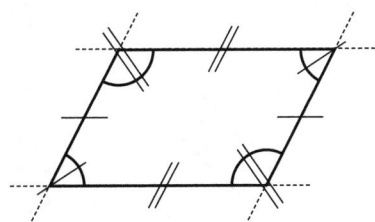

❖ **Le rectangle :** quadrilatère qui possède 4 angles droits et 2 pai-  ① ❷ ③
res de côtés congrus ; le rectangle est un parallélogramme et un
trapèze.

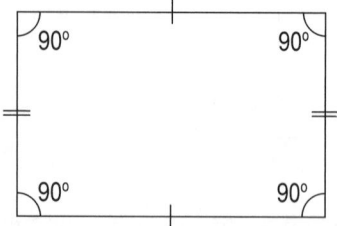

❖ **Le trapèze :** quadrilatère qui possède au moins une paire de côtés  ① ❷ ③
parallèles et au moins une paire d'angles congrus.

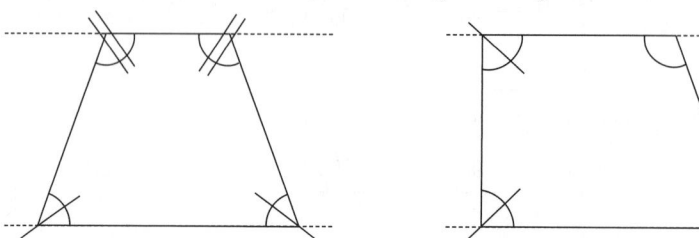

## Comment différencie-t-on les lignes parallèles des lignes perpendiculaires ?

❖ **Les lignes parallèles :** droites ou segments qui se côtoient sans  ① ❷ ③
jamais se croiser.

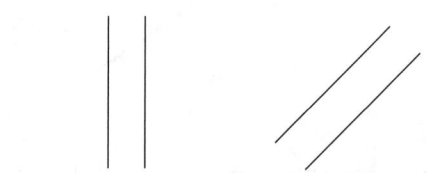

❖ **Les lignes perpendiculaires :** droites ou segments qui se  ① ❷ ③
croisent en formant un angle droit.

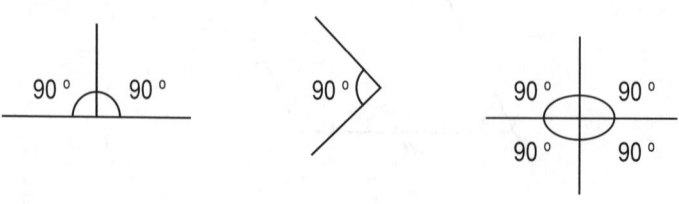

## *Comment reconnaît-on et décrit-on les triangles ?*

✧ **Les triangles :** polygones possédant trois côtés ainsi que trois angles dont la somme est égale à 180 degrés. Le triangle équilatéral possède trois côtés congrus et trois angles congrus. Le triangle isocèle possède deux côtés congrus et deux angles congrus. Le triangle rectangle possède un angle qui mesure 90 degrés (angle droit). Le triangle scalène possède des angles non congrus et des côtés non congrus.

① ② ❸

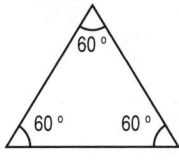 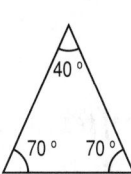 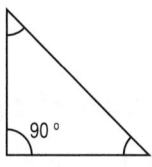 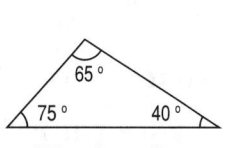

| Triangle équilatéral | Triangle isocèle | Triangle rectangle | Triangle scalène |

## *Comment décrit-on le cercle ?*

✧ **L'étude du cercle :** le cercle se caractérise par ses rayons (segments qui relient le centre du cercle à un point quelconque de ce cercle), par son diamètre (segment qui sépare symétriquement le cercle en passant par son centre), par sa circonférence (pourtour ou périmètre du cercle) et par ses angles au centre (angles dont le sommet est situé au centre du cercle).

① ② ❸

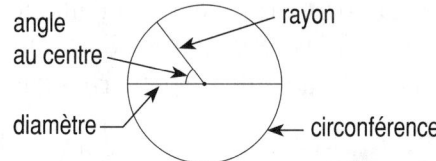

## 3.2.12 *LES FRISES ET LES DALLAGES*

## *Que sont les figures isométriques ?*

✧ **Les figures isométriques :** les figures isométriques sont des figures qui ont les mêmes dimensions ; on peut produire une frise ou un dallage en répétant des figures isométriques.

❶ ② ③

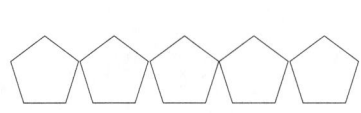 

## En quoi consiste la symétrie ?

✧ **La symétrie :** reproduction d'un motif ou d'une partie de motif de l'autre côté d'un axe de réflexion par effet miroir.   ❶ ② ③

 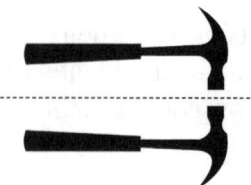 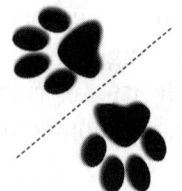

## Comment produit-on une frise par réflexion ?

✧ **La frise par réflexion :** reproduction d'un motif par symétrie alternée sur une même ligne, sur un quadrillage ou à l'aide de papier-calque.   ① ❷ ③

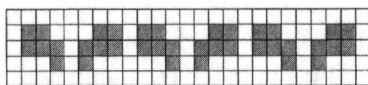 

## Comment produit-on un dallage par réflexion ?

✧ **Le dallage par réflexion :** reproduction d'un motif par symétrie alternée dans un plan où les axes de réflexion sont perpendiculaires, sur un quadrillage ou à l'aide de papier-calque.   ① ❷ ③

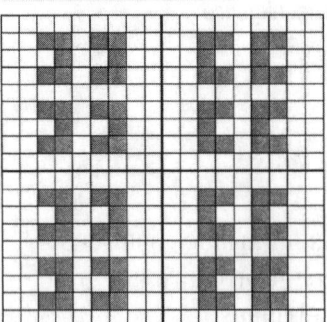 

## *Comment produit-on une frise par translation?*

✧ **La frise par translation**: reproduction d'un motif par déplacements simultanés dans une même direction sans en changer l'aspect, sur un quadrillage ou à l'aide de papier-calque.

①②❸

2 cases vers la droite,
6 cases vers le haut

5 cm vers l'est,
3 cm vers le sud

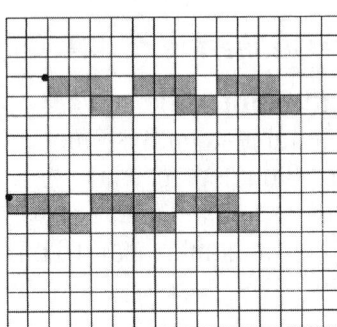
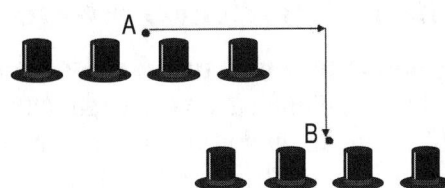

## *Comment produit-on un dallage par translation?*

✧ **Le dallage par translation**: reproduction d'un motif par
déplacements simultanés dans des directions opposées ou différentes sans en changer l'aspect, sur un quadrillage ou à l'aide de
papier-calque.

①②❸

5 cases vers la droite,
6 cases vers le bas

6 cm vers le sud,
4 cm vers l'ouest

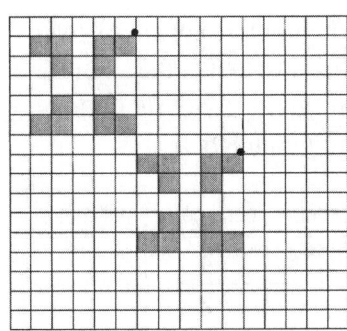
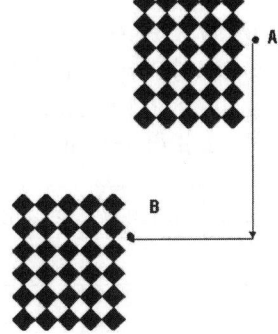

**(3.2.13)** ## *LA MESURE DES LONGUEURS*

## *Comment mesure-t-on les dimensions d'un objet?*

✧ **Les unités de mesure:** l'unité de base est le mètre (m) qui, lorsque divisé par 10, donne le décimètre (dm), lorsque divisé

❶❷❸

par 100, donne le centimètre (cm), lorsque divisé par 1000, donne le millimètre (mm), et multiplié par 1000, donne le kilomètre (km).

Le millimètre : ▪

Le centimètre : ▬▬▬

Le décimètre : ▬▬▬▬▬▬▬▬▬▬▬▬▬▬▬▬

## *Quelles sont les relations entre les unités de mesure ?* ▬▬▬

✧ **Le passage d'une unité de mesure à une autre :** lorsqu'on se déplace d'une case vers la gauche dans le tableau du Système international, on doit diviser le nombre par 10 ou déplacer la virgule d'un chiffre vers la gauche ; lorsqu'on se déplace d'une case ver la droite dans le tableau, on doit multiplier le nombre par 10 ou déplacer la virgule d'un chiffre vers la droite.

①❷❸

| kilomètre | hectomètre | décamètre | mètre | décimètre | centimètre | millimètre |
|-----------|------------|-----------|-------|-----------|------------|------------|
|           |            |           | 0,    | 0         | 5          |            |

5 centimètres équivalent à 0,05 mètre

| kilomètre | hectomètre | décamètre | mètre | décimètre | centimètre | millimètre |
|-----------|------------|-----------|-------|-----------|------------|------------|
|           |            |           | 4     | 8         | 0          | 0          |

48 décimètres équivalent à 4800 millimètres

✧ **La comparaison :** pour comparer deux longueurs exprimées avec des unités de mesure différentes, il suffit de convertir l'une d'elles ou d'utiliser le tableau du Système international (l'unité de chaque mesure doit être placée sous la bonne unité de mesure).

①❷❸

| kilomètre | hectomètre | décamètre | mètre | décimètre | centimètre | millimètre |
|-----------|------------|-----------|-------|-----------|------------|------------|
|           |            |           |       | 5,        | 4          |            |
|           |            |           |       | 5         | 4          |            |

5,4 décimètres = 54 centimètres

❖ **L'ordre croissant et l'ordre décroissant :** pour ordonner des longueurs exprimées avec des unités de mesure différentes, il suffit de convertir chaque mesure ou d'utiliser le tableau du Système international.

| kilomètre | hectomètre | décamètre | mètre | décimètre | centimètre | millimètre |
|-----------|------------|-----------|-------|-----------|------------|------------|
| 0,        | 0          | 0         | 7     |           |            |            |
|           |            |           | 3,    | 4         | 5          |            |
|           |            |           | 5     | 8         |            |            |
|           |            |           | 2     | 9         | 4          | 8          |

Ordre croissant : 2948 mm, 3,45 m, 58 dm, 0,007 km

## *Comment mesure-t-on le périmètre ?*

❖ **Les unités non conventionnelles :** le périmètre d'une figure est la longueur du contour d'une figure géométrique plane et fermée ; il se mesure en carrés, en rectangles, en cases, etc.

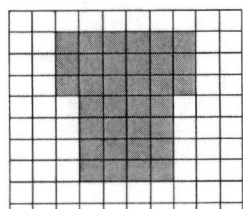

Le périmètre de cette figure est de 26 cases.

❖ **Les unités conventionnelles :** le périmètre d'une figure se calcule en additionnant la mesure de chaque côté d'une figure géométrique plane et fermée.

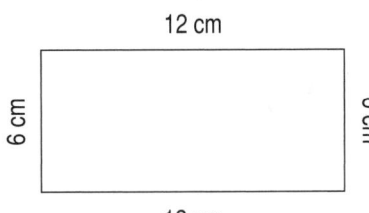

Le périmètre de ce rectangle est de 36 cm.

(3.2.14) **LA MESURE DES ANGLES**

## Qu'est-ce qu'un angle et quels sont les différents types d'angles ?

❖ **Les angles** : figures formées par 2 segments ayant la même origine.  ① ❷ ③

❖ **Les types d'angles** : ils peuvent être nuls (angles qui mesurent  ① ❷ ③
exactement 0°), aigus (angles qui mesurent entre 0° et 90°), droits
(angles qui mesurent exactement 90°), obtus (angles qui mesurent
entre 90° et 180°), plats (angles qui mesurent exactement 180°),
rentrants (angles qui mesurent entre 180° et 360°) ou pleins
(angles qui mesurent exactement 360°).

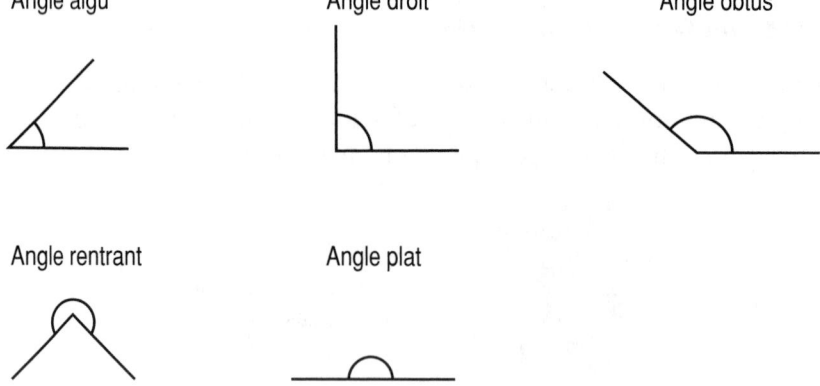

Angle aigu          Angle droit          Angle obtus

Angle rentrant          Angle plat

## Comment faire pour mesurer les angles ?

❖ **La mesure des angles** : les angles se mesurent en degrés (°)  ① ② ❸
à l'aide d'un rapporteur, la plus petite mesure étant 0° et la plus
grande 360°.

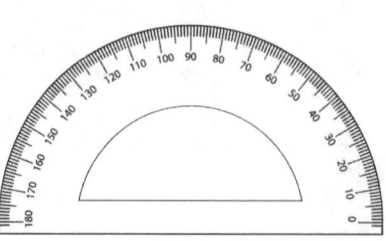

(3.2.15) **LA MESURE DES SURFACES**

*Comment faire pour mesurer la surface?* —————————

✧ **Les unités non conventionnelles :** l'aire, ou la superficie, d'une
surface peut se calculer en carrés, en triangles, en cases, en hexa-
gones, etc. ; on l'obtient en comptant le nombre de composantes de
la figure.

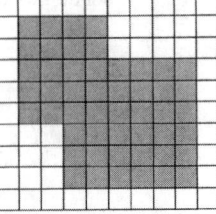

L'aire de la surface de
cette figure est de 50 cases.

✧ **Les unités conventionnelles :** l'aire, ou la superficie, d'une ① ② ❸
surface se calcule en mm², en cm², en dm², en m² ou en km² ; on
l'obtient en multipliant la longueur d'un rectangle par sa largeur.

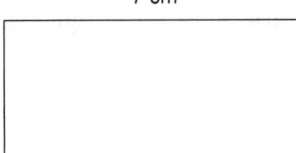

7 cm

3,5 cm

L'aire de ce rectangle
est de 24,5 cm².

(3.2.16) **LA MESURE DES VOLUMES**

*Comment faire pour mesurer le volume ?* —————————

✧ **Les unités non conventionnelles :** le volume est la mesure ① ❷ ③
de l'espace à trois dimensions occupé par un solide ; on peut le
calculer en comptant le nombre de cubes ou de prismes qui le
composent.

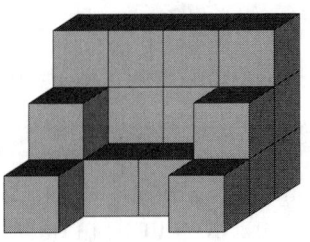

Le volume de ce prisme
est de 264 cm³.

❖ **Les unités conventionnelles :** le volume d'un cube, d'un prisme ① ② ❸
à base carrée ou d'un prisme à base rectangulaire se calcule en
mm³, en cm³, en dm³, en m³ ou en km³ ; on l'obtient en multipliant
la longueur par la largeur par la profondeur.

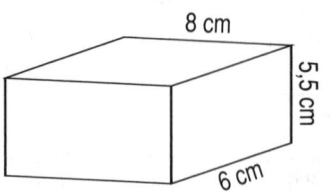

Le volume de ce prisme
est de 264 cm³.

3.2.17 **LA MESURE DES CAPACITÉS**

*Comment faire pour mesurer la capacité ?* _____

❖ **Les unités conventionnelles :** la mesure de la capacité est la ① ② ❸
mesure de la contenance d'un récipient en millilitres (ml) ou en
litres (l) ; un litre équivaut à 1000 millilitres ; une cuiller à café
contient 5 ml, une cuiller à soupe contient 15 ml et une tasse
contient 250 ml.

3.2.18 **LA MESURE DES MASSES**

*Comment faire pour mesurer la masse ?* _____

❖ **Les unités conventionnelles :** la mesure de la masse est la ❶ ❷ ❸
mesure de la quantité de matière d'un objet en grammes (g) ou en
kilogrammes (kg) ; un kilogramme équivaut à 1000 grammes ; la
masse se mesure à l'aide d'une balance.

3.2.19 **LA MESURE DU TEMPS**

*Comment faire pour mesurer le temps ?* _____

❖ **Les unités conventionnelles :** les unités de mesure du temps ❶ ❷ ❸
sont la seconde, la minute (1 minute = 60 secondes), l'heure
(1 heure = 60 minutes), le jour (1 jour = 24 heures), la semaine
(1 semaine = 7 jours), le mois (1 mois = 28, 29, 30 ou 31 jours),
l'année (1 année = 12 mois = 365 ou 366 jours), la décennie
(1 décennie = 10 ans), le siècle (1 siècle = 100 ans) et le millénaire (1 millénaire = 1000 ans).

✧ **Les mois de l'année :** les mois de janvier, mars, mai, juillet,
août, octobre et décembre comptent 31 jours, les mois d'avril, juin,
septembre et novembre comptent 30 jours, et le mois de février
compte 28 jours (29 dans le cas des années bissextiles).

✧ **Les saisons :** le printemps débute autour du 21 mars, l'été débute
autour du 21 juin, l'automne débute autour du 21 septembre, et
l'hiver débute autour du 21 décembre.

✧ **La lecture et l'écriture de l'heure :** sur une horloge, la petite
aiguille indique les heures, et la grande aiguille indique les minutes ; en après-midi, il faut additionner 12 pour obtenir l'heure
officielle.

2 h 25 (nuit)                9 h 40 (matinée)           0 h 15 (nuit)
14 h 25 (après-midi)        21 h 40 (soirée)           12 h 15 (après-midi)

( 3.2.20 )  *LA MESURE DES TEMPÉRATURES*

*Comment faire pour mesurer la température ?* ——————————

✧ **Les unités conventionnelles :** la température se mesure en
degrés Celsius (°C) à l'aide d'un thermomètre ; les températures
au-dessus de 0 degré s'expriment par des nombres entiers positifs,
et les températures au-dessous de 0 degré s'expriment par des
nombres entiers négatifs.

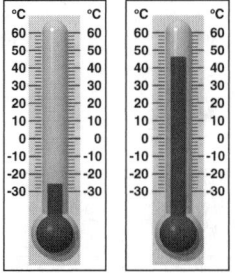

Le thermomètre de gauche indique une
température de -26 °C ; celui de droite
indique une température de 46 °C.

(3.2.21) **LES STATISTIQUES**

## *En quoi consiste le tableau ?*

❖ **Le tableau :** représentation graphique dans laquelle on exprime des données quantitatives selon des catégories réparties sur des lignes et des colonnes.

❶ ❷ ❸

|          | 1er saut | 2e saut | 3e saut | 4e saut |
|----------|----------|---------|---------|---------|
| **Joueur A** | 7,3 m | 8,2 m | 6,9 m | 7,6 m |
| **Joueur B** | 6,5 m | 7,5 m | 6,4 m | 5,9 m |
| **Joueur C** | 8,1 m | 8,2 m | 8,3 m | 8,4 m |
| **Joueur D** | 8,4 m | 7,9 m | 7,8 m | 8,1 m |

## *En quoi consiste le diagramme à bandes ?*

❖ **Le diagramme à bandes :** représentation graphique dans laquelle on exprime des données quantitatives à l'aide de segments ou de rubans verticaux ou horizontaux.

❶ ② ③

**Ventes d'articles par boutique**

## *En quoi consiste le diagramme à pictogrammes ?*

❖ **Le diagramme à pictogrammes :** représentation graphique dans laquelle on exprime des données quantitatives à l'aide de dessins ou d'images.

❶ ② ③

**Nombre de buts par joueur pour la saison**

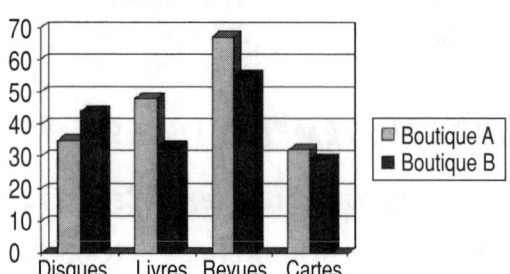

## *En quoi consiste le diagramme à ligne brisée ?*

✦ **Le diagramme à ligne brisée** : représentation graphique dans laquelle on exprime des données quantitatives à l'aide de points reliés par des segments qui forment une ligne brisée.

① ❷ ③

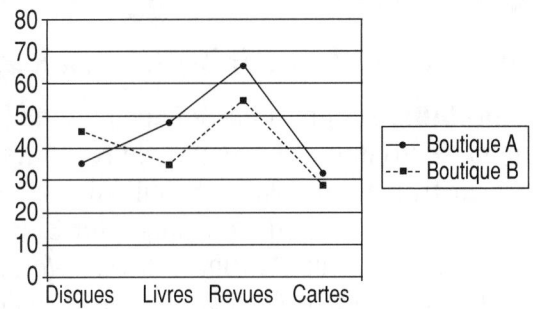

Ventes d'articles par boutique

## *En quoi consiste le diagramme circulaire ?*

✦ **Le diagramme circulaire** : représentation graphique en forme de disque dans laquelle on exprime des données quantitatives à l'aide d'une section proportionnelle à la totalité du disque (fraction ou pourcentage).

① ② ❸

Ventes d'articles par boutique

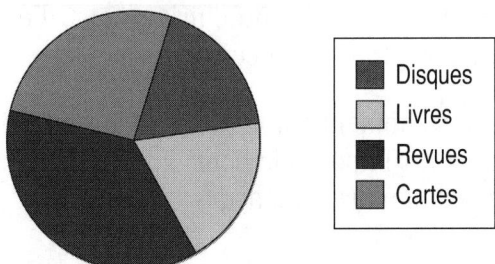

## *Comment faire pour calculer la moyenne arithmétique ?*

✦ **La moyenne arithmétique** : somme des données qui est ensuite divisée par le nombre de données (p. ex. : pour trouver la moyenne des nombres 16, 17, 18, 20 et 22, on additionne ces nombres et on divise par 5 parce qu'il y a cinq nombres → (16 + 17 + 18 + 20 + 22) ÷ 5 = 93 ÷ 5 = 18,6 ou 19 lorsqu'on arrondit à l'unité près) ;

① ② ❸

la moyenne arithmétique exprime la valeur qu'aurait chacune des données d'un ensemble si elles étaient toutes identiques, et ce, sans changer la valeur de l'ensemble.

## 3.2.22  LES PROBABILITÉS

### En quoi consistent les activités liées au hasard ?

❖ **La probabilité :** rapport entre le nombre de fois qu'un événement ❶ ❷ ❸
déterminé se produit et le nombre de résultats possibles
(p. ex. : sur trois portes, la probabilité qu'au moins deux d'entre
elles soient fermées est de 4 chances sur 8 → ouverte-ouverte-
ouverte, ouverte-ouverte-fermée, *ouverte-fermée-fermée, fermée-
fermée-fermée, fermée-fermée-ouverte,* fermée-ouverte-ouverte,
*fermée-ouverte-fermée,* ouverte-fermée-ouverte).

### Comment faire pour prédire un résultat ?

❖ **Certain :** un événement est certain lorsqu'il se produit à coup sûr ❶ ❷ ❸
(p. ex. : il est certain que la Terre prend $365\frac{1}{4}$ jours pour effectuer
un tour complet du Soleil).

❖ **Possible :** un événement est possible lorsqu'il a autant de chances ❶ ❷ ❸
de se produire que de ne pas se produire (p. ex. : il est possible
qu'une météorite traverse le ciel ce soir).

❖ **Impossible :** un événement est impossible lorsqu'il ne peut pas se ❶ ❷ ❸
produire (p. ex. : il est impossible pour un être humain de respirer
sous l'eau sans scaphandre ou masque de plongée).

### Comment faire pour déterminer la probabilité qu'un événement simple se produise ?

❖ **Plus probable :** un événement est plus probable de se produire ① ❷ ❸
qu'un autre lorsque les chances qu'il survienne sont plus nombreuses (p. ex. : il est plus probable que deux feux de circulation soient
de couleurs différentes que de mêmes couleurs → vert-vert, *vert-
rouge, vert-jaune, rouge-vert,* rouge-rouge, *rouge-jaune, jaune-vert,
jaune-rouge,* jaune-jaune → 6 contre 3).

❖ **Également probable :** deux événements sont également proba-     ① ❷ ❸
bles lorsque l'un a autant de chances de se produire que l'autre
(p. ex. : il est également probable que trois pièces de monnaie
lancées tombent sur pile ou sur face les trois fois → *pile-pile-pile*,
pile-pile-face, pile-face-pile, pile-face-face, face-pile-pile, face-pile-
face, face-face-pile, *face-face-face* → 1 contre 1).

❖ **Moins probable :** un événement est moins probable de se pro-     ① ❷ ❸
duire qu'un autre lorsque les chances qu'il survienne sont moins
nombreuses (p. ex. : il est moins probable que deux dés lancés
tombent sur le même chiffre que sur des chiffres différents → *1-1*,
1-2, 1-3, 1-4, 1-5, 1-6, 2-1, *2-2*, 2-3, 2-4, 2-5, 2-6, 3-1, 3-2, *3-3*,
3-4, 3-5, 3-6, 4-1, 4-2, 4-3, *4-4*, 4-5, 4-6, 5-1, 5-2, 5-3, 5-4, *5-5*,
5-6, 6-1, 6-2, 6-3, 6-4, 6-5, *6-6* → 6 contre 30).

## *Comment faire pour dénombrer les résultats possibles d'une expérience aléatoire ?*

❖ **Le tableau :** pour déterminer la probabilité qu'un événement se     ① ❷ ❸
produise, on peut utiliser un tableau.

Quelle est la probabilité que parmi un groupe de 3 personnes on retrouve 2 hommes et 1 femme ?

| 1ʳᵉ personne | 2ᵉ personne | 3ᵉ personne |
|---|---|---|
| homme | homme | homme |
| *homme* | *homme* | *femme* |
| homme | femme | femme |
| *homme* | *femme* | *homme* |
| femme | femme | femme |
| femme | femme | homme |
| *femme* | *homme* | *homme* |
| femme | homme | femme |

La probabilité est de 3 chances sur 8.

❖ **Le diagramme en arbre :** pour déterminer la probabilité qu'un événement se produise, on peut utiliser le diagramme en arbre.      ① ❷ ❸

Quelle est la probabilité que parmi un groupe
de 3 personnes on retrouve 2 hommes et 1 femme ?

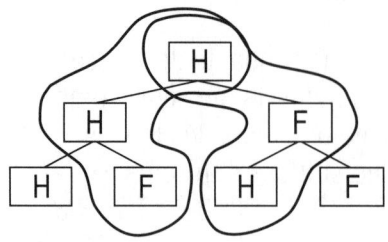
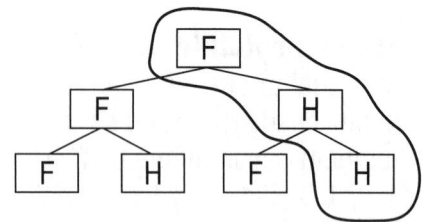

La probabilité est de 3 chances sur 8.

# (3.3) COMMUNIQUER À L'AIDE DU LANGAGE MATHÉMATIQUE

## (3.3.1) LES REPÈRES CULTURELS ET LES SYMBOLES MATHÉMATIQUES

### *Quels sont les mots reliés aux opérations sur les nombres ?*—

❖ **Le vocabulaire relié à l'addition :** ajout, réunion, somme.      ❶ ❷ ❸

❖ **Le vocabulaire relié à la soustraction :** retrait, complément, différence.      ❶ ❷ ❸

❖ **Le vocabulaire relié à la multiplication :** addition répétée, produit cartésien, produit.      ❶ ❷ ❸

❖ **Le vocabulaire relié à la division :** soustraction répétée, partage, contenance, quotient.      ❶ ❷ ❸

## En quoi consistent les chiffres romains ?

- ✧ **La numérotation romaine :** utilisés par les citoyens de l'Empire ① ❷ ❸
romain quelques siècles avant Jésus-Christ, les chiffres romains
dérivent des entailles que faisaient les Étrusques sur des baguettes
de bois pour compter ; ils sont utilisés de nos jours pour identifier
les parties d'un livre (p. ex. : Chapitre VII), les planches ou illustrations dans un ouvrage, les divisions des Évangiles, les tomes ou
les volumes (p. ex. : Tome III), les actes et les scènes des pièces
de théâtre (p. ex. : Acte II, Scène I), les arrondissements d'une
ville (p. ex. : le XIII$^e$ arrondissement de Paris), les siècles
(p. ex. : le XV$^e$ siècle, le XX$^e$ siècle), les années dans le générique
d'une émission de télévision ou d'une œuvre cinématographique
(p. ex. : MCMXCIX), les numéros après un nom propre (p. ex. : Louis
XIV, Benoît XVI, Elizabeth II), l'heure sur certaines horloges, etc.

- ✧ **Les règles de composition :** pour former les nombres, les ① ❷ ❸
Romains utilisaient l'addition et la soustraction avec les nombres
de base I (1), V (5), X (10), L (50), C (100), D (500) et M (1000) ; la
règle spécifie qu'on ne peut additionner ou soustraire plus de trois
fois le même symbole comme dans II (2), III (3), IV (4), VI (6), VII
(7), VIII (8), IX (9), XI (11), XII (12), XIII (13), XIV (14), XV (15), XVI
(16), XVII (17), XVIII (18), XIX (19), et le reste.

- ✧ **Des exemples :** XLVI (46), LXXXIII (83), XCIX (99), CCCXXXIII ① ❷ ❸
(333), DCXVIII (618), CMLXXX (980), MMCCI (2201).

## En quoi consistent les chiffres babyloniens ?

- ✧ **La numérotation babylonienne :** utilisés par les habitants de la ① ❷ ❸
Mésopotamie (ancienne région d'Asie) du 4$^e$ au 1$^{er}$ millénaire avant
Jésus-Christ, les chiffres babyloniens appartenaient à un système
construit en paquets de 60 ou base 60, mais ils ne sont plus guère
employés de nos jours.

- ✧ **Les règles de composition :** pour former les nombres, les ① ❷ ❸
Babyloniens n'utilisaient que deux symboles, soit le clou (T) qui
représentait les unités et le chevron (<) qui représentait les
dizaines ; les nombres de 1 à 59 étaient représentés de manière
additive en répétant ces signes, et les nombres supérieurs à 60
étaient représentés par ces mêmes symboles, mais séparés par des
espaces.

❖ **Des exemples :** les chiffres babyloniens inférieurs à 60.   ① ❷ ❸

| | | | 1 | 2 | 3 | 4 | 5 | 6 | 7 | 8 | 9 |
|---|---|---|---|---|---|---|---|---|---|---|---|
| | | | 𒁹 | 𒈫 | 𒐈 | 𒐉 | 𒐋 | 𒐌 | 𒐍 | 𒐎 | 𒐏 |
| **10** | ⟨ | ⟨ | ⟨𒁹 | ⟨𒈫 | ⟨𒐈 | ⟨𒐉 | ⟨𒐋 | ⟨𒐌 | ⟨𒐍 | ⟨𒐎 | ⟨𒐏 |
| **11** | ⟨ | ⟨ | ⟨𒁹 | ⟨𒈫 | ⟨𒐈 | ⟨𒐉 | ⟨𒐋 | ⟨𒐌 | ⟨𒐍 | ⟨𒐎 | ⟨𒐏 |
| **12** | ⟪ | ⟪ | ⟪𒁹 | ⟪𒈫 | ⟪𒐈 | ⟪𒐉 | ⟪𒐋 | ⟪𒐌 | ⟪𒐍 | ⟪𒐎 | ⟪𒐏 |
| **13** | ⟪ | ⟪ | ⟪𒁹 | ⟪𒈫 | ⟪𒐈 | ⟪𒐉 | ⟪𒐋 | ⟪𒐌 | ⟪𒐍 | ⟪𒐎 | ⟪𒐏 |
| **14** | ⟪ | ⟪ | ⟪𒁹 | ⟪𒈫 | ⟪𒐈 | ⟪𒐉 | ⟪𒐋 | ⟪𒐌 | ⟪𒐍 | ⟪𒐎 | ⟪𒐏 |

## *En quoi consistent les chiffres mayas ?*

❖ **La numérotation maya :** utilisés par les Mayas, nation autoch-   ① ❷ ❸
tone ayant peuplé l'Amérique centrale (Mexique, Guatemala et
Belize) de l'an 250 à l'an 900 de notre ère, les chiffres mayas
étaient l'un des moyens les plus simples pour représenter les
nombres, mais ils ne sont plus guère employés de nos jours.

❖ **Les règles de composition :** pour former les nombres, les   ① ❷ ❸
Mayas n'utilisaient que deux symboles, soit le point (•) et le
trait (—).

❖ **Des exemples :** les chiffres mayas inférieurs à 20.   ① ❷ ❸

| | | | | | | | | |
|---|---|---|---|---|---|---|---|---|
| | • | 1 | •• | 2 | ••• | 3 | •••• | 4 |
| — | 5 | •̱ | 6 | ••̱ | 7 | •••̱ | 8 | ••••̱ | 9 |
| ═ | 10 | •̿ | 11 | ••̿ | 12 | •••̿ | 13 | ••••̿ | 14 |
| ≡ | 15 | •̰ | 16 | ••̰ | 17 | •••̰ | 18 | ••••̰ | 19 |

## Quels sont les symboles reliés à la numération ?

✧ **Les symboles pour effectuer des opérations :** l'addition +, la soustraction −, la multiplication x, la division ÷ et l'égalité =.  ❶❷❸

✧ **Les symboles pour comparer la valeur des nombres :** … est plus petit que… <, … est plus grand que… >, … est égal à… = et … n'est pas égal à… ≠.  ❶❷❸

✧ **Les symboles pour regrouper les nombres :** les parenthèses pour les opérations regroupées ou les coordonnées ( ) et les accolades pour les diviseurs { }.  ①❷❸

✧ **Les symboles pour identifier les devises :** le cent ¢ et le dollar $.  ❶❷❸

✧ **Le symbole pour marquer un rapport de quantité :** le pourcentage %.  ①❷❸

## Quelles sont les touches de la calculatrice ?

✧ **Les touches de base :** pour la mise en marche ON et la mise en arrêt OFF, pour la correction partielle AC / C ou totale CE, pour trouver la racine carrée √ , pour représenter le nombre pi π (3,1416…).  ❶❷❸

## Quelles sont les fonctions usuelles de la calculatrice ?

✧ **Les fonctions de base :** pour mémoriser des opérations M+ M − MR MC ou pour le changement de signe +/−.  ①②❸

## Quels sont les symboles reliés à la géométrie ?

✧ **Le symbole pour identifier les angles :** ∠.  ①❷❸

✧ **Les symboles pour identifier les segments de droite :** les parallèles // et les perpendiculaires ⊥.  ①❷❸

# CHAPITRE 4

**SCIENCE ET TECHNOLOGIE**

## 4.1 PROPOSER DES EXPLICATIONS OU DES SOLUTIONS À DES PROBLÈMES D'ORDRE SCIENTIFIQUE OU TECHNOLOGIQUE

### 4.1.1 L'UNIVERS MATÉRIEL

*Quelles sont les propriétés et les caractéristiques de la matière sous différents états ?*

⋄ **La forme :** aspect physique ou configuration particulière d'un corps.                    ① ❷ ③

⋄ **La couleur :** perception de l'œil des fréquences d'ondes lumineuses qui confère une pigmentation à la matière (p. ex. : lorsqu'un faisceau de lumière traverse un prisme de verre à base triangulaire, ce faisceau est divisé en 7 couleurs, soit le rouge, l'orangé, le jaune, le vert, le bleu, l'indigo et le violet).                    ① ❷ ③

⋄ **La texture :** disposition des éléments d'une matière qui lui confère une sensation au toucher (satiné, rugueux, lisse, raboteux, etc.).                    ① ❷ ③

⋄ **La masse :** mesure en kilogrammes (kg) de la quantité de matière qui compose un corps.                    ① ❷ ③

⋄ **Le poids :** mesure en newtons (N) de la force qu'exerce l'attraction gravitationnelle de la Terre sur un corps.                    ① ❷ ③

⋄ **La masse volumique :** rapport entre la masse et le volume d'un corps (p. ex. : la masse volumique de l'eau est 1000 kg/m$^3$).                    ① ❷ ③

⋄ **La densité :** rapport entre la masse volumique de deux corps ou quotient de la masse d'un liquide ou d'un solide par la masse du même volume d'eau (p. ex. : l'huile est moins dense que l'eau et aura tendance à flotter au-dessus de celle-ci).                    ① ❷ ❸

❖ **La flottabilité :** poussée verticale qu'exerce l'eau sur un corps ① ② ❸
(p. ex.: un iceberg formé de glace dont la masse volumique est plus
petite que celle de l'eau de mer va flotter).

❖ **L'élasticité :** capacité d'un corps de se déformer quand une force ① ② ❸
(pression, flexion, torsion) est exercée sur lui et de reprendre son
volume et sa forme d'origine lorsque cette force n'est plus exercée.

❖ **La perméabilité :** capacité à laisser passer un fluide, notamment ① ② ❸
de l'eau ; l'imperméabilité désigne la capacité à empêcher la péné-
tration de l'eau dans un tissu, un matériau, etc.

❖ **La solubilité :** capacité à dissoudre (former un mélange homo- ① ② ❸
gène) un corps, le soluté, dans un fluide, le solvant (p. ex.: le sel
se dissout dans l'eau).

## *Comment la matière se transforme-t-elle ?*

❖ **Les changements physiques :** changements qui ne modifient ① ❷ ③
pas la nature de la matière, mais qui en modifient la forme
(p. ex.: fractionnement, déformation, broyage, étirement) ou
l'état (p. ex.: vaporisation, fusion, condensation).

❖ **Les changements chimiques :** changements qui modifient la ① ② ❸
nature de la matière (p. ex.: la production d'un dépôt, la production
d'un gaz, la production de lumière, la production de chaleur) ; la
corrosion est la dégradation d'un matériau qui est mis en contact
avec un oxydant (p. ex.: avec le temps, l'oxygène contenu dans
l'air corrode le métal des voitures qu'il transforme en rouille) ;
la combustion est une réaction chimique obtenue lorsqu'on réunit
un combustible (p. ex.: le propane, le kérosène, le papier), un
comburant (p. ex.: l'air qui est composé d'oxygène) et une énergie
d'activation (p. ex.: frottement d'une allumette, étincelle produite
par la pierre d'un briquet, rayon lumineux concentré par une
loupe) ; la réaction acido-basique résulte du mélange d'un corps
acide (p. ex.: phénol, acide borique, acide acétique) et d'un corps
basique (p. ex.: chaux vive, ammoniac) et peut libérer de l'énergie
produisant une explosion.

❖ **La fabrication de produits domestiques** : le savon résulte ① ❷ ❸
d'une transformation chimique associée au mélange d'un corps
gras (graisse ou huile) et d'une base (potasse ou soude) ; du papier
recyclé peut être fabriqué avec de vieux journaux froissés, trempés
dans l'eau, écrasés avec un mortier pour obtenir une pâte homo-
gène, sassés, puis la pâte est placée sur un tamis pour sécher et
donner une feuille de papier.

## Quelles sont les différentes formes d'énergie ? ⎯⎯⎯⎯

❖ **L'énergie mécanique** : énergie résultant de la somme de l'éner- ① ❷ ③
gie cinétique (p. ex. : une pomme qui tombe d'un arbre) et de l'énergie potentielle (p. ex. : élastique étiré) d'un corps ; force motrice
permettant de faire fonctionner une machine (p. ex. : moulin à vent,
arc et flèche, horloge à contrepoids).

❖ **L'énergie électrique** : énergie obtenue par la conversion d'une ① ❷ ③
énergie cinétique, mécanique, hydraulique ou éolienne en courant électrique grâce à un alternateur ; l'énergie électrique est
utilisée pour le chauffage, l'éclairage, la climatisation, le fonctionnement des appareils ménagers, les télécommunications, les
électroaimants, les moyens de transport tels que le métro et le
tramway.

❖ **L'énergie chimique** : énergie obtenue par la transformation de la ① ❷ ③
matière au cours d'une réaction chimique (p. ex. : chaleur produite
par la combustion du bois qui se transforme en cendres) ; l'énergie
chimique est utilisée dans les piles et les explosifs.

❖ **L'énergie calorifique** : énergie obtenue par la combustion, la ① ❷ ③
géothermie, la friction, la gazéification et la vaporisation ; l'énergie calorifique utilise la chaleur pour la cuisson des aliments, la
fonderie des métaux, la distillation, le transport tel que le bateau à
vapeur, etc.

❖ **L'énergie lumineuse** : énergie obtenue par captation des rayons ① ❷ ③
du Soleil par des panneaux photosensibles et leur conversion en
électricité emmagasinée dans des cellules sous forme d'énergie
chimique ; l'énergie lumineuse est utilisée pour le chauffage, l'éclairage et l'industrie agroalimentaire.

✧ **L'énergie sonore :** vibration ou onde de molécules d'air qui     ① ❷ ③
résulte du déplacement d'un objet et qui peut à son tour provoquer
un mouvement ; l'énergie sonore ne peut exister dans le vide ; on
peut mesurer l'énergie sonore à l'aide d'un oscilloscope.

✧ **L'énergie nucléaire :** énergie libérée par les atomes et transfor-     ① ❷ ③
mée en chaleur puis en électricité ; l'énergie nucléaire est utilisée
pour la production d'électricité et la propulsion navale et spatiale ;
toutefois, l'énergie nucléaire produit de la radioactivité qui peut
être néfaste pour les êtres vivants.

## *Comment l'énergie se transmet-elle ?*

✧ **La conductibilité thermique :** capacité d'un corps de transmet-     ① ② ❸
tre la chaleur (p. ex. : une casserole placée sur un serpentin ou sur
un foyer de cuisson transmet la chaleur à l'eau qu'elle contient).

✧ **La conductibilité électrique :** capacité d'un corps à permettre     ① ② ❸
le passage d'un courant électrique (p. ex. : un fil de cuivre).

✧ **Les circuits électriques simples :** un circuit électrique sim-     ① ② ❸
ple se compose généralement de fils métalliques entourés d'une
isolation en plastique ou en caoutchouc, d'ampoules (globes de
verre contenant un gaz inerte et un filament de tungstène qui
éclaire lorsque parcouru par un courant électrique) et d'une source
d'énergie (une pile qui transforme l'énergie chimique en énergie
électrique) ; le voltage (V) est la tension du courant électrique ;
la résistance ($\Omega$) est la capacité à résister au passage électrique ;
l'ampérage (A) est l'intensité du courant électrique ; le watt (W) est
la puissance du courant électrique.

✧ **Les ondes sonores :** ondes de molécules d'air résultant du     ① ❷ ③
mouvement d'un objet dont la fréquence ou la vitesse se mesure en
cycles par secondes ou en hertz (Hz), et dont l'intensité se mesure
en décibels (dB) ; le son se propage normalement à une vitesse
approximative de 340 m par seconde dans l'air et de 1435 m par
seconde dans l'eau.

✧ **Le rayonnement lumineux :** transfert d'énergie sous forme     ① ② ❸
d'ondes électromagnétiques ; la vitesse de la lumière est d'environ
299 792 km par seconde ; l'unité de mesure de l'intensité lumineuse est la candela (cd).

❖ **La convection :** transfert de la chaleur causé par un fluide ① ❷ ❸
gazeux ou liquide (p. ex. : les rayons du soleil réchauffent le sol qui
réchauffe à son tour l'air créant ainsi le vent).

## Comment l'énergie se transforme-t-elle ? ─────────

❖ **La consommation et la conservation de l'énergie par** ① ❷ ❸
**l'homme :** le compteur électrique est un dispositif qui permet de
mesurer la quantité d'électricité consommée par une habitation ou
une industrie ; l'isolation thermique permet de réduire les pertes de
chaleur liées au chauffage ou à la climatisation et s'applique aux
murs extérieurs, au plancher, au toit, aux portes et aux fenêtres
des bâtiments, et elle est assurée par des bulles d'air qui se trouvent entre les fibres des matériaux utilisés (laine de verre, polysty-
rène, mousse de polyuréthane, etc.).

❖ **La transformation de l'énergie d'une forme à une autre :** ① ❷ ❸
dans une locomotive, l'énergie chimique résultant de la combustion du charbon se transforme en énergie mécanique en poussant
la vapeur d'eau à actionner des pistons qui font tourner à leur
tour les roues ; les ailes du moulin à vent transforment l'énergie
éolienne (la force du vent) en énergie mécanique en actionnant un
système d'engrenages qui permet de réduire des grains de blé en
farine.

## Quels sont les forces et les mouvements ? ─────────

❖ **Les effets de l'attraction gravitationnelle sur un objet :** ① ② ❸
la gravitation est le phénomène par lequel deux corps s'attirent
(p. ex. : une pomme qui tombe d'un arbre est attirée par le sol, donc
la Terre) ; la force d'attraction est proportionnelle à la masse des
objets concernés (p. ex. : le poids d'un homme est six fois moins
élevé sur la Lune que sur la Terre).

❖ **L'effet de l'attraction électrostatique :** l'électricité statique ① ❷ ③
est un transfert de charges (électrons) d'un matériau à un autre qui
est produit le plus souvent par un frottement ; les charges peuvent
être positives ou négatives ; les charges opposées s'attirent, et les
charges identiques se repoussent.

❖ **L'effet de l'attraction électromagnétique** : les aimants per-    ① ② ❸
manents sont des fragments de minéraux qui attirent naturellement
le fer et l'acier ou qui ont été magnétisés grâce à un champ magnétique ; les électroaimants sont des dispositifs destinés à produire
un champ magnétique à partir d'une source électrique et constitués
d'une tige de fer placée dans une bobine de fil parcourue par le
courant électrique d'une pile.

❖ **La pression** : la pression est une force exercée sur une surface ;    ① ❷ ③
le chaud augmente la pression et le froid la diminue (p. ex. : un ballon qu'une personne vient de gonfler en le soufflant aura tendance
à se dilater s'il est plongé dans un récipient rempli d'eau chaude,
ou à se comprimer s'il est plongé dans un récipient rempli d'eau
froide ; de la même manière un ballon placé à l'encolure d'une bouteille sera aspiré à l'intérieur de celle-ci si elle est refroidie) ; un
avion peut demeurer dans les airs grâce à la pression qui est plus
forte sous l'aile que sur le dessus.

❖ **Les caractéristiques du mouvement** : la cinématique est    ① ② ❸
la discipline qui étudie le mouvement des corps dont les paramè-
tres physiques sont le temps (durée du mouvement), la position
(situation par rapport à un repère), la vitesse (rapport entre la
distance parcourue et le temps mis pour la parcourir) et l'accé-
lération (variation positive de la vitesse en fonction du temps) ;
le mouvement rectiligne décrit une trajectoire en ligne droite
(p. ex. : un caillou lancé dans les airs) ; le mouvement circulaire
décrit une trajectoire en cercle (p. ex. : un pendule suspendu à un
point fixe et qui oscille) ; le mouvement elliptique décrit une trajectoire en ellipse (p. ex. : une planète qui tourne autour d'une étoile).

## *Comment les systèmes interagissent-ils entre eux ?*

❖ **Les machines simples** : le levier est généralement constitué    ① ❷ ③
d'une barre solide qui tourne autour d'un point fixe, le pivot, pour
multiplier une force appliquée et permettre de soulever un objet
lourd (p. ex. : pousser sur une branche dont le bout est placé sous
une roche afin de faire lever cette dernière) ; le plan incliné est
généralement constitué d'une surface plane qui est placée à angle
par rapport à l'horizontale, et il est utilisé pour déplacer un objet
sans frottements (p. ex. : une rampe d'accès pour fauteuils rou-
lants) ; la vis est un plan incliné enroulé autour d'un cylindre qui,
lorsqu'on applique un mouvement de rotation à l'aide d'un tour-

nevis, s'enfonce dans un matériau pour assembler deux pièces; la poulie est un levier circulaire composé d'une roue sur laquelle glisse une corde ou une courroie afin de lever ou de déplacer un objet; le treuil est un levier dont le pivot est remplacé par un axe sur lequel s'enroule, grâce au mouvement d'une manivelle, une corde attachée à un objet pour le déplacer.

Le levier      Le plan incliné     La vis

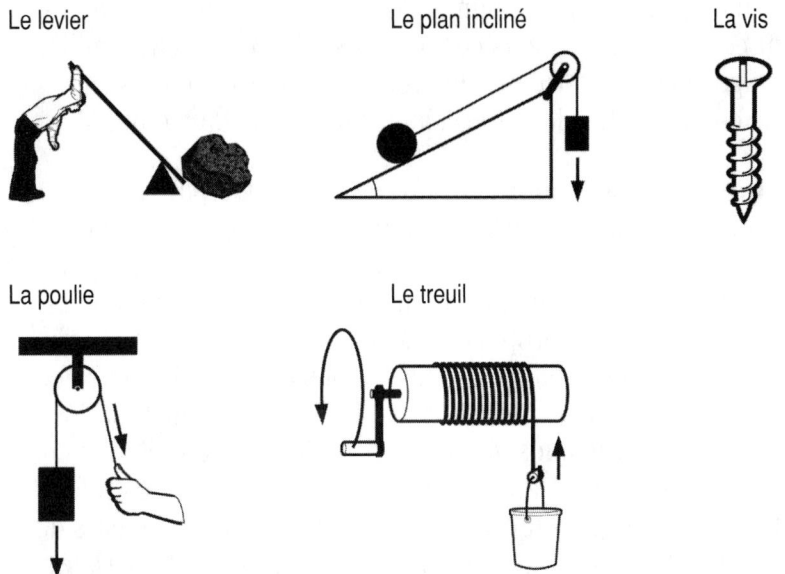

La poulie      Le treuil

◆ **Les autres machines :** le chariot est une plate-forme équipée de  roues qui peut être poussée ou tirée et qui est destinée au transport de marchandises; la roue hydraulique est un dispositif composé d'une roue horizontale ou verticale comprenant des compartiments successifs et disposés en sa périphérie qui se remplissent graduellement grâce au courant d'un cours d'eau et qui la font tourner pour actionner un engrenage; l'éolienne est un dispositif qui comprend un mât, un rotor composé de plusieurs pales et une nacelle, et qui permet de transformer l'énergie du vent en énergie mécanique ou électrique.

Le chariot     La roue hydraulique    L'éolienne

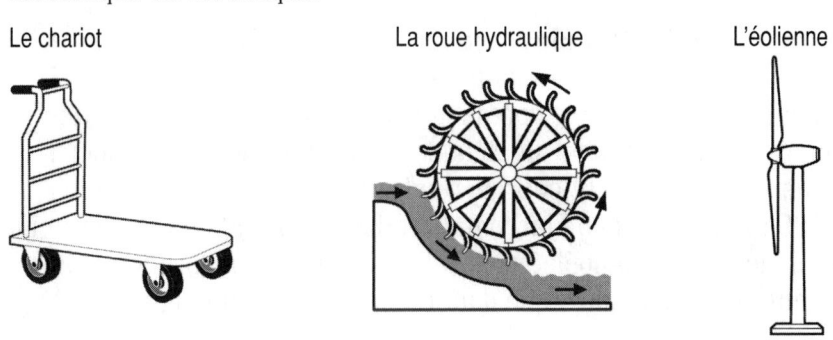

✧ **Le servomécanisme et les robots :** dispositif électromécanique ① ② ❸ conçu pour réaliser seul un programme d'actions en comparant en permanence les commandes extérieures qui lui sont données et la tâche qu'il accomplit (p. ex. : le thermostat d'un radiateur électrique s'assure que la température indiquée et la température réelle de la pièce concordent) ; le robot est un dispositif mécanique, doté d'une mémoire et d'un programme, destiné à accomplir automatiquement certaines opérations considérées comme difficiles ou dangereuses pour l'homme (p. ex. : les robots industriels qui assemblent des composantes de voitures sur une chaîne de montage).

✧ **La technologie du transport :** inventée en 1885 par Karl ① ❷ ❸ Friedrich Benz, mais commercialisée par Henry Ford à la fin du XIXᵉ siècle, l'automobile est un véhicule terrestre autopropulsé à l'aide d'un moteur et qui comprend un châssis constituant la carrosserie, le groupe motopropulseur comprenant le moteur, le système d'embrayage et la boîte de vitesses, les organes de roulement comprenant la suspension, les roues et les freins, les installations électriques et électroniques associées à l'éclairage, au tableau de bord et à la signalisation, ainsi que divers équipements destinés au confort des passagers tels que les sièges et les équipements de sécurité ; inventé en 1903 par les frères Wilbur et Orville Wright, l'avion, jadis connu sous l'appellation d'aéroplane, est un véhicule aérien autopropulsé à l'aide d'un moteur à hélice ou de réacteurs et qui comprend une cellule constituée du fuselage, des empennages (les ailes) et des trains d'atterrissage, d'un groupe propulseur, de commandes de vol et d'instruments de bord ; inventé il y a environ 10 000 ans par les hommes du mésolithique, le bateau est un véhicule capable de flotter sur l'eau, mû par la propulsion humaine (pagaie, rame, aviron), la propulsion vélique (voile, cerf-volant de traction) ou la propulsion mécanique (hélices actionnées par un moteur à vapeur, un moteur hors-bord, une turbine à gaz ou l'énergie nucléaire).

✧ **La technologie de l'électron :** inventé en 1876 par Alexander ① ❷ ❸ Graham Bell, le téléphone est un appareil de communication bidirectionnelle par lequel le son de la voix fait vibrer une membrane qui fait vibrer à son tour un aimant produisant un courant électrique qui passe par un fil pour se rendre à l'interlocuteur ; inventée en 1894 par Guglielmo Marconi, la radio comprend un émetteur qui envoie des ondes radioélectriques produites par la vibration d'un courant électrique, ainsi que d'un récepteur qui capte ces ondes et les transforme en musique ou en voix selon l'amplitude et la longueur de ces ondes ; inventée en 1929 par Vladimir Zworykin, la télévision est un moyen de diffusion, par courant électrique ou par ondes radioélectriques, d'images réalisées point par point ; inventé en 1947 par trois ingénieurs américains des laboratoires Bell, John Bardeen, Walter Brattain et William Shockley, le transistor est un dispositif semi-conducteur utilisé comme amplificateur pour accroître l'amplitude d'un signal électrique, comme modulateur pour modifier la fréquence des ondes, comme oscillateur pour générer des courants électriques alternatifs périodiques, et comme interrupteur pour autoriser ou interrompre le passage d'un flux ; inventé en 1971 par Marcian Hoff, le microprocesseur est une unité centrale de traitement qui interprète les instructions et traite les données d'un programme ; commercialisé vers 1977, l'ordinateur personnel est une machine qui permet de traiter des informations selon un programme donné et qui interagit avec l'environnement grâce à des périphériques (écran, clavier, souris, modem, imprimante, numériseur, etc.).

## (4.1.2) LA TERRE ET L'ESPACE

### Quelles sont les propriétés et les caractéristiques de la matière terrestre ?

◇ **Le sol, l'eau et l'air :** qu'il soit imperméable, filtrant ou perméable, le sol provient des roches-mères qui ont été transformées par des processus physiques (effritement), chimiques et biologiques (restes de végétaux, cadavres d'animaux et excréments décomposés par des bactéries et des champignons microscopiques puis transformés en matières organiques), et sa texture peut être argileuse, sableuse ou limoneuse ; essentielle pour tous les organismes vivants et recouvrant près de 70 % de la surface de la Terre, l'eau se trouve généralement dans son état liquide, mais elle se transforme en glace à 0 °C (point de congélation) puis en vapeur à 100 °C (point d'ébullition) ; l'air est un mélange de gaz constituant l'atmosphère de la Terre dont l'azote (78 %), l'oxygène (21 %), de gaz rares comme l'argon et le dioxyde de carbone (1 %), et contient des vapeurs d'eau.

❖ **Les traces du vivant et les fossiles :** restes d'êtres vivants ① ❷ ③
(coquilles, squelettes, dentitions, graines) enfouis dans le sol ou
empreintes laissées dans une roche sédimentaire (p. ex. : défenses
de mammouths emprisonnées dans le pergélisol, troncs d'arbres
pétrifiés ou dont la matière organique a été remplacée par des
substances minérales, empreinte d'une feuille).

❖ **La classification des roches et des minéraux :** les roches ① ② ❸
sont formées d'une masse compacte de minéraux et de fossiles, et
elles sont classées en trois groupes qui sont les roches ignées ou
magmatiques (roches ayant une apparence cristalline et formées
par le refroidissement de minéraux fondus ou de magma éjecté par
les volcans, telles que le granite, la diorite, le basalte et le gabbro),
les roches sédimentaires (roches composées de particules minérales, végétales et animales qui se sont déposées en couches suc-
cessives, telles que le grès, le silex, le calcaire et le gypse) et les
roches métamorphiques (roches ignées ou sédimentaires soumises
à la chaleur ou à la pression, telles que le quartz, le marbre,
le schiste et l'ardoise).

## *Comment la matière s'organise-t-elle ?*

❖ **Les cristaux :** corps solides plus ou moins brillants et présentant ① ❷ ③
une forme géométrique définie, formés par le refroidissement
des minéraux en fusion et des fumerolles ou émanations de gaz
(p. ex. : les sels, les silicates, les oxydes, les sulfures, les gemmes
ou pierres précieuses).

❖ **La structure de la Terre :** les continents sont de vastes éten- ① ② ❸
dues continues de terre à la surface du globe qui sont limitées par
un ou plusieurs océans l'Afrique, l'Amérique du Nord, l'Amérique
du Sud, l'Antarctique, l'Asie, l'Europe, l'Océanie) ; les océans sont
d'immenses étendues d'eau salée couvrant près des trois quarts de
la surface de la Terre l'océan Antarctique, l'océan Arctique, l'océan
Atlantique, l'océan Indien, l'océan Pacifique) ; les calottes glaciaires
sont de gigantesques glaciers formés de neige compactée et recris-
tallisée (p. ex. : la calotte glaciaire du Vatnajökull en Islande et
celle de l'Austfonna en Norvège) ; les montagnes sont des élévations
de terrain formées par le déplacement des plaques tectoniques
et présentant des pentes importantes (p. ex. : le mont Everest est
la plus haute montagne du monde avec ses 8844 m au-dessus du
niveau de la mer) ; les volcans sont des élévations de terrain

formées par l'empilement de matériaux comme la lave et les cendres, et au sommet desquelles se trouvent un cratère et une cheminée par où s'échappent des matières en fusion lorsqu'ils sont actifs (p. ex. : le Vésuve en Italie et le Merapi en Indonésie).

## *Comment la matière se transforme-t-elle ?*

❖ **Le cycle de l'eau :** réchauffée par les rayons du soleil, l'eau qui se retrouve dans les flaques, les étangs, les rivières, les lacs, les mers et les océans se transforme en vapeur (évaporation) et monte dans l'atmosphère pour former les nuages qui, refroidis par l'air plus froid, passent de l'état gazeux à l'état liquide ou solide en se transformant en pluie, en grêle ou en neige (précipitation) qui retombe au sol, s'écoule (ruissellement) et pénètre dans le sol (infiltration) pour remplir les flaques, les étangs, les rivières, les lacs, les mers et les océans ; le cycle de l'eau se poursuit continuellement.    ① ❷ ③

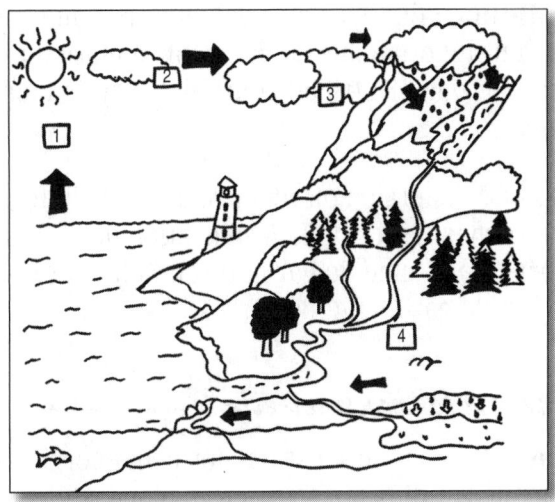

❖ **Les phénomènes naturels :** l'érosion est la dégradation et la transformation du relief par les agents atmosphériques comme l'eau et le vent (p. ex. : les vagues qui rongent peu à peu une pointe de terre, le vent qui polit la surface des roches en transportant de minuscules grains de sable), ce qui peut entraîner des avalanches, des éboulements, des glissements de terrain, des séismes et des coulées de boue volcanique ; la foudre est une décharge électro-    ① ② ❸

statique qui se produit par temps d'orage entre un nuage et le sol ramifiée) et du tonnerre (bruit violent résultant de l'impact de la décharge avec le sol).

## Quelles sont les différentes formes d'énergie ?

✧ **L'énergie solaire :** énergie renouvelable produite par le rayonnement du Soleil et pouvant être captée par des panneaux solaires thermiques ou électriques.  ① ❷ ③

✧ **L'énergie hydraulique :** énergie renouvelable produite par le déplacement ou l'accumulation de grandes quantités d'eau (p. ex. : les norias qui élèvent l'eau grâce au courant exercé sur un manège, les centrales hydroélectriques constituées d'un barrage où des turbines actionnées par la pression de l'eau sont reliées à des alternateurs, les hydroliennes qui captent l'énergie marémotrice).  ① ❷ ③

✧ **L'énergie éolienne :** énergie renouvelable tirée du vent au moyen d'un moulin à vent (énergie mécanique pour moudre du blé) ou d'une éolienne (énergie électrique pour faire fonctionner des appareils électriques).  ① ❷ ③

✧ **L'énergie fossile :** énergie non renouvelable produite par la combustion de roches issues de la fossilisation des êtres vivants (p. ex. : le pétrole, le bitume, le gaz naturel, la houille) et entraînant la formation de gaz à effet de serre.  ① ② ❸

## Comment l'énergie se transmet-elle ?

✧ **Le rayonnement :** la lumière est une forme d'énergie rayonnante, c'est-à-dire qu'elle est diffusée sous forme d'ondes électromagnétiques visibles ; les rayons infrarouges produisent de la chaleur, et les rayons ultraviolets sont nocifs pour la santé, car ils peuvent causer des brûlures de la peau, provoquer des lésions cutanées ou entraîner des cataractes ou autres affections de l'œil, mais ils peuvent aussi traiter certaines maladies comme le psoriasis et l'eczéma.  ① ② ❸

## Comment l'énergie se transforme-t-elle ?

✧ **Les énergies renouvelables :** énergies issues de phénomènes naturels (rayonnement solaire, vents, cours d'eau, marées, geysers) et considérées comme inépuisables et la plupart du temps écologiques.

① ❷ ③

✧ **Les énergies non renouvelables :** énergies fossiles, comme les hydrocarbures, ou nucléaires, comme l'uranium, dont les ressources se retrouvent en quantités limitées et qui sont polluantes la plupart du temps.

① ② ❸

## Quels sont les forces et les mouvements ?

✧ **La rotation de la Terre :** le jour est la période pendant laquelle le Soleil éclaire la partie de la Terre qui lui fait face, et la nuit est la période pendant laquelle l'autre partie de la Terre n'est pas éclairée par le Soleil ; le Soleil et les étoiles semblent se déplacer autour de la Terre, mais c'est la Terre qui, tournant sur elle-même, donne cette impression.

① ❷ ③

✧ **Les marées :** mouvements montants et descendants des eaux des mers et des océans causés par les forces de gravitation de la Lune et du Soleil.

① ② ❸

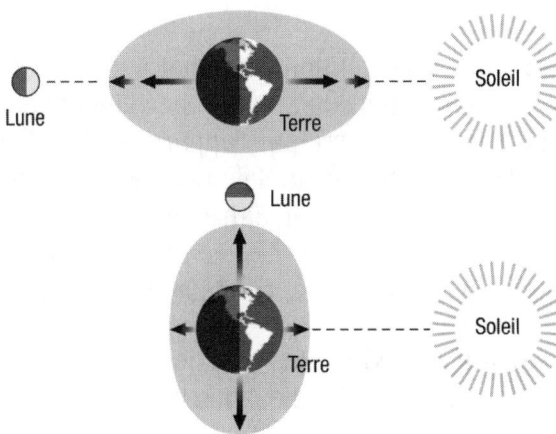

## Comment les systèmes interagissent-ils entre eux ?

✧ **Le système Soleil-Terre-Lune :** la Terre tourne autour du Soleil en 325,26 jours, et ce, à une vitesse approximative de 29,8 km/s, et elle tourne sur elle-même en 23 h 56 min, et ce, à une vitesse

① ❷ ③

approximative de 1674 km/h ; la Lune tourne autour de la Terre en 27,3 jours, changeant ainsi d'aspect vue de la Terre (les phases de la Lune) ; lorsque la Lune s'interpose entre la Terre et le Soleil, on parle d'éclipse solaire, mais lorsque la Terre s'interpose entre la Lune et le Soleil, on parle d'éclipse lunaire.

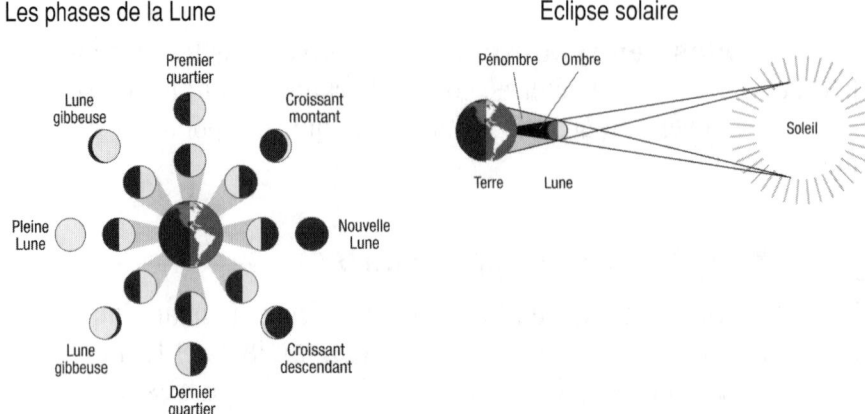

Les phases de la Lune

Éclipse solaire

✧ **Le système solaire :** le système solaire est constitué de huit planètes (Mercure, Vénus, Terre, Mars, Jupiter, Saturne, Uranus, Neptune), de trois planètes naines (Éris, Pluton et Cérès), de plusieurs comètes (Halley, Hale Bopp, Encke, etc.) et d'une multitude d'astéroïdes (Mathilde, Éros, Ciron, Eurêka, etc.) gravitant autour du Soleil.

① ❷ ③

✧ **Les saisons :** phases d'évolution du climat engendrées par la révolution de la Terre autour du Soleil et par l'inclinaison de l'axe nord-sud de rotation de la Terre par rapport au plan de son orbite autour du Soleil ; au printemps, le Soleil est perpendiculaire à l'équateur, à l'été, il est perpendiculaire au tropique du Cancer, à l'automne, il est de nouveau perpendiculaire à l'équateur, et à l'hiver, il est perpendiculaire au tropique du Capricorne.

① ② ❸

✧ **Les étoiles et les galaxies :** les galaxies sont de vastes ensembles composés de milliards d'étoiles, des poussières et des gaz interstellaires gravitant autour de leur centre ; les nébuleuses sont des nuages interstellaires composés de poussières ou de gaz ; les planètes sont des corps célestes telluriques (composés d'éléments solides) ou gazeux qui ont une apparence sphérique à cause de leur force gravitationnelle et qui gravitent autour d'une étoile ou d'un groupe d'étoiles ; les satellites sont des corps célestes qui gravitent

① ❷ ❸

autour des planètes (p. ex.: la Lune est le seul satellite naturel de la Terre, Ganymède est un satellite naturel de Jupiter, Triton est un satellite naturel de Neptune, etc.); les étoiles sont des corps célestes gigantesques émettant de la lumière de façon autonome; les comètes sont des corps célestes composés surtout de glaces et de poussières (noyau) et qui dégagent des gaz en s'approchant du Soleil (chevelure); les astéroïdes sont des corps célestes mesurant moins de 1000 km et gravitant autour d'une étoile; les météores ou étoiles filantes sont des corps célestes mesurant moins de 50 m qui entrent dans l'atmosphère terrestre et qui se désintègrent en laissant une traînée lumineuse; les météorites sont des restes de corps célestes ayant percuté la surface de la Terre.

⋄ **Les systèmes météorologiques :** les nuages sont formés de minuscules gouttelettes d'eau ou de cristaux de glace en suspension dans l'air et sont regroupés en deux types, les cumulus (gros nuages de beau temps ressemblant à des moutons) et les stratus (nuages grisâtres annonçant souvent le mauvais temps), eux-mêmes divisés en quatre groupes, les nuages hauts (cirrus, cirrocumulus, cirrostratus), les nuages intermédiaires (altostratus, altocumulus, nimbostratus), les nuages bas (stratocumulus) et les nuages verticaux (cumulonimbus); les précipitations sont des gouttelettes d'eau ou des cristaux de glace qui, devenus trop lourds, tombent au sol (p. ex.: pluie, bruine, verglas, neige, grésil, grêle); les orages se produisent lorsqu'une masse d'air froid et sec rencontre une masse d'air chaud et humide, causant de violents vents qui entraînent l'humidité, les gouttelettes d'eau et les cristaux de glace vers l'intérieur du nuage, dirigeant les fines particules chargées d'électricité positive vers son sommet, et les lourdes particules chargées d'électricité négative vers sa base, et produisant ainsi une décharge électrostatique (éclair et tonnerre).

① ❷ ❸

⋄ **Les technologies de la Terre, de l'atmosphère et de l'Espace :** le sismographe est un instrument destiné à enregistrer les mouvements de l'écorce terrestre (ondes sismiques); la prospection consiste à chercher des minéraux (p. ex.: l'or, le cuivre et l'argent) ou des minerais (p. ex.: le manganèse, le zinc et la bauxite) dans le sol pour qu'ils soient extraits et transformés par

① ❷ ❸

l'industrie minière ; la météorologie est l'étude des phénomènes naturels et atmosphériques (p. ex. : les nuages, les précipitations et la température) dans le but de prédire le temps ; les satellites artificiels conçus par l'être humain et mis en orbite autour de la Terre se regroupent en plusieurs types, comme les satellites scientifiques destinés à l'astronomie et à la géodésie, les satellites militaires destinés à la télédétection et à l'écoute électronique, les satellites de télécommunication destinés à la téléphonie et à la télévision, les satellites de positionnement destinés à la navigation civile et militaire, ainsi que les satellites d'observation de la Terre destinés à la météorologie, à la climatologie et à l'observation des ressources terrestres ; la Station spatiale internationale, dont la construction et l'assemblage entamés en 1998 sont le fruit de la collaboration de plusieurs pays, dont les États-Unis, le Canada, l'Union européenne, le Japon, la Russie et le Brésil, a pour objectif de permettre aux astronautes de réaliser des expériences scientifiques en micropesanteur.

4.1.3  ## L'UNIVERS VIVANT

### Quelles sont les caractéristiques du vivant ? ⎯⎯⎯⎯⎯⎯

⋄ **Le métabolisme des végétaux et des animaux :** les végétaux se nourrissent du carbone tiré du gaz carbonique ou dioxide de carbone grâce à la photosynthèse, de sels minéraux, de macronutriments et d'aminoacides absorbés par les racines dans le sol ; les animaux se nourrissent de matière organique, provenant la plupart du temps de végétaux ou d'autres animaux présents dans l'écosystème, qui est transformée en nutriments par des procédés chimiques (digestion) ; les animaux respirent et absorbent l'oxygène contenu dans l'air pour rejeter du gaz carbonique qui est ensuite absorbé par les végétaux qui rejettent de l'oxygène.  ① ❷ ❸

⋄ **La reproduction des végétaux et des animaux :** la reproduction sexuée des végétaux compte quatre phases qui sont la production du pollen par les étamines et des ovules par les pistils, la fécondation des ovules par le pollen, la fructification ou la formation du fruit, et la dissémination des fruits contenant des graines qui germineront pour donner de nouveaux végétaux capables de se reproduire ; la reproduction asexuée des végétaux se fait à partir de germes poussant sur des bulbes ou des tubercules (p. ex. : la pomme de terre germe et produit de nouveaux plants  ① ❷ ❸

d'où sortiront de nouveaux tubercules) ; la reproduction des ani-
maux compte trois phases qui sont le rut (période pendant laquelle
la femelle est féconde, produit des phéromones qui attirent le mâle
qui accomplit alors sa parade nuptiale pour attirer la femelle), l'ac-
couplement (l'insémination du gamète mâle dans les voies génitales
de la femelle) et la fécondation (la rencontre du gamète mâle et du
gamète femelle qui donne le zygote).

## Comment le vivant s'organise-t-il ?

❖ **La classification des êtres vivants :** les micro-organismes sont ① ❷ ③
des êtres vivants unicellulaires et invisibles à l'œil nu (p. ex. : les
bactéries, les protozoaires, les virus) ; les mycètes ou champignons
sont des végétaux dépourvus de chlorophylle, incapables de photosynthèse et se reproduisant par des spores (p. ex. : les truffes, les
chanterelles, les polypores, les vesses) ; les végétaux ou plantes
sont des organismes généralement fixés au sol par des racines qui
contiennent de la chlorophylle et qui transforment l'énergie lumineuse en glucose ou sucre (p. ex. : la fougère, l'érable, le cactus, le
pissenlit) ; les animaux sont des êtres vivants pluricellulaires capables de mouvement et de perception (p. ex. : le corail, l'escargot, la
fourmi, la salamandre, le requin, le pigeon, l'éléphant, l'homme).

❖ **L'anatomie des végétaux :** les principales parties de la plante ① ❷ ③
sont les racines (chargées d'envoyer des éléments nutritifs aux
feuilles), la tige (chargée de faire circuler les sucres et les éléments nutritifs entre les racines et les feuilles) et les feuilles
(chargées de transpirer, de respirer en faisant circuler le dioxyde
de carbone et l'oxygène et de produire des sucres en utilisant la
lumière).

❖ **L'anatomie des animaux :** les principaux systèmes constituant ① ❷ ③
les animaux sont le système respiratoire (poumons ou branchies),
le système digestif (estomac et intestins), le système nerveux et
sensoriel (cerveau et moelle épinière), le système cardiovasculaire
(cœur et vaisseaux sanguins) et le système reproducteur (organes
reproducteurs mâles ou femelles) ; ces systèmes peuvent être très
simples ou très complexes selon que les animaux sont vertébrés
ou invertébrés et selon la classe de vertébrés ou d'invertébrés à
laquelle ils appartiennent.

❖ **Les sens :** dispositifs de perception de la plupart des animaux permettant d'interagir avec leur milieu, dont la vue (l'œil permet de voir l'environnement), l'ouïe (l'oreille permet d'entendre les sons produits par l'environnement), l'odorat (le nez et le nerf olfactif permettent de sentir les odeurs produites par l'environnement), le goût (la langue et les papilles gustatives permettent de goûter les saveurs des aliments), le toucher (les terminaisons nerveuses de la peau permettent de ressentir les textures et la chaleur).

❖ **Le système reproducteur de l'homme et de la femme :** ① ❷ ③
les organes génitaux ont pour fonction l'insémination (dépôt de la semence du mâle dans les voies génitales de la femelle), la fécondation (union du spermatozoïde et de l'ovule pour produire un embryon), la gestation (grossesse pendant laquelle le fœtus se développe) et la parturition (accouchement et naissance du bébé).

Appareil reproducteur de l'homme

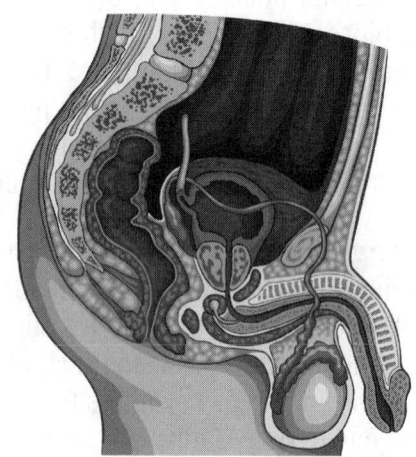

Appareil reproducteur de la femme

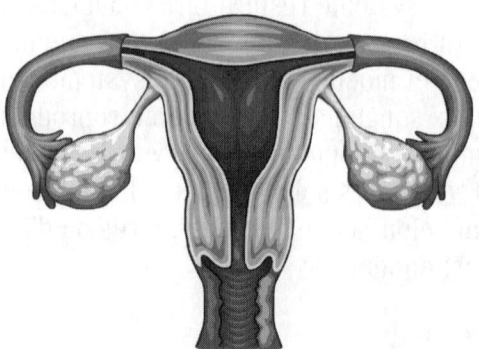

## Comment le vivant se transforme-t-il ?

①❷③

❖ **La croissance des végétaux et des animaux :** le cycle de vie des végétaux compte trois phases qui sont la graine (constituée d'un tégument ou fine membrane qui protège l'intérieur de la graine, d'un germe ou plantule qui est en fait l'embryon végétal, d'une radicule qui deviendra les racines, du cotylédon qui deviendra la feuille primaire, et de l'albumen qui tient lieu de réserves nutritives), la germination (phénomène par lequel l'embryon, sous l'effet de l'humidité, de la chaleur et de l'apport d'oxygène, sort de sa dormance pour éclore) et la croissance (phénomène qui survient lorsque le cotylédon fait place à une feuille mature et qui se poursuit généralement jusqu'à la mort de la plante) ; le cycle de vie des animaux varie selon les espèces ; celui des mammifères compte quatre phases qui sont le zygote (qui résulte de la fécondation d'un gamète femelle par un gamète mâle), l'embryon et le fœtus (être vivant qui se développe dans l'utérus de sa mère), la juvénilité et la croissance (période de la vie pendant laquelle le bébé qui vient de naître se développe à l'extérieur de l'utérus de sa mère et fait des apprentissages) et l'adultie (période de l'âge adulte pendant laquelle l'être vivant atteint sa maturité et peut se reproduire) ; celui des oiseaux et des reptiles compte quatre phases qui sont la cellule-œuf (qui résulte de la fécondation d'un gamète femelle par un gamète mâle), l'embryon et le fœtus (être vivant qui se développe dans l'œuf pondu par la mère), la juvénilité et la croissance (période de la vie pendant laquelle le petit qui vient de naître se développe après être sorti de l'œuf) et l'adultie (période de l'âge adulte pendant laquelle l'être vivant atteint sa maturité et peut se reproduire).

❖ **Les métamorphoses :** le cycle de vie du papillon compte quatre phases qui sont l'œuf (entouré d'une substance gluante qui colle à la feuille), la chenille (qui se nourrit de feuilles, qui grossit et qui mue à plusieurs reprises), la chrysalide (la chenille s'enferme dans un cocon pour se métamorphoser) et l'adulte (le papillon émerge du cocon et vole, se nourrit et se reproduit) ; le cycle de vie de la grenouille compte trois phases qui sont l'œuf (les œufs sont pondus en grappes dans l'eau), le têtard (l'œuf éclot sous forme de larve dotée de branchies et d'une queue) et l'adulte (le têtard perd sa queue et voit pousser ses pattes pour devenir une grenouille).

Le cycle de vie du papillon　　　　　Le cycle de vie de la grenouille

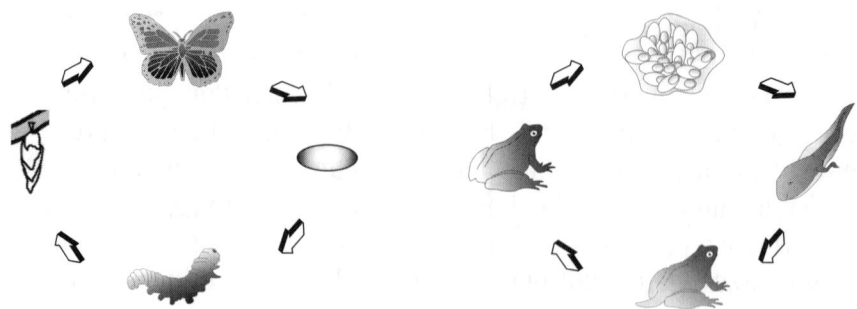

❖ **La croissance et le développement de l'homme et de la femme :** la puberté, qui débute vers 11-13 ans pour se terminer vers 16-18 ans, est une étape du développement associée à l'adolescence (période transitoire entre l'enfance et la vie adulte), et elle se caractérise par une poussée de croissance, le développement des organes génitaux, le développement de la pilosité pubienne (chez l'homme et la femme) et de la pilosité corporelle (chez l'homme), par le début des menstruations (chez la femme) et par la mue de la voix (chez l'homme).　① ② ❸

❖ **L'évolution des êtres vivants :** l'histoire de la vie sur Terre est marquée par l'apparition, l'adaptation, l'évolution et la disparition de plusieurs espèces d'êtres vivants causées par les changements climatiques, les écosystèmes, les rapports entre les différentes espèces, et ce, sur une période d'environ 3,8 milliards d'années.　① ② ❸

## *Quelles sont les différentes sources d'énergie pour les êtres vivants ?*

❖ **L'alimentation chez les animaux :** tous les animaux ont besoin d'eau pour vivre, mais leur alimentation diffère selon l'espèce ; les animaux carnivores se nourrissent presque exclusivement de chair (p. ex. : le tigre, le crocodile et l'aigle) ; les animaux herbivores se nourrissent presque exclusivement de végétaux (p. ex. : le panda, la sauterelle et le paresseux) ; les animaux granivores se nourrissent presque exclusivement de graines (p. ex. : la perruche, le mulot et l'écureuil roux) ; les animaux frugivores se nourrissent presque exclusivement de baies et de fruits (p. ex. : la roussette, le capu-　① ❷ ③ cin et le lémur); les animaux insectivores se nourrissent presque exclusivement d'insectes (p. ex.: le fourmilier, le tatou et le crapaud); les animaux piscivores se nourrissent presque exclusivement de poissons (p. ex.: le requin, le cormoran et la loutre); les animaux xylophages se nourrissent presque exclusivement de bois (p. ex.: le capricorne, le scolyte et l'abeille charpentière); les animaux saprophages se nourrissent presque exclusivement de matières organiques en décomposition (p. ex.: la mouche, le cloporte et l'opilion); les animaux nécrophages se nourrissent presque exclusivement de cadavres d'autres animaux (p. ex.: le vautour, la hyène et le homard); les animaux coprophages se nourrissent presque exclusivement d'excréments d'autres animaux (p. ex.: le bousier, le cafard et le scatophage du fumier); les animaux planctophages se nourrissent presque exclusivement de plancton végétal ou animal (p. ex.: l'huître, la crevette et le requin-baleine); les animaux omnivores se nourrissent aussi bien d'aliments d'origine animale que végétale (p. ex.: le sanglier, le raton laveur, l'être humain).

❖ **La photosynthèse chez les végétaux:** processus qui permet aux plantes, aux algues et aux cyanobactéries de produire des glucides (sucres) grâce à la chlorophylle (pigment verdâtre), et ce, à partir d'eau et de gaz carbonique ($CO_2$), en utilisant l'énergie lumineuse solaire ou artificielle et en rejetant de l'oxygène. ① ② ❸

❖ **Les technologies de l'agriculture et de l'alimentation:** les croisements ou hybridations sont des procédés qui consistent à accoupler des animaux d'espèces voisines (p. ex.: le cheval et l'âne qui s'accouplent donnent la mule) ou des végétaux de variétés différentes (p. ex.: plants de blé) dans le but de créer de nouvelles espèces ou variétés ou d'en améliorer la productivité; le bouturage est une technique qui consiste à cloner une partie de plante à partir d'une jeune tige ou d'un fragment de rameau coupé directement sous un nœud (début d'une feuille ou d'une branche) en plongeant ces derniers dans de l'eau ou en les plantant dans un terreau; la stérilisation est un processus de conservation qui consiste à chauffer les aliments à plus de 100 °C afin d'en détruire les enzymes, les toxines et les spores nuisibles à la santé; la pasteurisation est un procédé inventé par Louis Pasteur en 1865 et qui consiste à chauffer pendant un court laps de temps un liquide fermentable (p. ex.: le lait) à une température située entre 55 °C et 85 °C puis à le refroidir rapidement dans le but de détruire les microbes et autres micro-organismes qu'il contient; l'irradiation consiste à ① ❷ ❸ exposer des aliments à des rayons ionisants (bêta, gamma, X) afin de réduire la quantité des organismes (bactéries, levures, insectes) susceptibles de causer des maladies, qu'ils peuvent contenir, et ce, sans en changer le goût ni la texture.

## Comment l'énergie se transmet-elle chez les êtres vivants ?

⬦ **Les chaînes alimentaires :** ensembles hiérarchisés d'êtres vivants qui se nourrissent les uns des autres (les végétaux sont consommés par les animaux herbivores, qui sont consommés à leur tour par les animaux carnivores primaires, qui sont consommés à leur tour par les animaux carnivores secondaires, qui sont consommés à leur tour par les vers, les bactéries et les champignons à leur mort).   ① ❷ ③

Exemples de chaînes alimentaires

## Quels sont les mouvements chez les animaux ?

⬦ **La reptation :** mode de locomotion des animaux rampants qui consiste à pousser vers l'arrière sur le sol pour avancer (p. ex. : le serpent, le ver de terre, l'escargot et la limace).   ① ❷ ③

✧ **La marche :** mode de locomotion des animaux terrestres qui consiste à se déplacer en utilisant des membres antérieurs ou postérieurs tels que les pattes (p. ex. : le crabe, le pingouin, l'antilope, la salamandre et la fourmi).

①❷③

✧ **Le vol :** mode de locomotion des animaux aériens qui consiste à battre des ailes pour se déplacer (p. ex. : le perroquet, le pigeon, la chauve-souris, la libellule et le papillon).

①❷③

✧ **La nage :** mode de locomotion des animaux marins qui consiste à se déplacer à la surface de l'eau ou sous l'eau en utilisant des membres antérieurs ou postérieurs tels que les pattes et les nageoires (p. ex. : la loutre, le canard, la baleine, la grenouille et l'anguille).

①❷③

## Quels sont les mouvements chez les végétaux ?

✧ **Le phototropisme :** orientation de croissance des végétaux par rapport à une source lumineuse.

①②❸

✧ **L'hydrotropisme :** orientation des racines des plantes en direction de l'eau ou de l'humidité et orientation des tiges en direction inverse.

①②❸

✧ **Le géotropisme :** orientation de la croissance d'un organe végétal vers le centre de la Terre sous l'action de la pesanteur.

①②❸

## Comment les organismes vivants interagissent-ils avec leur milieu ?

✧ **Les habitats des êtres vivants :** toutes les espèces végétales et animales se distinguent par leur aire de répartition géographique (p. ex. : les kangourous se retrouvent en Océanie, plus particulièrement en Australie et en Nouvelle-Guinée) et leur habitat qui répond à leurs besoins primaires, dont se nourrir, se reproduire et s'abriter (p. ex. : le kangourou habite dans les savanes) ; plusieurs biomes ou écosystèmes répondent aux besoins diversifiés des êtres vivants, comme le récif corallien (milieu aquatique constitué de structures construites par le corail), le désert (zone très sèche et presque exempte de végétation), la forêt tropicale (milieu humide et végétation haute et dense), le marais (étendue d'eau envahie par la végétation), le maquis (végétation touffue), la forêt tempérée

①❷③

(forêt de feuillus et de conifères), la taïga (forêts de conifères), la toundra (plaines où poussent la mousse, le lichen et des arbres rabougris), etc.

❖ **Le parasitisme :** type d'interaction entre deux êtres vivants dans lequel un symbiote ou parasite tire profit d'un hôte en s'y nourrissant, en s'y abritant ou en s'y reproduisant, et qui s'avère néfaste ou mortel pour l'hôte (p. ex. : la sangsue s'accroche au corps d'un animal grâce à ses ventouses afin de sucer son sang).  ① ❷ ③

❖ **Le commensalisme :** type d'interaction entre deux êtres vivants dans lequel un hôte fournit malgré lui une partie de sa nourriture à un commensal sans en être affecté (p. ex. : certains poissons demeurent pendant quelque temps dans le tube digestif du concombre de mer, un animal marin invertébré, afin de s'y nourrir).  ① ❷ ③

❖ **La prédation :** les prédateurs sont des animaux qui se nourrissent de proies, et ils constituent un atout majeur pour la biodiversité en jouant un rôle important dans la sélection naturelle, notamment en contrôlant les populations de proies qui autrement deviendraient surpeuplées et engendreraient un manque de nourriture, en chassant les proies les plus vulnérables (les individus faibles, blessés ou malades), et en favorisant le déplacement des proies sur le territoire, ce qui permet à la végétation de se renouveler.  ① ❷ ③

❖ **L'adaptation et le mimétisme :** l'adaptation est la capacité d'un être vivant à modifier à long terme son anatomie ou son comportement aux conditions du milieu pour améliorer sa survie ou sa reproductibilité (p. ex. : les sabots du dromadaire s'écartent pour former une sorte de raquettes qui lui permettent de ne pas s'enfoncer dans le sable) ; le mimétisme est une stratégie d'imitation qui permet à un être vivant de se camoufler dans son environnement pour leurrer ses prédateurs et leur échapper (p. ex. : le lagopède, un oiseau aux doigts couverts de plumes, change de couleur au rythme des saisons).  ① ② ❸

## *Quelles sont les technologies de l'environnement ?*

❖ **Le recyclage :** procédé de traitement des déchets ménagers et industriels (p. ex. : papier, verre, plastique et acier) qui consiste à récupérer et à transformer ces déchets dans le but de les réintroduire dans le cycle de production et de consommation.  ① ❷ ❸

✧ **Le compostage :** procédé biologique de conversion des matières ① ❷ ❸
organiques en un produit riche en composés humiques (terre végétale) ; le compost est un mélange fermenté de détritus organiques
et de matières minérales utilisé pour l'engraissement ou la fertili-
sation des terres agricoles, des jardins, etc.

## 4.2 METTRE À PROFIT DES OUTILS, OBJETS ET PROCÉDÉS DE LA SCIENCE ET DE LA TECHNOLOGIE

### 4.2.1 L'UNIVERS MATÉRIEL

#### Quels instruments de mesure simples peut-on utiliser ?

✧ **La règle :** instrument gradué de géométrie, fabriqué en bois, en ① ❷ ❸
métal ou en plexiglas, et servant à tracer des lignes droites et à
mesurer la longueur ; le ruban à mesurer avec sa lame graduée
rétractable, l'équerre et la règle pliable servent aussi à mesurer
des longueurs.

✧ **Le compte-gouttes :** instrument composé d'une pipette (tube ① ❷ ❸
gradué) coiffée d'une poire en caoutchouc et servant à verser un
liquide goutte à goutte ; le compte-gouttes est souvent accompagné
d'une bouteille pour laquelle il sert de bouchon dévissable.

#### Quels outils peut-on utiliser ?

✧ **La pince :** dispositif mécanique constitué de deux branches arti- ① ❷ ❸
culées et servant à serrer, à pincer, à saisir ou à briser un objet ;
il existe plusieurs types de pinces, dont la pince à bouts ronds, la
pince à bouts plats, la pince coupante (pour couper des fils, des
câbles ou des clous), la pince à dénuder (pour retirer la gaine iso-
lante qui recouvre les fils conducteurs) et la pince multiprise (dont
la largeur de la prise peut être ajustée).

| Pince à bouts plats | Pince coupante | Pince à dénuder | Pince multiprise |
|---|---|---|---|
|  |  |  |  |

❖ **Le tournevis :** outil de poing muni d'un manche et d'une tige ① ❷ ❸
métallique et servant à serrer ou à desserrer des vis ; il existe
plusieurs types de tournevis, dont le tournevis à pointe plate pour
les vis à tête fendue, le tournevis à pointe carrée et le tournevis à
pointe cruciforme.

Tournevis plat               Tournevis carré               Tournevis cruciforme

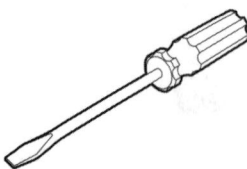      

❖ **Le marteau :** outil percuteur muni d'un manche et d'une tête ① ❷ ❸
parfois pourvue d'un arrache-clou et servant à aplatir une pièce
de métal ou à enfoncer un clou ou une cheville.

❖ **La clé :** outil servant à serrer et à desserrer des écrous et des ① ❷ ❸
boulons, à tendre ou à détendre un ressort, à monter ou à démon-
ter un mécanisme ; il existe plusieurs types de clés dont la clé
plate, la clé anglaise ou à griffe et la clé à molette.

Clé plate                         Clé anglaise                         Clé à molette

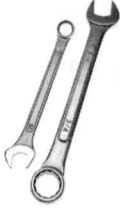      

## Quelles machines et structures peut-on fabriquer ?

❖ **Le pont :** ouvrage d'ingénierie réalisé en béton, en bois, en corde, ① ❷ ❸
en maçonnerie ou en métal et servant à franchir un obstacle (cours
d'eau, route, vallée) en passant par-dessus.

Pont en arc                                    Pont suspendu

Pont-levis

Pont couvert

✧ **La tour :** ouvrage d'ingénierie construit en hauteur ; il existe plu- ① ❷ ❸
sieurs types de tours, dont la tour fortifiée qui est destinée au guet,
à la garde ou à la défense, la tour d'observation, la tour d'habitation et la tour autoportante.

Tour fortifiée

Tour d'observation

Tour d'habitation

Tour autoportante

✧ **Le filtre à eau :** dispositif constitué d'un tissu poreux, d'un réseau  ou d'une passoire (corps perforé) et servant à retenir, à supprimer ou à rediriger les particules solides qui se retrouvent en suspension dans un liquide.

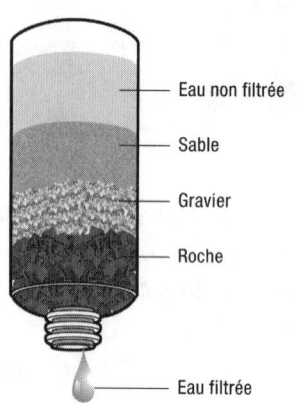

Eau non filtrée

Sable

Gravier

Roche

Eau filtrée

✧ **Le planeur :** aéronef dépourvu de moteur qui évolue dans les airs, ① ❷ ❸ souvent après avoir été remorqué par un avion ou lancé d'un escarpement, et ce, en utilisant les courants atmosphériques (vents).

✧ **Les circuits simples :** dispositif constitué de piles, d'un interrupteur, de fils électriques et d'une lampe ou d'un petit moteur ; lorsque l'interrupteur (k) est ouvert, le circuit est interrompu et le courant ne circule pas, mais lorsqu'il est fermé, le courant circule et alimente la lampe qui s'allume ou le moteur qui se met à fonctionner.

Circuit simple            Circuit ouvert            Circuit fermé

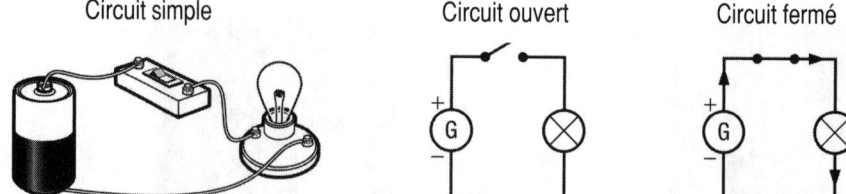

4.2.2  *LA TERRE ET L'ESPACE*

*Quels instruments d'observation simples peut-on utiliser ?*—

✧ **Les jumelles :** aussi appelé longue-vue, instrument d'optique  grossissant et portatif constitué de deux lunettes identiques et servant à observer des objets animés ou inanimés à distance dans des applications diverses telles que la défense militaire, l'ornithologie, l'astronomie amateur et la surveillance des lieux publics.

❖ **Le télescope :** instrument d'optique grossissant, portatif ou fixe (dans un observatoire), constitué d'un tube muni de miroirs concaves et servant à observer les objets célestes (planètes, étoiles, astéroïdes, comètes).  ① ❷ ❸

❖ **Le périscope :** instrument d'optique, portatif ou fixe, constitué de prismes et de lentilles et permettant d'observer des objets animés ou inanimés qui sont hors du champ de vision (p. ex. : à bord d'un sous-marin submergé, pour voir au-dessus du niveau de la mer).  ① ❷ ❸

## *Quels instruments de mesure simples peut-on utiliser ?*

❖ **La balance :** instrument basé sur les lois de la mécanique et servant à mesurer le poids ou la masse des objets à l'aide de deux plateaux et de poids et en réalisant un équilibre entre deux forces.  ① ❷ ❸

❖ **Le thermomètre :** instrument gradué servant à mesurer la température en Celsius, en Kelvin ou en Fahrenheit, et ce, grâce à la dilatation thermique d'un gaz (p. ex. : hydrogène, hélium ou azote) ou d'un liquide (p. ex. : mercure, alcool éthylique ou pentane) ou à la tension de la vapeur d'un liquide (p. ex. : propane, ammoniac ou benzène).  ① ❷ ❸

❖ **La girouette :** instrument qui indique la direction du vent à partir de la combinaison des points cardinaux (nord, sud, est, ouest) et qui est la plupart du temps installé sur un toit.  ① ❷ ❸

❖ **Le baromètre :** instrument servant à mesurer la pression atmosphérique (pression de l'air qui varie avec l'altitude) en pascals (Pa) ou en millibars (mb) ; il existe plusieurs types de baromètres dont le baromètre à mercure, le baromètre à gaz, le baromètre anéroïde (capsule vide d'air) et le baromètre électronique.  ① ❷ ❸

❖ **L'anémomètre :** instrument servant à mesurer la vitesse du vent ou la vitesse d'écoulement d'un fluide gazeux en mètres/seconde (m/s), kilomètres/heure (km/h) ou nœuds (kt), et ce, à l'aide de coupelles orientées dans le même sens qui actionnent un axe vertical tournant sur lui-même.  ① ❷ ❸

❖ **L'hygromètre :** aussi appelé humidimètre, instrument servant à mesurer le degré d'humidité dans l'air (vapeurs d'eau).  ① ❷ ❸

## (4.2.3) L'UNIVERS VIVANT

### Quels instruments d'observation simples peut-on utiliser ?

❖ **La loupe :** instrument d'optique grossissant, constitué d'une lentille convexe et parfois d'un manche. ① ❷ ❸

❖ **Le microscope :** instrument optique grossissant servant à obtenir une image agrandie d'un objet invisible à l'œil nu (p. ex. : cellule végétale, micro-organisme ou structure d'un métal) ; le microscope optique est constitué d'un assemblage de lentilles convergentes, et le microscope électronique utilise la lumière transmise par un objet, et ce, par transmission ou par balayage d'électrons (il est donc beaucoup plus puissant que le précédent). ① ❷ ❸

### Quels environnements artificiels peut-on fabriquer ?

❖ **L'aquarium :** réservoir transparent, à paroi en verre ou en plexiglas, rempli d'eau douce ou d'eau salée et souvent équipé d'un système de filtration, dans lequel des animaux aquatiques (p. ex. : poissons, crustacés ou amphibiens) ou des plantes aquatiques (p. ex. : algues) sont gardés vivants. ① ❷ ❸

❖ **Le terrarium :** aussi appelé vivarium, réservoir transparent, à paroi en verre ou en plexiglas, dans lequel a été placée une couche de substrat (p. ex. : terre, sable, tourbe, copeaux de bois ou fibres végétales), qui est souvent muni d'un éclairage et d'un dispositif pour la régulation de la température (p. ex. : lampe chauffante) ainsi que de trous pour l'aération, et qui est destiné à recevoir certaines espèces animales (p. ex. : reptiles, insectes ou petits mammifères) ou végétales (p. ex. : fougères ou cactus). ① ❷ ❸

❖ **L'incubateur :** aussi appelé couveuse, appareil destiné à faire éclore les œufs, dont le thermostat est généralement réglé à 37 °C. ① ❷ ❸

❖ **La serre :** abri fabriqué en verre, en plexiglas ou en pellicule de plastique servant à faire pousser des plantes au chaud et qui utilise pour ce faire l'effet de serre (piégeage du rayonnement infrarouge du soleil qui entraîne une hausse de la température). ① ❷ ❸

(4.2.4) *LES STRATÉGIES LIÉES À LA SCIENCE ET LA TECHNOLOGIE*

*Quelles sont les stratégies d'exploration ?* ———————

✧ **Aborder un problème ou un phénomène à partir de divers cadres de référence :** en identifiant le sujet et le contexte, en faisant ressortir les indices, en clarifiant les termes inconnus ou ambigus.  ① ❷ ❸

✧ **Discerner les éléments pertinents à la résolution du problème :** en réécrivant ou en reformulant le problème dans ses propres mots, en définissant l'objectif du problème ou le but, en surlignant les mots importants, en relevant les unités de mesure Àet les symboles, en répondant aux questions « Quoi ? », « Qui ? », « Quand ? », « Comment ? », « Pourquoi ? » et « Combien ? », en identifiant les données inconnues ou manquantes.  ① ❷ ❸

✧ **Évoquer des problèmes similaires déjà résolus :** en se rappelant la démarche adoptée, les erreurs de parcours, la manière dont les obstacles ont été surmontés.  ① ❷ ❸

✧ **Prendre conscience de ses représentations préalables :** en dressant l'inventaire des concepts acquis ou des techniques apprises qui sont en lien avec la problématique, en recueillant des informations disponibles sur le sujet avant de commencer l'expérimentation.  ① ❷ ❸

✧ **Schématiser ou illustrer le problème :** en le résumant ou en réalisant un croquis, un dessin, un organigramme ou un diagramme.  ① ❷ ❸

✧ **Formuler des questions :** en élaborant des questions couvrant plusieurs concepts (la forme, la structure, le fonctionnement, les liens avec d'autres concepts, etc.), en sélectionnant les questions qui semblent le plus pertinentes et qui représentent un défi raisonnable, et en consignant les questions dans un carnet de bord pour y avoir facilement accès tout au cours du projet.  ① ❷ ❸

✧ **Émettre des hypothèses :** déterminer les solutions, des conséquences ou des causes possibles en discutant, en extrapolant, en supposant, en inventant ou en visualisant.  ① ❷ ❸

❖ **Explorer diverses avenues de solution :** en classant, en ① ❷ ❸
confrontant, en précisant, en comparant et en hiérarchisant les
hypothèses.

❖ **Anticiper les résultats de sa démarche et imaginer des** ① ❷ ❸
**solutions à un problème à partir de ses explications :** en
choisissant la meilleure solution (avantages versus inconvénients)
tout en gardant un esprit logique et critique, en établissant un plan
d'action ou une démarche.

❖ **Prendre en considération les contraintes en jeu dans la** ① ❷ ❸
**résolution d'un problème ou la réalisation d'un objet :** en
dressant la liste des tâches à effectuer, en définissant l'ordre des
priorités, en évaluant le temps nécessaire à la réalisation de chaque étape en regard de l'échéancier, et en vérifiant la disponibilité
des ressources.

❖ **Réfléchir sur ses erreurs afin d'en identifier la source :** en ① ❷ ❸
considérant les étapes de la démarche, le respect de l'échéancier,
les ressources matérielles utilisées, la participation de chaque
membre de l'équipe, les quiproquos et les malentendus, les variables indépendantes, dépendantes et contrôlées.

❖ **Faire appel à divers modes de raisonnement :** l'induction ① ❷ ❸
(à l'aide de données, d'expériences ou d'énoncés, remonter des
effets à la cause, des conséquences au principe ou de l'expérience
à la théorie, donc en allant du particulier au général), la déduction
(conclure à une solution à partir d'observations, de principes ou
d'hypothèses, donc en allant du général au particulier), l'inférence
(rajouter une information à celles fournies, tirer une conclusion de
plusieurs prémisses ou vérités à partir des liens qui les unissent),
la comparaison (mettre en contraste les éléments en les ordon-
nant, en les confrontant, en identifiant les ressemblances et les
différences) et la classification (organiser des connaissances par
catégories).

❖ **Recourir à des démarches empiriques :** le tâtonnement (en ① ❷ ❸
faisant plus ou moins par hasard des essais afin de découvrir la
solution), l'analyse (séparer des informations, les mettre en ordre,
établir des rapports entre elles et les comparer, et ce, à l'aide de
tableaux, de schémas, de réseaux et d'histogrammes), l'exploration à l'aide de ses sens (la vue en examinant les caractéristiques,

l'ouïe en écoutant les sons produits, l'odorat en portant une attention particulière aux odeurs qui se dégagent, le goût en liant les
saveurs à des idées et des émotions, et le toucher en manipulant
des objets pour en dégager des particularités).

## *Quelles sont les stratégies d'instrumentation ?*

❖ **Recourir à différentes sources d'information :** en rassemblant des données provenant de sources diverses comme les livres
spécialisés et les encyclopédies, des revues scientifiques, des journaux ou des périodiques, des personnes-ressources (professionnels
et spécialistes), des documents audiovisuels (émissions de télévision à caractère scientifique, DVD, bandes sonores), des cédéroms,
des sites Internet ou des encyclopédies virtuelles, des musées, des
associations et des industries ; dresser l'inventaire à l'aide d'une
carte d'exploration et réaliser une enquête ou un sondage.

① ❷ ❸

❖ **Valider les sources d'information :** en s'assurant de la fiabilité et de la pertinence de la source (informations vérifiables sur
l'auteur ou l'organisme, sa notoriété et ses compétences, référence
à des publications antérieures), en distinguant les faits des sentiments et des opinions, en vérifiant l'année de création ou de mise
en ligne, en soumettant l'information au jugement d'un adulte en
cas de doute, et en procédant à la contre-vérification des données
contradictoires.

① ❷ ❸

❖ **Recourir à des techniques et à des outils d'observation
variés :** la dissection (découper les parties d'un être vivant pour
en étudier l'anatomie), la simulation, l'échantillonnage (comparer
des échantillons), la manipulation, l'entrevue, le questionnaire ou
l'enquête ; la loupe, le microscope, le télescope, la binoculaire, etc.

① ❷ ❸

❖ **Recourir au design technique pour illustrer une solution :**
le croquis (dessin fait rapidement et à main levée), l'ébauche ou
l'esquisse (dessin préalable à la réalisation d'un travail), l'épure
(représentation d'un objet sur les trois plans : largeur, hauteur
et profondeur), le schéma (représentation visant à expliquer la
structure ou le fonctionnement d'un objet) et le dessin d'ensemble
(représentation d'un mécanisme permettant de situer les pièces qui
le composent).

① ❷ ❸

❖ **Recourir à des outils de consignation :** en décrivant ou en ①❷❸
enregistrant les données sur les fiches cartonnées, dans un spici-
lège (recueil de coupures de journaux, d'articles, d'illustrations),
sur des notes autocollantes, dans un dossier de presse (coupures
de journaux), dans un album de photos, sur un support numérique
(cédérom, disquette, clé USB), sur des enregistrements audiovisuels (vidéocassette), dans un portfolio électronique ou dans un
cahier à croquis.

## *Quelles sont les stratégies de communication ?*

❖ **Recourir à des modes de communication variés pour** ①❷❸
**proposer des explications ou des solutions :** l'exposé pour
présenter oralement les résultats, le compte rendu ou le rapport
d'expérimentation, le protocole d'expérimentation (méthode scientifique et description des étapes de l'expérimentation), la fiche
signalétique, la maquette commentée, l'affiche ou le photomontage,
la démonstration et l'enregistrement audiovisuel.

❖ **Recourir à des outils permettant de représenter des** ①❷❸
**données sous forme de tableaux et de graphiques ou de**
**tracer un diagramme :** le tableau pour faire des liens entre les
éléments d'information, le schéma pour relier des éléments et des
sous-éléments d'information, le diagramme pour relier une idée
principale à des idées secondaires, l'histogramme pour organiser
des fréquences ou des mesures, la ligne du temps pour placer des
événements dans un ordre chronologique et les réseaux pour établir des liens entre des éléments disparates.

❖ **Organiser les données en vue de les présenter :** en identi- ①❷❸
fiant clairement le sujet et la problématique, l'objectif de l'expérimentation, l'hypothèse de départ, la démarche adoptée, le matériel
utilisé, les observations et les résultats.

❖ **Échanger des informations :** en mettant en ligne ses résultats, ①❷❸
en utilisant le courrier électronique, en les acheminant à un spé-
cialiste en la matière, en exposant ses résultats dans un kiosque ou
en publiant une brochure ou un article dans le journal scolaire.

❖ **Confronter différentes explications ou solutions possibles** ① ❷ ❸
**à un problème pour en évaluer la pertinence :** en participant à une plénière, en analysant rigoureusement les résultats, en
comparant les résultats avec ce qui est prédit dans la théorie, en
discutant de la fiabilité et de la validité des résultats, en suggérant
des modifications dans la démarche pour la résolution d'un problème subséquent.

## 4.3 COMMUNIQUER À L'AIDE DES LANGAGES UTILISÉS EN SCIENCE ET EN TECHNOLOGIE

### 4.3.1 L'UNIVERS MATÉRIEL

*Quels sont les conventions et modes de représentation
propres aux concepts à l'étude ?*

❖ **Les symboles liés aux éléments chimiques :** l'eau ($H_2O$), l'hy- ① ❷ ❸
drogène (H), l'oxygène ($O_2$), le gaz carbonique ($CO_2$), le carbone (C),
l'azote (N), le sel (NaCl), le sodium (Na), le calcium (Ca), le chlore
(Cl), le fer (Fe), l'or (Au) et le mercure (Hg).

❖ **Les symboles liés aux unités de mesure :** le mètre (m) pour ① ❷ ❸
la longueur, le kilogramme (kg) pour la masse, la seconde (s), la
minute (min) et l'heure (h) pour le temps, l'ampère (A) pour le courant électrique, le kelvin (K), le degré Fahrenheit (°F) ou le degré
Celsius (°C) pour la température, la mole (mol) pour la quantité
de matière, la candela (cd) pour la lumière, le hertz (Hz) pour la
fréquence, le newton (N) pour la force, le pascal (Pa) et le bar
(bar) pour la pression, le joule (J) pour l'énergie, le watt (W) pour
la puissance électrique, le volt (V) pour le potentiel électrique et le
ohm ($\Omega$) pour la résistance électrique.

❖ **Les symboles liés aux circuits électriques :** ① ❷ ❸

| Source électrique (pile) | Appareil de consommation (ampoule) | Circuit ouvert | Circuit fermé |
|---|---|---|---|

| Moteur | Lampe | Résistor |
|---|---|---|

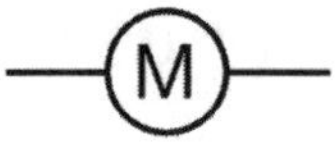

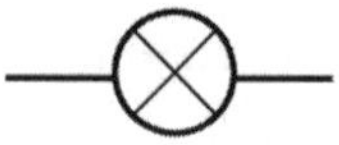

⋄ **Les symboles liés aux forces et aux mouvements :**    ① ❷ ❸

| Rotation | Translation | Tension | Compression | Torsion |
|---|---|---|---|---|

⋄ **Les symboles liés aux machines simples :**    ① ❷ ❸

| Vis | Ressort | Roue et vis sans fin | Poulie et courroie plate |
|---|---|---|---|

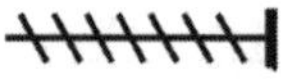

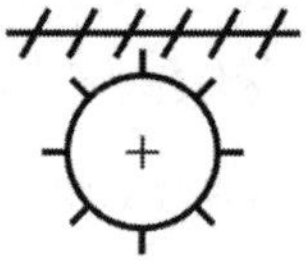

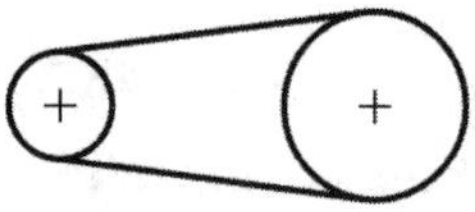

| Roues de friction | Chaîne et roues dentées | Engrenages |
|---|---|---|

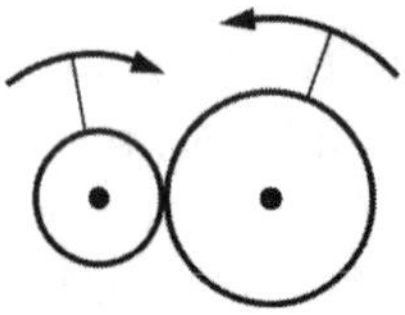

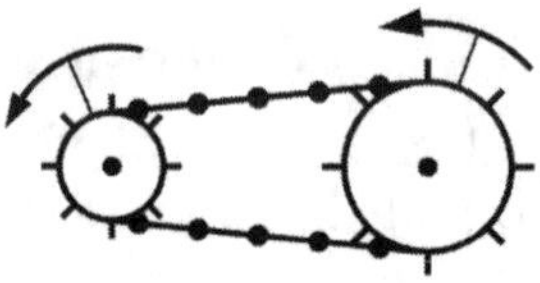

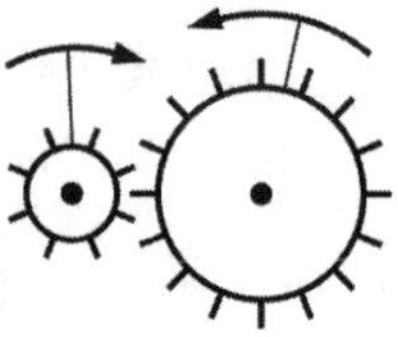

( 4.3.2 )  **LA TERRE ET L'ESPACE**

*Quels sont les conventions et modes de représentation propres aux concepts à l'étude ?* _____

⋄ **Le globe terrestre :** maquette de la Terre à échelle réduite et    ① ❷ ❸
placée sur un socle, conçue par des cartographes et qui représente
les continents, les océans et les autres étendues d'eau, souvent
avec les frontières géopolitiques, les longitudes (lignes parallèles

tracées à partir du méridien de Greenwich) et les latitudes (lignes parallèles tracées à partir de l'équateur).

❖ **L'orbiteur :** représentation tridimensionnelle de la rotation de la Terre autour du Soleil et de la Lune autour de la Terre, destinée à l'apprentissage de divers concepts comme le jour et la nuit, le lever et le coucher du soleil, les phases de la Lune et les saisons.

❖ **Les constellations :** ensembles d'étoiles déterminés par l'être humain qui, une fois reliés par des lignes imaginaires, représentent des objets animés ou inanimés.

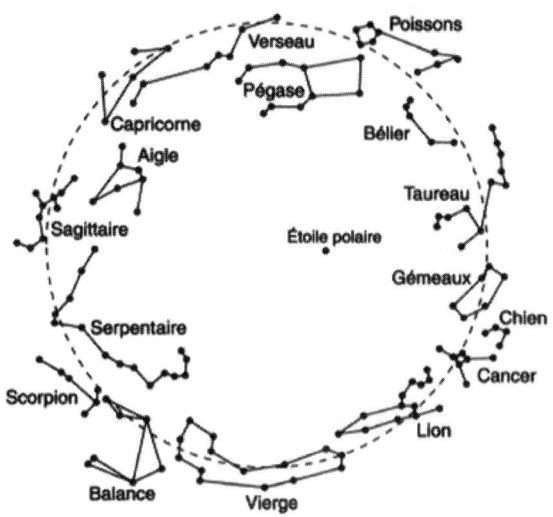

**4.3.3** *L'UNIVERS VIVANT*

*Quels sont les conventions et modes de représentation propres aux concepts à l'étude?* —————————————

❖ **La classification des êtres vivants :** les êtres vivants sont ① ❷ ❸
classifiés selon leur règne (p. ex. : on compte 6 règnes dont le
règne animal, le règne végétal, le règne des champignons, le règne
des protistes, le règne des bactéries et le règne des archéobacté-
ries), leur embranchement (p. ex. : on compte 26 embranchements
dans le règne animal, dont les arthropodes, les mollusques, les
chordés, les mésozoaires, etc.), leur classe (p. ex. : on compte
5 classes de vertébrés, dont les poissons, les batraciens, les reptiles, les oiseaux et les mammifères), leur ordre (p. ex. : on compte
30 ordres de mammifères, dont les carnivores, les primates,
les cétacés, les rongeurs, etc.), leur famille (p. ex. : on compte
6 familles de rongeurs, dont les sciuridés, les gliridés, les cricé-
tidés, les microtidés, les muridés et les capromyidés), leur genre
(p. ex. : on compte 5 genres de sciuridés, dont les pteromys, les
marmottes, les spermophiles, les sciuroptères et les écureuils) et
leur espèce (p. ex. : on compte  14 espèces de marmottes, dont la
marmotte à ventre fauve, la marmotte de l'Himalaya, la marmotte
à longue queue, la marmotte commune, etc.).

# CHAPITRE 5

# GÉOGRAPHIE, HISTOIRE ET ÉDUCATION À LA CITOYENNETÉ

## 5.1 LIRE L'ORGANISATION D'UNE SOCIÉTÉ SUR SON TERRITOIRE

### 5.1.1 LA SOCIÉTÉ IROQUOIENNE VERS 1500

#### Où cette société se situe-t-elle dans l'espace et dans le temps ?

◇ **La ligne du temps :** les premières personnes qui vécurent ① ❷ ③
en Amérique arrivèrent d'Asie, par le détroit de Béring entre la
Sibérie et l'Alaska, il y a environ 12 000 ans ; ces chasseurs de
gros gibier suivaient leurs proies, et leur arrivée se serait déroulée
sur des milliers d'années pendant la période glaciaire.

◇ **Le territoire occupé :** la société iroquoienne s'était établie ① ❷ ③
autour des Grands Lacs et dans la vallée du Saint-Laurent.

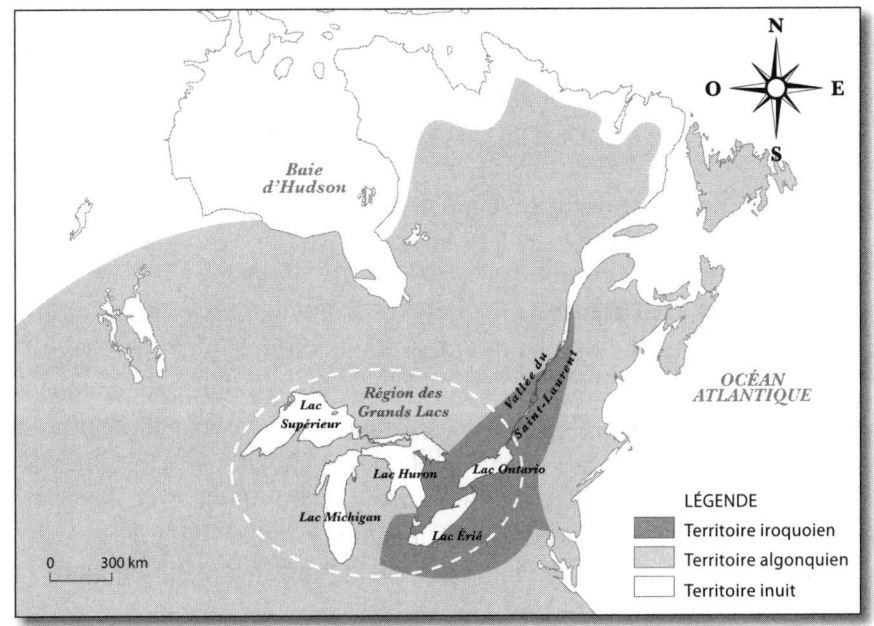

## *Quels éléments de cette société ont eu une incidence sur l'aménagement du territoire ?*

❖ **Les caractéristiques de la population :** la société iroquoienne ① ❷ ③ comptait environ 100 000 individus répartis en plusieurs nations (Iroquois, Hurons, Ériés, Andastes, Ouenros), chaque nation étant subdivisée en clans associés à des animaux totémiques (p. ex. : le clan de la Tortue), eux-mêmes formés de familles issues des mêmes ancêtres.

❖ **Le mode de vie :** les Iroquoiens étaient semi-sédentaires, ① ❷ ③ c'est-à-dire qu'ils aménageaient leur village dans un endroit fixe pour environ une décennie, et ce, pour permettre l'agriculture (qui constituait 75 % de leur alimentation), la chasse et la pêche ; les Iroquoiens se nourrissaient de maïs dont ils tiraient une farine servant à préparer du pain sans levain, de courges, de topinambours, de fèves, de racines, de noix, de fruits comme les pommes, les prunes et les raisins sauvages, de baies comme les mûres, les canneberges, les bleuets et les framboises, de poissons bouillis et réduits en purée (pêchés à la ligne ou au harpon), et de viande de gibier telle que celle du caribou, du wapiti, du phoque et du castor ; une dizaine de familles résidaient dans une même maison longue (25 m de long sur 8 m de large sur 5 m de haut) fabriquée avec de l'écorce de cèdre et munie de foyers dont la fumée s'échappait par des ouvertures pratiquées dans le toit ; chaque village pouvait compter jusqu'à 2000 habitants ; les Iroquoiens se vêtaient avec des peaux d'animaux (cerf et castor) ; en été, les hommes portaient le pagne tandis que les femmes portaient la jupe, mais en hiver, hommes et femmes portaient la tunique et des mocassins.

❖ **L'occupation du sol :** les Iroquoiens cultivaient le maïs, la ① ❷ ③ courge, le haricot, la fève et le tournesol.

❖ **Les réalités culturelles :** les langues iroquoiennes étaient appa- ① ❷ ③ rentées, mais les individus issus de nations différentes éprouvaient de la difficulté à se comprendre, d'où la nécessité d'utiliser le langage des signes ; la tradition orale permettait la transmission des récits et des valeurs qui s'y rattachaient ; la religion des Iroquoiens tournait autour des esprits de la nature, bons et méchants ; les activités quotidiennes étaient accompagnées de cérémonies (chants, danses, offrandes, jeûnes, rituels funéraires) ; le chaman était le guérisseur et le guide spirituel du village, il entrait en contact avec les esprits et préparait des remèdes à base de plantes médicinales.

❖ **Les activités économiques :** les Iroquoiens faisaient du troc en ① ❷ ③
échangeant des objets de première nécessité (silex pour fabriquer les pointes de flèches, tabac, fourrure, colliers de wampum, vêtements, filets de pêche, farine de maïs, etc.) ; les échanges donnaient souvent lieu à de grands festins.

❖ **Les réalités politiques :** chaque clan iroquoien était divisé en ① ❷ ③
segments dirigés par deux chefs, dont l'un était chargé du maintien de l'ordre et l'autre des manœuvres guerrières ; les chefs et les anciens formaient le conseil du village qui veillait au respect des coutumes, aux bonnes relations avec les autres tribus et au transfert du village ; les gestes considérés comme répréhensibles étaient le meurtre, le vol, la sorcellerie et la trahison.

❖ **Les moyens de transport :** les Iroquoiens se déplaçaient sur les ① ❷ ③
cours d'eau grâce à des canots d'écorce de bouleau, et sur la terre ferme à pied pendant la belle saison ou en raquettes et en toboggan pendant la saison hivernale.

❖ **Les voies de communication :** la navigation se faisait sur les ① ❷ ③
lacs et les rivières ; des sentiers de terre battue reliaient les villages entre eux.

❖ **Les techniques et l'outillage :** les Iroquoiens fabriquaient des ① ❷ ③
arcs et des flèches (avec des pointes en pierre ou en os), des massues (bâtons dont l'une des extrémités était plus grosse), des tomahawks (haches de guerre avec manche en bois et lame en pierre taillée et attachée au manche avec des lanières de cuir) et des lances pour tuer le gros gibier ; ils installaient des collets (nœuds coulants) pour capturer le petit gibier et utilisaient des filets tissés de fibres végétales pour pêcher le poisson.

## Quels étaient les atouts et les contraintes du territoire occupé ?

❖ **Le relief :** alternance de plaines cultivables (sol argileux et fer- ① ❷ ③
tile pour la culture du maïs dans la vallée du Saint-Laurent) et de reliefs accidentés (la chaîne de montagnes des Appalaches au sud et à l'est, ainsi que la terre rocailleuse du Bouclier canadien).

❖ **Les éléments du climat :** climat tempéré très chaud pendant l'été et très froid durant l'hiver (avec des chutes de neige importantes). ① ❷ ③

❖ **La végétation :** forêt mixte composée de feuillus (bouleau, érable) et de conifères (cèdre, sapin), multitude de fruits, de baies sauvages et de plantes aux vertus médicamenteuses. ① ❷ ③

❖ **L'hydrographie :** réseau des Grands Lacs, dont le lac Huron, le lac Érié et le lac Ontario, ainsi que d'autres étendues d'eau telles que le lac Champlain, la baie Georgienne ; le fleuve Saint-Laurent et ses affluents, dont la rivière Richelieu, ainsi que les fleuves Hudson et Ohio. ① ❷ ③

❖ **Les ressources :** rivières et lacs qui foisonnent de poissons (achigan, barbotte, brochet, carpe, esturgeon, perchaude) ; océan Atlantique et golfe du Saint-Laurent qui abondent également en poissons (saumon, truite, hareng, maquereau, morue), mais aussi en crustacés (crabe, homard, crevette), en mollusques (huître, moule, palourde) et en mammifères marins (bélugas et autres baleines) ; forêts qui abritent plusieurs espèces de mammifères prisées pour leur fourrure (ours, loup, renard, raton laveur, castor, écureuil, porc-épic, vison, rat musqué, lièvre, martre, écureuil noir) ou pour leur chair (cerf de Virginie, wapiti, élan d'Amérique) ; faune dotée d'oiseaux aquatiques et terrestres (canard, huard, héron, bécasse, caille, perdrix, outarde) ; sols fertiles pour la culture du maïs, de la courge, du haricot, de la fève et du tabac. ① ❷ ③

## *Comment certains personnages ont-ils eu une influence sur cette société ?*

❖ **Le rôle des femmes :** les femmes iroquoiennes cultivaient les champs, faisaient les moissons, préparaient les repas, cueillaient les fruits et les plantes sauvages, ramassaient le bois de chauffage, confectionnaient les vêtements et s'occupaient des enfants ; les femmes de certains clans participaient à la chasse avec les hommes, s'occupant du dépeçage et du transport du gibier ; les femmes iroquoiennes prenaient part aux décisions importantes, et elles avaient même le pouvoir de destituer le chef du village ; les maisons et les champs appartenaient aux femmes. ① ❷ ③

## Quels sont les éléments de continuité avec le présent ?

✦ **Le territoire amérindien :** les réserves amérindiennes destinées aux Hurons-Wendats sont concentrées dans la région de la ville de Québec, celles des Malécites dans la région de Rivière-du-Loup, et celles des Mohawks en Montérégie, en périphérie de Montréal.

① ❷ ③

✦ **Les toponymes amérindiens :** la plupart des toponymes amérindiens proviennent de la société algonquienne, mais quelques-uns sont issus de la société iroquoienne tels que Cacouna (demeure du porc-épic), Canada (village), Hochelaga (digue des castors), Ontario (eau belle et scintillante), Saguenay (eau qui sort) et Stadaconé (rétrécissement).

① ❷ ③

✦ **La population autochtone d'origine iroquoienne :** de nos jours, on recense plus de 3000 Hurons-Wendats, seulement 800 Malécites et près de 12 000 Mohawks sur le territoire québécois.

① ❷ ③

✦ **Les artéfacts et les sites :** les archéologues ont trouvé sur les sites d'anciens villages iroquoiens (comme le site Droulers-Tsiionhiakwatha près de la frontière canado-américaine) des pipes et des vases en terre cuite, des pointes de flèche, des bijoux, des grains de maïs carbonisés, ainsi que des vestiges de maisons longues.

## 5.1.2 — LA SOCIÉTÉ FRANÇAISE EN NOUVELLE-FRANCE VERS 1645

### Où cette société se situe-t-elle dans l'espace et dans le temps ?

✦ **La ligne du temps :** en 1608, Samuel de Champlain – explorateur, géographe, administrateur, dessinateur et écrivain – fonda la ville de Québec en y faisant construire l'Abitation (des commis et des ouvriers y vivaient pendant les premières années de la colonie) ; en 1627, la Compagnie des Cent-Associés ou Compagnie de la Nouvelle-France distribua des terres (seigneuries) à des seigneurs afin qu'ils les exploitent (les terres furent ensuite partagées en lots et concédées à des colons afin qu'ils les cultivent) ; s'étant alliés aux Montagnais, aux Hurons et aux Algonquins, les Français devinrent inévitablement les ennemis des Iroquois, et des guerres survinrent tout au long du XVIIᵉ siècle ; en 1642, Paul Chomedey de Maisonneuve, un illustre Français, fonda Ville-Marie qui deviendra

① ❷ ③

plus tard Montréal (Jeanne Mance, qui ouvrit le premier hôpital, et Marguerite Bourgeoys, qui ouvrit la première école en Amérique du Nord, vinrent l'épauler).

❖ **Le territoire occupé :** les premiers colons français s'établirent principalement dans la vallée du Saint-Laurent, à Terre-Neuve et en Acadie.

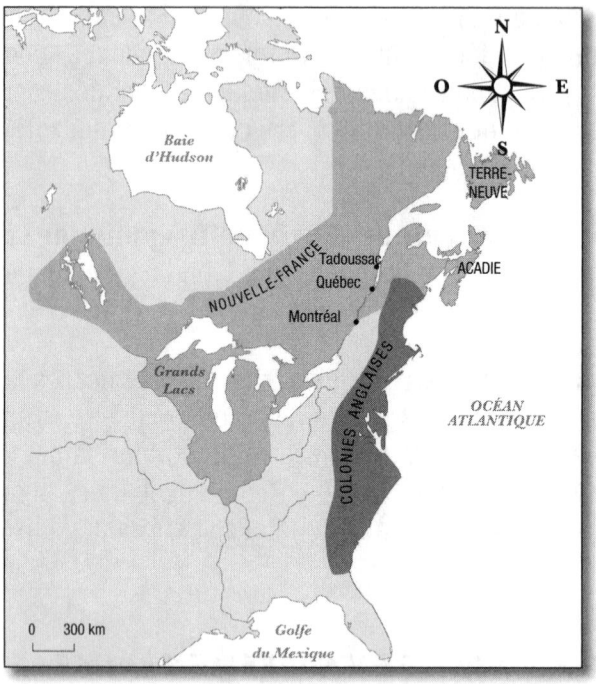

## Quels éléments de cette société ont eu une incidence sur l'aménagement du territoire ?

❖ **Les caractéristiques de la population :** les premiers colons provenaient de la France, plus précisément de Normandie, de Picardie, du Poitou et d'Île-de-France (région de Paris) ; la population totale de la colonie est d'environ 900 habitants à cette époque ; les premiers colons sont des agriculteurs, des engagés (défricheurs), des gens de métier (boulangers, couturiers, maçons, marchands, matelots, navigateurs), des commerçants, des fonctionnaires, des militaires et des membres de communautés religieuses ; on retrouve plus d'hommes que de femmes, étant donné les conditions difficiles ; les femmes s'occupent principalement des tâches ménagères, mais elles participent aussi au défrichement, aux semences et aux récoltes.

❖ **Le mode de vie :** la plupart des premiers colons étaient séden- ① ❷ ③
taires, c'est-à-dire qu'ils demeuraient souvent au même endroit
pour s'adonner à l'agriculture ; toutefois, les coureurs des bois,
qui pratiquaient la chasse et le piégeage, se déplaçaient dans les
forêts, faisant la navette entre les villages de la colonie et ceux
des Amérindiens ; les missionnaires arpentaient le territoire pour
convertir les peuples autochtones au catholicisme ; les premiers
colons construisaient des maisons en bois selon les techniques
françaises, comprenant une grande pièce dans laquelle se trouvaient
la cuisine et un foyer en pierres plates, et ces maisons étaient plutôt mal isolées ; l'habillement des hommes était fait pour contrer le
froid (chemises en chanvre, culottes de laine, capes en sergé sans
capuchon, bonnets de laine), et celui des femmes comprenait jupes,
chemisettes et tabliers ; les premiers colons adoptent aussi certains vêtements amérindiens, comme les mocassins et les mitaines
en peau de castor.

❖ **L'occupation du sol :** les premiers colons plantaient carottes, ① ❷ ③
choux, navets et oignons dans leurs potagers, et ils cultivaient le
blé dans les champs pour moudre le grain en farine.

❖ **Les réalités culturelles :** les premiers colons étaient presque ① ❷ ③
tous catholiques, et la religion occupait une part importante de la
vie quotidienne ; les arts gravitaient autour de la religion (cantiques
et chants religieux, dessins, gravures, sculptures).

❖ **Les activités économiques :** les premiers colons pratiquaient ① ❷ ③
l'agriculture (blé et pois) et l'élevage (poules et vaches), la traite
des fourrures, la chasse (castors, lièvres, orignaux, tourtes),
la pêche (morue) et l'exploitation forestière (construction et
chauffage).

❖ **Les réalités politiques :** le régime seigneurial permettait aux ① ❷ ③
seigneurs de distribuer des terres à des fermiers en échange d'une
rente payée en ressources naturelles ou en argent ; chaque seigneurie comprend un manoir (résidence du seigneur), un moulin
(pour la farine), une église, des terres occupées par les censitaires
(fermiers) et des terres inoccupées ; la colonie est administrée par
un gouverneur, des fonctionnaires et des officiers de justice, soute-
nus par les compagnies qui font la traite des fourrures.

❖ **Les moyens de transport** : les premiers colons se déplaçaient sur les étendues et les cours d'eau à bord de canots ou de barques, et dans des charrettes tirées par des bœufs sur la terre ferme en été, et en raquettes durant l'hiver. ① ❷ ③

❖ **Les voies de communication** : le fleuve Saint-Laurent et ses affluents étaient les principales voies de communication entre les villes de la colonie. ① ❷ ③

❖ **Les techniques et l'outillage relatifs à des métiers** : la plupart des outils destinés à la construction (maillets) et à l'agriculture (bêches, hachettes et pics) ainsi que la vaisselle (poteries de verre ou d'étain, chaudrons de cuivre), les ustensiles (cuillers, fourchettes, couteaux), les vêtements et les autres objets personnels (miroirs, bijoux) ont été apportés d'Europe par bateaux ; les premiers colons fabriquèrent des meubles (tables et chaises) et construisirent des habitations avec le bois coupé lors du défrichement. ① ❷ ③

## *Quels étaient les atouts et les contraintes du territoire occupé ?*

❖ **Le relief** : le territoire de la Nouvelle-France comprenait des chaînes de montagnes (les Appalaches), un immense plateau formé autour des Basses-terres du Saint-Laurent, et une région au relief accidenté (le Bouclier canadien) constitué de collines, de lacs et de rivières. ① ❷ ③

❖ **Les éléments du climat** : climat continental humide avec des étés brefs, chauds et humides, et des hivers longs et froids (avec de fortes tempêtes de neige). ① ❷ ③

❖ **La végétation** : au sud, forêt mixte composée de feuillus (bouleau, chêne, érable) et de conifères (pin, cèdre) ; au nord, forêt boréale composée essentiellement de conifères (épinette, mélèze, sapin). ① ❷ ③

❖ **L'hydrographie** : l'axe principal était le fleuve Saint-Laurent qui permettait d'accéder à l'océan Atlantique à l'est, à la région des Grands Lacs à l'ouest, et aux nombreux affluents tels que la rivière des Outaouais, la rivière Richelieu, la rivière Saint-François, la rivière Saint-Maurice, la rivière Chaudière et la rivière Saguenay. ① ❷ ③

❖ **Les ressources :** forêts denses et plaines où abondent bisons, ① ❷ ③
castors, cerfs de Virginie, dindons, lièvres, loutres, outardes,
orignaux, ours, rats musqués et tourtes qui fournissent fourrure et
nourriture, mais aussi plusieurs espèces d'arbres telles que chênes, épinettes, frênes, hêtres, noyers, peupliers et sapins servant
au chauffage et à la construction des charpentes ; étendues et
cours d'eau dans lesquels on retrouve en abondance anguilles,
brochets, esturgeons, marsouins, morues, saumons, truites.

## *Comment certains personnages et événements ont-ils eu une influence sur cette société ?*

❖ **Samuel de Champlain :** soldat, cartographe, navigateur, explora- ① ❷ ③
teur et diplomate auprès des autochtones qui fonda Port-Royal en
Acadie en 1605 et la ville de Québec en 1608 (tout en haut du cap
Diamant), considéré par plusieurs comme le premier gouverneur
d'office de la Nouvelle-France ; il vécut de 1570 à 1635.

❖ **Nicolas Goupil, sieur de Laviolette :** commerçant de fourrures ① ❷ ③
et subalterne de Samuel de Champlain qui fonda la ville de Trois-
Rivières en 1634 ; il vécut de 1604 à 1660.

❖ **Paul Chomedey, sieur de Maisonneuve :** gentilhomme et offi- ① ❷ ③
cier français qui, en 1642, fonda Ville-Marie, nommée Montréal des
décennies plus tard ; il vécut de 1612 à 1676.

❖ **Les religieux :** des missionnaires (jésuites et sulpiciens) s'occu- ① ❷ ③
paient d'évangéliser les autochtones et de former les garçons, et
des communautés religieuses (ursulines) se chargeaient de l'éducation des filles et des hôpitaux (dont l'Hôtel-Dieu à Québec).

❖ **Les coureurs des bois :** au printemps ou à l'automne, les cou- ① ❷ ③
reurs des bois quittaient les villes pour s'aventurer en groupes
de 4 ou 5 individus dans les forêts et sillonner les rivières à bord
de leurs canots, et ce, afin de troquer avec les chasseurs amérindiens ; certains d'entre eux travaillaient pour des compagnies ou
des marchands, mais d'autres veillaient à leur seul profit et étaient
considérés comme des malfaiteurs.

❖ **Les compagnies :** une demi-douzaine de compagnies obtinrent ① ❷ ③
le monopole du commerce de la fourrure en échange d'efforts
consentis pour la colonisation et le peuplement ; la Compagnie de
la Nouvelle-France, fondée en 1627, fut chargée de l'exploitation et
de l'administration de la colonie.

❖ **Les autochtones :** les premiers colons entretiennent des rap- ① ❷ ③
ports commerciaux avec certaines tribus ; ils apprennent d'eux à
survivre dans la forêt, mais les colons leur transmettent en retour
des maladies qui leur sont fatales.

❖ **Les premiers établissements :** Québec fut fondée en 1608 par ① ❷ ③
Samuel de Champlain ; Trois-Rivières fut fondée en 1634 par le
sieur de Laviolette ; Ville-Marie fut fondée en 1642 par le sieur de
Maisonneuve (près du village iroquoien d'Hochelaga).

❖ **Les guerres iroquoises :** parce qu'ils faisaient le commerce de ① ❷ ③
la fourrure avec les Algonquins, les Hurons et les Innus, les colons
français furent mêlés aux affrontements entre les diverses tribus
ennemies, dont les Iroquois.

❖ **Les explorations :** plusieurs voyageurs parcoururent les territoi- ① ❷ ③
res situés à l'ouest des Grands Lacs afin d'étendre le commerce de
la fourrure.

❖ **Les établissements de postes de traite :** les premiers colons ① ❷ ③
faisaient le commerce de la fourrure avec les Amérindiens, échangeant les peaux contre des outils, des ustensiles de cuisine, des
armes et de l'alcool, et pour ce faire, ils devaient installer des postes de traite, dont l'un des plus importants fut celui de Tadoussac.

## *Quels sont les éléments de continuité avec le présent ?*

❖ **La langue :** près de 5,7 millions de Québécois, soit plus de 80 % ① ❷ ③
de la population totale de la province, s'expriment en français de
nos jours.

❖ **La religion :** près de 90 % de la population québécoise se dit de ① ❷ ③
confession catholique de nos jours.

❖ **Les coutumes et traditions** : la confection de la tire Sainte-Catherine au mois de novembre, la récolte de la sève d'érable au printemps, les contes et les légendes comme « La chasse-galerie » qui étaient racontés au coin du feu et les croix installées près des chemins.

① ❷ ③

❖ **Les noms de lieux** : plusieurs villes portent aujourd'hui le nom de personnages de la Nouvelle-France, dont Boucherville (l'explorateur Pierre Boucher), Laval (M<sup>gr</sup> François de Montmorency Laval, premier apostolat), Montmagny (le gouverneur Charles Jacques Huault de Montmagny) et Roberval (l'explorateur Jean-François de La Rocque de Roberval) ; plusieurs stations de métro portent aujourd'hui le nom de personnages de la Nouvelle-France, dont Joliette (le représentant à la Chambre d'Assemblée Barthélémy Joliette), D'Iberville (l'explorateur Pierre Le Moyne d'Iberville), Frontenac (le gouverneur Louis de Buade de Frontenac) et Radisson (l'explorateur Pierre-Esprit Radisson), et ce, sans compter la multitude de rues et d'institutions de nos villes et villages contemporains.

① ❷ ③

❖ **Les premières routes** : la route de la Nouvelle-France (chemin du Roy), devenue l'avenue Royale, à Beauport a été la première route de la colonie, mais elle n'a été inaugurée qu'en 1737 ; lorsqu'ils se déplaçaient sur la terre ferme, les premiers colons empruntaient les sentiers des peuples amérindiens.

① ❷ ③

❖ **Les anciens postes de traite** : les premiers colons établirent des postes pour la traite des fourrures avec les Amérindiens à Lachine, à Tadoussac, à Fort Frontenac (près de Kingston en Ontario), à Fort Niagara, à Fort Saint-Joseph (près du lac Michigan) et au Fort Crèvecœur (en Illinois).

① ❷ ③

❖ **Les premiers établissements devenus des villes** : parmi les premières communautés, on retrouve Québec, Trois-Rivières et Ville-Marie (qui deviendra Montréal).

① ❷ ③

## 5.1.3 LA SOCIÉTÉ CANADIENNE EN NOUVELLE-FRANCE VERS 1745

### *Où cette société se situe-t-elle dans l'espace et dans le temps ?*

❖ **La ligne du temps** : vers 1665, l'intendant Jean Talon, chargé du commerce et des affaires économiques, contribua

① ❷ ③

au développement de la colonie en favorisant le peuplement en recrutant des orphelines en France, les «filles du Roy», pour marier coureurs des bois et agriculteurs ; vers 1701, les Français (représentés par sieur de Callières) conclurent un accord de paix avec les cinq nations iroquoises (représentées par 29 chefs amérindiens), mettant ainsi un terme à près d'un siècle d'hostilités marquées des deux côtés par des atrocités ; vers 1745, les Canadiens étaient en contact avec deux groupes d'Iroquoiens, dont le premier peuplait la vallée du Saint-Laurent et était installé dans des villages qui comprenaient parfois des missions, et le second peuplait les environs des Grands Lacs et continuait à vivre comme ses ancêtres ; vers 1745, des villes se développèrent, et en milieu urbain, on trouvait des maisons, des édifices de communautés religieuses, des églises, des auberges, des cabarets et des magasins (Québec était alors la plus importante ville de Nouvelle-France).

✧ **Le territoire occupé :** le territoire français couvrait presque les trois quarts de l'Amérique du Nord, allant de la baie d'Hudson au nord à la Louisiane au sud, et du Cap-Breton à l'est jusqu'aux Rocheuses, en passant par la vallée du Saint-Laurent, les Grands Lacs et la vallée du Mississippi. ① ❷ ③

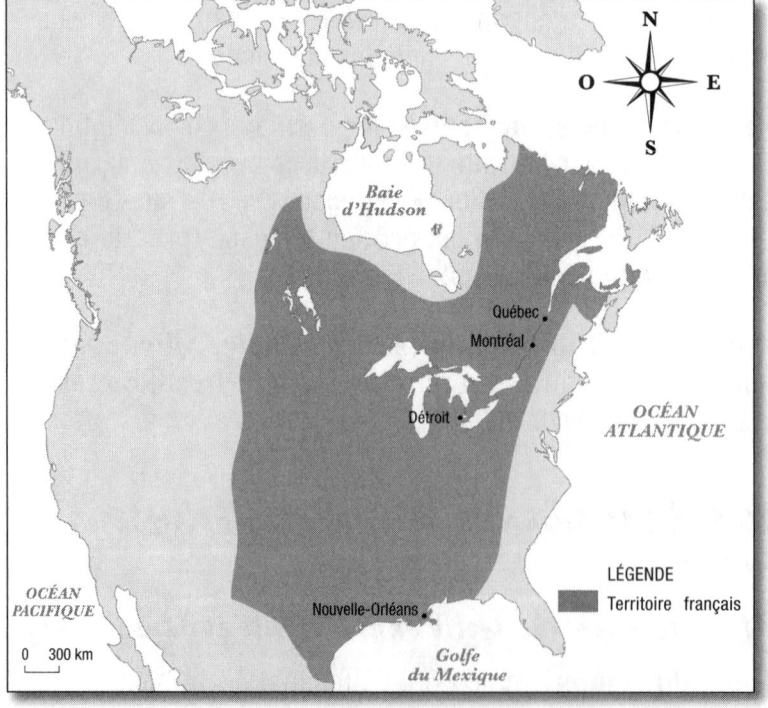

## Quels éléments de cette société ont eu une incidence sur l'aménagement du territoire ?

❖ **Les caractéristiques de la population :** la colonie comptait à cette époque environ 50 000 habitants, dont moins de 1000 étaient établis dans la région des Grands Lacs, plus de 1400 sur le territoire des Illinois et un nombre équivalent à La Nouvelle-Orléans en Louisiane ; la ville de Québec comptait approximativement 8000 habitants, et la ville de Montréal, environ 5000.

① ❷ ③

❖ **Le mode de vie :** les maisons sont principalement construites en bois à la campagne et en pierres à la ville ; l'habillement se modifia et l'on vit apparaître la redingote (ample veste à longues basques) et le gilet ; les femmes commencèrent à porter des jupons sous leurs jupes ainsi que des coiffes de dentelle et des manchons de fourrure durant l'hiver (la plupart des tissus provenaient des manufactures européennes).

① ❷ ③

❖ **L'occupation du sol :** les colons s'adonnent surtout à l'agriculture (des céréales comme le blé, le maïs, l'orge, et le seigle, ainsi que des légumes comme la carotte, le chou, la citrouille, le concombre et le navet, et d'autres cultures comme celle du chanvre et le lin pour la confection de tissus) et à l'élevage (le bœuf, le porc et la volaille pour la viande, les produits laitiers et les œufs).

① ❷ ③

❖ **Les réalités culturelles :** la langue française prédominait à cette époque, mais on parlait aussi le créole (esclaves d'origine africaine) ; le catholicisme battait son plein, et l'Église se faisait présente lors des baptêmes, des mariages et des funérailles ; plusieurs églises, chapelles, séminaires et hôpitaux virent le jour à cette époque ; les chants populaires et les danses agrémentaient les soirées ; les peintures, gravures et sculptures étaient créées pour décorer les églises ; l'éducation était prise en charge par le clergé (collèges et séminaires en ville, et écoles de rang à la campagne).

① ❷ ③

❖ **Les activités économiques :** la pêche à la morue se développa pour nourrir notamment les militaires de la colonie, mais aussi ceux de la France ; les loups-marins et les marsouins étaient capturés pour leur peau et leur huile était destinée à l'éclairage ; le commerce des fourrures se déplaça dans la vallée du Missouri et au nord-ouest des Grands Lacs ; des magasins avaient pignon sur

① ❷ ③

rue dans les villes, et l'on y vendait des outils, des tissus, des munitions et des denrées alimentaires ; de petites industries (forges, menuiseries, scieries, tanneries et tuileries) virent aussi le jour.

✧ **Les réalités politiques :** sous le règne du roi Louis XIV, la ① ❷ ③
Nouvelle-France devint une province du royaume de France et fut divisée en trois colonies (le Canada, l'Acadie et la Louisiane) ; un gouverneur général et un intendant partageaient alors le pouvoir, le premier se consacrant aux questions militaires et diplomatiques, et le second à la justice et aux finances.

✧ **Les moyens de transport :** au cours de l'été, les citadins uti- ① ❷ ③
lisaient la calèche pour se déplacer et la charrette tirée par des bœufs pour le transport des marchandises ; en hiver, on utilisait la carriole tirée par des chevaux ; le canot était utilisé pour la navigation sur les cours d'eau.

✧ **Les voies de communication :** quelques chemins de terre ① ❷ ③
furent tracés aux abords des villes principales, et une route reliant Montréal à Québec fut achevée en 1737 sur la rive nord du Saint-Laurent (le chemin du Roy) ; les fleuves Saint-Laurent et Mississippi servaient au transport maritime.

✧ **Les techniques et l'outillage :** les colons fabriquaient des ① ❷ ③
instruments agricoles comme la charrue à rouelles et la herse, des harnais et des courroies en cuir pour le transport à cheval, des outils de fer tranchants (bêches, ciseaux et haches), ainsi que des fourches, des pelles et des râteaux.

## *Quels étaient les atouts et les contraintes du territoire occupé ?*

✧ **Le relief :** les vallées fertiles du Saint-Laurent et du Mississippi ① ❷ ③
font partie des Basses-terres et sont bordées à l'est, du nord au sud, par la chaîne montagneuse des Appalaches, et à l'ouest par les montagnes Rocheuses ; au nord de la vallée du Saint-Laurent se trouve le Bouclier canadien.

✧ **Les éléments du climat :** dans la vallée du Saint-Laurent, les ① ❷ ③
étés sont chauds et courts, et les hivers sont longs et rigoureux ; la vallée du Mississippi jouit d'un climat subtropical, c'est-à-dire une

température chaude et constante toute l'année, mais des saisons estivales et hivernales pluvieuses.

❖ **La végétation :** dans la vallée du Saint-Laurent, le défrichement fit reculer les forêts mixtes composées de feuillus et de conifères, faisant place aux champs cultivés et aux pâturages ; la Louisiane est parcourue de marais et de bayous (forêts dont les racines baignent dans des eaux stagnantes), et les arbres qui y poussent sont le cyprès, le chêne et le magnolia.    ① ❷ ③

❖ **L'hydrographie :** le récollet Louis Hennepin découvrit les chutes du Niagara en 1678 ; le fleuve Mississippi (découvert par Pierre Le Moyne d'Iberville en 1698) et ses affluents, la rivière Ohio et la rivière Missouri, qui permettaient de relier la région des Grands Lacs à la Louisiane.    ① ❷ ③

❖ **Les ressources :** au sud des Grands Lacs, les sols fertiles favorisèrent l'agriculture ; en Louisiane, les colons cultivèrent le coton, l'indigotier, le riz et le tabac ; plusieurs essences de bois, dont le chêne et l'érable, furent utilisées pour l'industrie navale, la construction de bâtiments et la confection de meubles ; des mines de charbon furent mises en chantier au Cap-Breton, et des mines de plomb apparurent à Gaspé ; les colons importent d'Europe des chevaux pour le transport, des moutons pour la viande et la laine, ainsi que des canards, des poules et des porcs pour l'alimentation (le lard salé devint un ingrédient important dans la cuisine canadienne) ; des oiseaux sauvages tels que les outardes, les perdrix et les sarcelles étaient aussi apprêtés lors des repas ; les moulins fournissaient la farine de blé qui servait à la fabrication du pain ; les colons imitèrent les Amérindiens en recueillant la sève d'érable.    ① ❷ ③

## Comment certains personnages et événements ont-ils eu une influence sur cette société ?

❖ **Jean Talon :** noble français, administrateur de l'armée et premier intendant de Nouvelle-France qui fit venir les filles du Roy (environ un millier sur une période de sept ans) pour accélérer le peuplement de la colonie ; il vécut de 1625 à 1694.    ① ❷ ③

❖ **Louis de Buade, comte de Frontenac :** noble et officier français qui fut gouverneur de la Nouvelle-France, qui défendit la colonie contre les attaques des Britanniques, et qui fut rendu célèbre    ① ❷ ③ grâce à sa réplique au délégué de l'amiral anglais Phipps « qu'il sache que je n'ai de réponse à lui faire que par la bouche de mes canons et à coups de fusil… » ; il vécut de 1622 à 1698.

⬦ **M<sup>gr</sup> François de Montmorency Laval** : premier vicaire apostolique puis évêque de Nouvelle-France qui mit sur pied le Grand Séminaire (pour la formation des prêtres) et le Petit Séminaire (maison de pension et d'éducation pour les garçons) de Québec ; il vécut de 1623 à 1708.  ① ❷ ③

⬦ **Les colons** : plus des trois quarts des colons étaient des agriculteurs, les autres étant des gens de métier (aubergistes, hôteliers, navigateurs), des marchands, des fonctionnaires, des journaliers (travailleurs non spécialisés), des domestiques, des membres de communautés religieuses et des esclaves (d'origine amérindienne et africaine).  ① ❷ ③

⬦ **Les filles du Roy** : puisqu'on ne comptait à l'époque qu'une femme pour six hommes, les autorités en place encouragèrent l'immigration de presque 800 filles du Roy dans la deuxième moitié du XVII<sup>e</sup> siècle ; plusieurs d'entre elles se marièrent avec des soldats, des agriculteurs et des coureurs des bois.  ① ❷ ③

⬦ **Les coureurs des bois** : la traite des fourrures connut son apogée au début du XVIII<sup>e</sup> siècle, mais à cause de la limitation du nombre d'expéditions vers l'Ouest, la surveillance accrue par l'État et la diversification de l'économie, elle diminua en importance à la fin du même siècle.  ① ❷ ③

⬦ **Les artisans** : en milieu urbain, on trouvait des chapeliers (fabricants de chapeaux), des charpentiers (constructeurs de charpentes), des charretiers (fabricants de charrettes), des cordonniers (réparateurs de souliers), des forgerons (façonneurs de pièces en fer), des menuisiers (fabricants de meubles), des taillandiers (fabricants d'outils), des tanneurs (préparation des peaux d'animaux pour en faire du cuir), des tonneliers (fabricants de tonneaux) et des voituriers (fabricants de voitures hippomobiles).  ① ❷ ③

⬦ **Les militaires** : près de 400 militaires ayant fait partie du régiment de Carignan-Salières s'établirent en Nouvelle-France après avoir combattu lors des guerres iroquoises (1300 d'entre eux étaient venus protéger la colonie en 1665).  ① ❷ ③

❖ **Le régime seigneurial :** les seigneurs provenaient de l'élite (offi-  ① ❷ ③
ciers militaires, personnes fortunées et membres des communautés
religieuses) et étaient chargés de la justice et du recensement ;
chaque seigneurie était de forme rectangulaire et perpendiculaire
au fleuve afin de faciliter l'accès aux voies navigables, et était
séparée en lots destinés aux censitaires qui devaient les défricher,
les cultiver et les clôturer.

❖ **Le commerce triangulaire :** échanges commerciaux qui avaient  ① ❷ ③
lieu entre la France (boissons, meubles, outils, tissus), les colonies antillaises (café, rhum, sucre, tabac) et les colonies nordiques
(bois, farine, fromage, fourrure, viande salée).

## Quels sont les éléments de continuité avec le présent ? ———

❖ **Le mode de division des terres :** de nos jours, lorsqu'on sur-  ① ❷ ③
vole la vallée du Saint-Laurent, on peut apercevoir le découpage
rectangulaire des terres.

❖ **L'importation d'animaux domestiques :** des bœufs, des che-  ① ❷ ③
vaux, des moutons, des oies, des pigeons, des porcs et des poulets,
jusque-là absents en Nouvelle-France, furent importés d'Europe.

❖ **Les productions artistiques, littéraires et scientifiques :**  ① ❷ ③
dans les musées où l'on présente des expositions sur le thème de la
Nouvelle-France, on trouve des meubles peints (armoires, chaises,
commodes et fauteuils), des instruments de musique (luth), des
tapisseries, des portraits de personnages célèbres (gouverneurs),
des instruments pour l'astronomie (globe terrestre), ainsi que des
ouvrages portant sur la botanique et la médecine.

❖ **Les jeux :** les habitants de Nouvelle-France jouaient aux dés, aux  ① ❷ ③
cartes, au galet (jeu qui consistait à faire glisser un galet sur une
table sans qu'il tombe dans la rainure qui la bordait), aux dames
et au trictrac (jeu qui se jouait sur un tableau avec des dés et des
pions).

❖ **Le folklore :** des contes et des légendes qui tournaient autour  ① ❷ ③
de personnages imaginaires tels que le diable, les lutins, les
feux-follets et les fantômes divertissaient les habitants de la
Nouvelle-France.

## 5.1.4 LA SOCIÉTÉ CANADIENNE VERS 1820

### *Où cette société se situe-t-elle dans l'espace et dans le temps ?*

❖ **La ligne du temps :** en 1812, les États-Unis déclarèrent la ① ② ❸
guerre à l'Angleterre ; en 1813, les forces américaines attaquèrent
le Bas-Canada, possession britannique, mais elles furent intercep-
tées à Châteauguay par les Voltigeurs, une troupe de volontaires
menée par Charles de Salaberry ; en 1817, on fonda la Banque de
Montréal ; en 1820, le projet d'union du Bas-Canada et du Haut-
Canada, faisant de l'anglais la seule langue officielle, fut contesté
par Louis-Joseph Papineau, président de l'Assemblée législative ou
Chambre d'assemblée, et John Neilson, député de Québec.

❖ **Le territoire occupé :** l'Acte constitutionnel de 1791 séparait la ① ② ❸
« Province of Quebec » en deux territoires distincts séparés par
la rivière des Outaouais, soit le Bas-Canada, qui s'étendait des
Basses-terres du Saint-Laurent aux côtes du Labrador, et le Haut-
Canada, qui couvrait le nord des Grands Lacs.

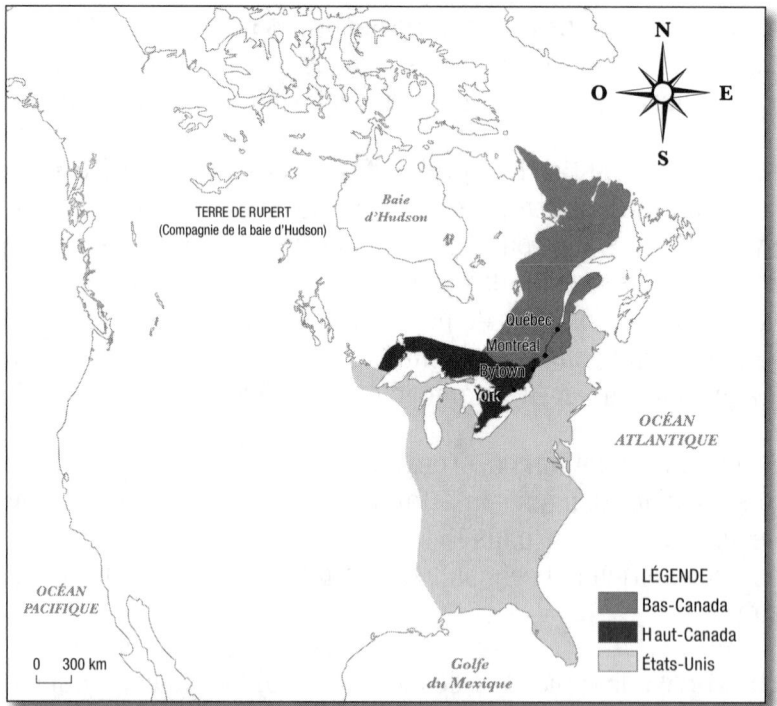

## *Quels éléments de cette société ont eu une incidence sur l'aménagement du territoire ?*

❖ **Les caractéristiques de la population :** pendant cette période, la population totale du Bas-Canada atteignait presque 427 500 habitants, dont près de 365 000 étaient des francophones catholiques, et celle du Haut-Canada s'élevait à près de 157 900 habitants, la majorité étant des anglophones protestants ; les zones rurales abritaient 90 % de la population ; la population de Montréal au Bas-Canada s'élevait à presque 20 000 habitants, dont 44 % étaient des anglophones (immigrants britanniques et irlandais), et la population de Kingston au Haut-Canada s'élevait à environ 1200 habitants ; la population des États-Unis dépassait les 9 600 000 habitants et celle des Maritimes ne s'élevait qu'à 200 000 habitants.  ① ② ❸

❖ **Le mode de vie :** les hommes de la campagne participaient aux labours, à l'ensemencement et aux récoltes, mais aussi à la coupe du bois, et ceux de la ville s'adonnaient au commerce et à l'administration ou se retrouvaient dans les ordres religieux et dans l'armée ; les femmes de la campagne s'occupaient à tisser, à fabriquer des vêtements, à la cuisine, à l'ensemencement et aux récoltes, et celles de la ville œuvraient dans les hôpitaux, les écoles et les hospices ; les enfants de la campagne aidaient leurs parents dans les tâches domestiques et les récoltes, et ceux de la ville fréquentaient davantage l'école ; le nombre de coureurs des bois diminua à cette époque, et la Compagnie de la baie d'Hudson demeure la seule compagnie à faire le commerce des fourrures.  ① ② ❸

❖ **L'occupation du sol :** l'occupation du sol était régie par les saisons (au printemps, on procédait aux semences ; en été, on récoltait les céréales et on les engrangeait ; à l'automne, on labourait la terre et on récoltait certains légumes racines ; en hiver, on effectuait la coupe du bois).  ① ② ❸

❖ **Les réalités culturelles :** les familles étaient nombreuses (environ 8 enfants par famille) et la pratique de la religion demeurait importante ; en hiver, les gens de la campagne organisaient des veillées pendant lesquelles on chantait, dansait, racontait des histoires et jouait aux cartes ; les habitants de la ville assistaient à des pièces de théâtre et à des concerts et fréquentaient les bals ;  ① ② ❸

les arts concernaient surtout la religion (fresques, objets sacrés) ; les francophones étaient massivement catholiques et les anglophones étaient majoritairement protestants.

⋄ **Les activités économiques :** l'agriculture (surtout le blé, mais ① ② ❸ aussi l'avoine, les fèves, le chanvre, le lin et le maïs), le commerce du bois (les scieries, les moulins à scie, les chantiers forestiers, l'exportation vers l'Angleterre pour l'industrie navale, la drave), la construction de ponts, la sidérurgie (pour la fabrication de poêles, de chaudrons, de marmites, d'outils, ainsi que de pièces d'artillerie et de machines agricoles), les finances (apparition des premières banques), l'industrie du textile (lin et laine pour la confection de vêtements) et la pêche (surtout la morue).

⋄ **Les réalités politiques :** l'Acte constitutionnel de 1791 scinda ① ② ❸ le Canada en deux provinces, le Bas-Canada et le Haut-Canada, administrée par un seul gouverneur général (chargé d'approuver les lois adoptées) ; chaque province était administrée par un lieutenant-gouverneur, un Conseil exécutif (représentants nommés et chargés d'appliquer les lois), un Conseil législatif (représentants nommés chargés d'étudier les projets de loi) et une assemblée élue, la Chambre d'assemblée (députés qui adoptent les projets de loi) ; le Haut-Canada adopta le droit anglais, et le Bas-Canada opta pour le droit criminel britannique et le droit civil français en plus de conserver le régime seigneurial.

⋄ **Les moyens de transport :** des navires à vapeur font la navette ① ② ❸ entre Montréal et Québec ; de grands canots destinés au transport des personnes et des marchandises et des traversiers relient les différentes communautés riveraines ; la navigation étant difficile entre le Bas-Canada et le Haut-Canada à cause des rapides de Lachine, des commerçants anglais mirent sur pied une compagnie chargée de construire un canal qui serait opérationnel dès 1825 ; des routes de terre furent construites pour relier les villes du Bas-Canada aux cantons situés dans l'est du territoire ; les principaux moyens de transport terrestre étaient alors les voitures tirées par des chevaux (calèche pendant l'été et carriole pendant l'hiver) ; pendant la saison hivernale, les gens traversaient les cours d'eau grâce aux ponts de glace.

❖ **Les voies de communication :** le fleuve Saint-Laurent demeurait la principale voie maritime puisqu'il reliait la région des Grands Lacs au golfe du Saint-Laurent et à l'océan Atlantique, mais plusieurs obstacles (rapides, chutes) entravaient la navigation et le commerce, ce qui allait entraîner la construction de canaux dans le Bas-Canada (Lachine) et le Haut-Canada (Welland).

❖ **Les techniques et l'outillage :** les draveurs procédaient au flottage des billots de bois sur les affluents de la rivière des Outaouais et du fleuve Saint-Laurent ; les femmes entreposaient les conserves faites avec les légumes et les fruits cueillis pendant l'été et l'automne ; à l'hiver, on découpait de gros morceaux de glace qu'on entreposait et qu'on couvrait de bran de scie, le printemps venu, dans des entrepôts et qu'on morcelait pour conserver les aliments dans des glacières pendant l'été ; dans les industries textiles, on utilisait des machines à tisser, et dans les moulins et les manufactures, on retrouvait des turbines pour produire l'énergie nécessaire à la production. ① ② ❸

## Quels étaient les atouts et les contraintes du territoire occupé ?

❖ **Le relief :** les Basses-terres du Saint-Laurent et des Grands Lacs sont constituées de plaines ; on trouve quelques collines dans la région montréalaise (les Montérégiennes, dont le mont Royal, le mont Saint-Bruno et le mont Saint-Hilaire) ; l'escarpement des chutes du Niagara, les Appalaches en Gaspésie (des montagnes élevées formant des massifs, des collines et des vallées fertiles), et le Bouclier canadien (plateaux rocheux usés par le gel, l'eau et le vent). ① ② ❸

❖ **Les éléments du climat :** climat continental humide pour les Basse-terres du Saint-Laurent et des Grands Lacs, les Appalaches et le sud du Bouclier canadien, ce qui donne lieu à des étés chauds et à des hivers froids, et aussi à des précipitations abondantes et étalées sur toute l'année ; climat subarctique pour le nord du Bouclier canadien, ce qui donne lieu à des étés courts et frais, à des hivers longs et glacials, et aussi à des précipitations plus considérables en été qu'en hiver. ① ② ❸

❖ **La végétation :** au sud des Basses-terres du Saint-Laurent et des ① ② ❸
Grands Lacs, on trouve la forêt de feuillus composée d'érables, de
noyers, de chênes, de hêtres et de tilleuls ; au nord des Basses-
terres du Saint-Laurent et des Grands Lacs, dans les vallées et
collines des Appalaches et au sud du Bouclier canadien, on trouve
la forêt mixte composée de feuillus comme les érables et les bou-
leaux, et de conifères comme les pruches et les pins ; dans les
massifs des Appalaches et au nord du Bouclier canadien, on trouve
la forêt boréale composée de conifères ; dans le Grand Nord, on
trouve la forêt subarctique composée de conifères de petite taille ;
au sommet des monts Chic-Chocs dans les Appalaches, on trouve la
toundra composée de mousse et de lichen.

❖ **L'hydrographie :** dans les Basses-terres du Saint-Laurent et des ① ② ❸
Grands Lacs, on trouve le fleuve Saint-Laurent, le lac Supérieur, le
lac Huron, le lac Érié, le lac Ontario, le lac Michigan, ainsi que de
nombreux lacs et rivières ; dans les Appalaches, on trouve l'océan
Atlantique, le golfe du Saint-Laurent, ainsi que de nombreux lacs
et rivières ; dans le Bouclier canadien, on trouve des milliers de
lacs, des rivières très puissantes comme le Saint-Maurice, la
Manicouagan, la rivière aux Outardes et la Grande Rivière.

❖ **Les ressources naturelles :** dans les Basses-terres du Saint- ① ② ❸
Laurent, les étendues et les cours d'eau fournissent des produits
de la pêche (poissons et crustacés), permettent la navigation
maritime et font fonctionner les moulins qui moulent le grain ; les
forêts procurent du bois pour la construction de bâtiments et le
chauffage, et du gibier en quantité qui peut servir de nourriture, de
matériau pour confectionner des vêtements (cuir et fourrure) ; les
vallées aux sols fertiles permettent l'agriculture (maïs, blé) ; dans
les Appalaches, en plus des poissons et des mammifères marins,
on trouve plusieurs sortes de minerais (amiante, argent, charbon,
cuivre, sel, zinc).

## *Comment certains personnages et événements ont-ils eu une influence sur cette société ?*

❖ **Les commerçants anglais :** le développement économique pro- ① ② ❸
fitant davantage aux Canadiens anglais qu'aux Canadiens français,
les commerçants anglais fondèrent des manufactures et s'emparè-
rent du commerce du bois.

❖ **Les Loyalistes :** entre 1776 et 1784, environ 6000 personnes toujours loyales à la Couronne britannique vinrent s'installer au Bas-Canada (surtout dans les Cantons-de-l'Est) et au Haut-Canada (près des Grands Lacs).  ① ② ❸

❖ **Les premiers gouverneurs :** de 1763 à 1768, James Murray, officier britannique et administrateur colonial, favorisa les paysans francophones plutôt que les marchands britanniques en permettant l'usage des lois et des coutumes françaises dans les tribunaux ; de 1768 à 1778, Guy Carleton, officier britannique et administrateur colonial, appuya la restauration du droit civil français et la conservation du système seigneurial dans la division des terres ; de 1778 à 1784, Frederick Haldimand, officier et administrateur colonial, fit face à la révolte des Treize colonies américaines et accueillit les Loyalistes ; de 1786 à 1796, Guy Carleton, devenu 1er baron Dorchester, s'opposa à la division de la « Province of Quebec » en Bas-Canada et en Haut-Canada par l'Acte constitutionnel de 1791 ; de 1797 à 1807, Robert Prescott, officier britannique et administrateur colonial, céda certains droits et privilèges au clergé catholique ; de 1807 à 1811, James Henry Craig, officier britannique et administrateur colonial, favorisa les Canadiens anglais plutôt que les Canadiens français en octroyant la plupart des postes de l'administration publique et de la magistrature aux Britanniques ; de 1811 à 1815, George Prevost, officier britannique et administrateur colonial, renforça les défenses de la colonie face à une éventuelle invasion américaine ; de 1816 à 1818, John Coape Sherbrooke, officier britannique et administrateur colonial, concilia les forces politiques du Bas-Canada et du Haut-Canada, et il voulut réunir les deux territoires, mais, frappé de paralysie, il retourna en Angleterre ; de 1818 à 1819, Charles Lennox, 4e duc de Richmond, officier britannique et administrateur colonial, recommanda la construction de canaux ; de 1820 à 1828, George Ramsay, 9e comte de Dalhousie, officier britannique et administrateur colonial, encouragea la construction de canaux et de routes, ainsi que l'immigration dans le Haut-Canada.  ① ② ❸

❖ **La Conquête :** en 1763, par le traité de Paris qui mettait fin à la guerre de Sept ans, la France céda la Nouvelle-France, l'Acadie, Terre-Neuve, l'île du Cap-Breton et la rive gauche du Mississippi à l'Angleterre, mais conserva les îles de Saint-Pierre-et-Miquelon ; la Nouvelle-France fut renommée « Province of Quebec », ce qui entraîna le départ de la noblesse et des commerçants français.

❖ **Les guerres napoléoniennes :** suite de conflits, instigués par ①②❸
l'empereur français Napoléon 1er décidé à étendre son empire, qui
ravagèrent l'Europe de 1792 à 1815 ; Napoléon vendit la Louisiane
aux États-Unis en 1803 et échoua dans sa volonté d'empêcher
l'Angleterre de demeurer une puissance militaire et commerciale.

❖ **Le parlementarisme :** les Canadiens réclamèrent la création ①②❸
d'un gouvernement représentatif et responsable ; à cette époque,
seuls les citoyens britanniques âgés de 21 ans et plus qui possédaient une propriété pouvaient voter pour les députés à la Chambre
d'assemblée ; le gouverneur pouvait opposer son veto (droit de
refus) pour contrecarrer un projet qui lui était soumis ; cette situation allait entraîner plusieurs conflits au cours des années 1830,
dont la fameuse Rébellion du Bas-Canada de 1837 déclenchée par
les Patriotes, dont Jean-Olivier Chénier, François-Marie-Thomas
Chevalier de Lorimier et Louis-Joseph Papineau.

❖ **Le creusage de canaux :** dès 1820, pour faciliter le commerce, ①②❸
on entreprit de creuser plusieurs canaux, dont ceux de Lachine et
de Welland, qui allaient servir de couloirs de navigation.

❖ **L'ouverture des chantiers :** l'industrie forestière prit de l'am- ①②❸
pleur dans plusieurs régions du Bas-Canada (abattage des arbres,
flottage du bois, scieries) ; la plupart des bûcherons qui travaillaient sur les chantiers forestiers d'octobre à avril étaient de
jeunes hommes célibataires qui ne possédaient pas de terres.

## Quels sont les éléments de continuité avec le présent ? ———

❖ **Le parlementarisme :** tout comme au XIXe siècle, les lois doi- ①②❸
vent être déposées et adoptées à la Chambre des communes, puis
entérinées par le Sénat avant de recevoir la sanction royale ; tout
citoyen canadien âgé de 18 ans et plus peut voter aux élections
municipales, provinciales et fédérales.

❖ **Les canaux :** de nos jours, le canal Lachine ne sert plus au trans- ①②❸
port de marchandises, mais est plutôt utilisé pour les loisirs nau-
tiques et est entouré de pistes cyclables ; depuis 1959, le canal
Welland fait partie de la voie maritime du Saint-Laurent et sert au
transport de marchandises.

❖ **L'industrie forestière :** avec l'industrie minière, le sciage du bois ① ② ❸
demeure l'une des principales industries en dehors des milieux
urbains, surtout dans les forêts de conifères ; le Canada est le premier producteur et exportateur de pâtes et papiers au monde.

❖ **Les cantons :** après la conquête de la Nouvelle-France, les auto- ① ② ❸
rités privilégièrent la division des terres en cantons, de grands carrés de 16 km de côté subdivisés en portions plus ou moins rectan-
gulaires ; contrairement aux censitaires de la seigneurie, l'habitant
d'un canton possédait sa terre.

❖ **La présence anglophone :** de nos jours, les Canadiens dont la ① ② ❸
langue maternelle est l'anglais représentent 57 % de la population
totale du pays, contre 22 % dont la langue maternelle est le français ; les Québécois dont la langue maternelle est l'anglais représentent 8 % de la population de la province, contre 79 % dont la
langue maternelle est le français.

## (5.1.5) LA SOCIÉTÉ QUÉBÉCOISE VERS 1905

### *Où cette société se situe-t-elle dans l'espace et dans le temps ?*

❖ **La ligne du temps :** en 1837, Londres rejeta les 92 résolutions ① ② ❸
proposées par le Parti patriote, ce qui engendra la Rébellion du
Bas-Canada ; en 1839, le gouverneur Durham dépose un rapport
qui recommande l'assimilation des Canadiens français ; en 1841,
l'Acte d'Union réduit plusieurs droits civils et politiques des francophones ; en 1867, l'Acte de l'Amérique du Nord Britannique
réunit les provinces du Nouveau-Brunswick, de la Nouvelle-Écosse,
de l'Ontario et du Québec en une Confédération canadienne ; en
1870, le Manitoba et les Territoires du Nord-Ouest se joignirent au
Canada ; en 1871, la Colombie-Britannique devint province canadienne ; en 1873, l'Île-du-Prince-Édouard devint province canadienne ; en 1885, la pendaison du Métis Louis Riel raviva la flamme
nationaliste chez les Canadiens français ; en 1898, le territoire du
Yukon fut créé ; en 1905, l'Alberta et la Saskatchewan devinrent
provinces canadiennes.

❖ **Le territoire occupé :** en 1905, le territoire canadien était divisé ① ② ❸
en 9 provinces et en 2 territoires ; le territoire québécois est bordé
au sud par les États-Unis, à l'ouest par l'Ontario, à l'est par le

Nouveau-Brunswick, le golfe du Saint-Laurent et l'océan Atlantique, et au nord il s'arrête à la baie James, aux frontières du district d'Ungava.

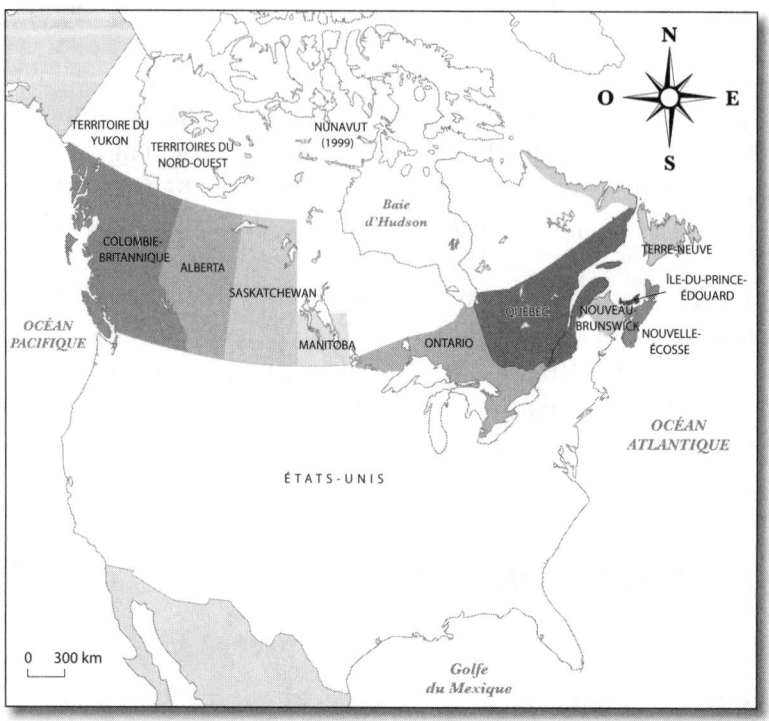

## *Quels éléments de cette société ont eu une incidence sur l'aménagement du territoire ?*

◇ **Les caractéristiques de la population :** la population du Québec s'élevait à environ 1 650 000 habitants au début du XX$^e$ siècle (presque 5 400 000 pour tout le Canada) et se retrouvait principalement dans la vallée du Saint-Laurent ; la ville de Montréal comptait alors environ 267 000 habitants et la ville de Québec, presque 69 000 habitants ; dans les milieux ruraux, plusieurs villages firent leur apparition ; un grand nombre de Québécois (environ 900 000) s'établirent aux États-Unis, plus précisément en Nouvelle-Angleterre, pour travailler dans les manufactures, et ce, à cause du manque de terres à cultiver. ① ② ❸

◇ **Le mode de vie :** la plupart des propriétaires des banques, des usines et des grandes industries étaient des anglophones ; la main-d'œuvre non qualifiée était surtout composée de francophones ; la ① ② ❸ pollution industrielle envahit les quartiers ouvriers des villes ; les travailleurs s'éloignèrent du centre-ville et s'établirent dans les banlieues ; les femmes entrèrent sur le marché du travail (industries du vêtement et du textile, mais aussi commerces et bureaux), mais elles n'avaient toujours pas le droit de vote, tant au fédéral qu'au provincial ; les habitants des villes fréquentaient les parcs et les centres de loisirs ; les ouvriers travaillaient plus de 60 heures par semaine et les accidents de travail étaient fréquents ; dans les villages, les gens pouvaient désormais avoir accès à des produits de consommation (farine, savon, sucre) et commander des vêtements par l'entremise des catalogues des grands magasins.

✧ **L'occupation du sol :** la culture des céréales fut peu à peu remplacée par l'industrie laitière ; les agriculteurs commencèrent à faire pousser des graines fourragères (avoine, foin, maïs, orge, sarrasin) pour nourrir le bétail.  ① ② ❸

✧ **Les réalités culturelles :** les familles comptaient en moyenne 7 enfants ; à Montréal, le Monument-National (fondé en 1893), le Théâtre national (fondé en 1900) et le Théâtre des Nouveautés (fondé en 1902) accueillirent leurs premiers spectateurs ; le Ouimetoscope (fondé en 1906) fut la première salle de cinéma de la métropole québécoise ; le cyclisme, le football et le hockey gagnèrent en popularité (les journaux contribuèrent à accroître l'intérêt des citadins pour les sports).  ① ② ❸

✧ **Les activités économiques :** l'industrie manufacturière (chaussure, textile, vêtement), l'industrie minière et les raffineries (fer et acier), l'industrie des pâtes et papiers qui exporte vers les États-Unis et l'Europe, l'hydroélectricité (barrage de Shawinigan), les brasseries et les distilleries.  ① ② ❸

✧ **Les réalités politiques :** les provinces unies en confédération conservèrent plusieurs pouvoirs (santé et éducation), mais elles en cédèrent certains (commerce, navigation, défense) au gouvernement fédéral ; chaque gouvernement provincial a à sa tête un premier ministre qui choisit ses ministres parmi les députés élus ; le gouvernement fédéral a lui aussi à sa tête un premier ministre qui choisit ses ministres parmi les députés élus.  ① ② ❸

❖ **Les moyens de transport :** dans les villes, le transport en commun se développa avec l'arrivée du tramway alimenté à l'électricité ; l'automobile fit son apparition dans les rues des villes et sur les routes des campagnes. ① ② ❸

❖ **Les voies de communication :** les chemins de fer relièrent les différentes régions du Québec (Montréal, Québec, Saint-Jérôme, Trois-Rivières) ; les rues des grandes villes étaient généralement pavées, mais les routes campagnardes demeuraient en terre battue ; les canaux de Lachine et de Welland furent approfondis (de 2,4 à 4,3 m de profondeur) afin d'accommoder les navires aux tonnages plus lourds. ① ② ❸

❖ **Les techniques et l'outillage :** les machines à vapeur permirent d'améliorer le rendement des travailleurs dans les usines et les manufactures ; l'électricité fut aussi utilisée pour faire fonctionner les machineries. ① ② ❸

## Quels étaient les atouts et les contraintes du territoire occupé ?

❖ **Le relief :** le territoire québécois est caractérisé par les Basses-terres du Saint-Laurent (vallée fertile, relief plat parcouru de quelques collines au sud), les Appalaches (monts et plateaux) à l'est et le Bouclier canadien (plateau rocheux parsemé de collines) au nord. ① ② ❸

❖ **Les éléments du climat :** le sud de la province jouit d'un climat continental humide avec des étés chauds et humides (20 °C) et des hivers rigoureux (-10 °C), ainsi que de précipitations abondantes (pluie et neige) ; le nord du Québec est plus froid et les hivers y sont plus longs. ① ② ❸

❖ **La végétation :** la forêt mixte (feuillus et conifères) et la forêt de feuillus couvrent les Basses-terres du Saint-Laurent et les Appalaches ; la forêt boréale (épinettes et sapins baumiers) couvre la majeure partie du Bouclier canadien (aux frontières du district d'Ungava). ① ② ❸

❖ **L'hydrographie :** le sud du Québec est sillonné par le fleuve Saint-Laurent et quelques rivières importantes (rivière des Outaouais, rivière Richelieu, rivière Saint-Maurice, rivière Saguenay, rivière ① ② ❸

Saint-François) ; le Nord du Québec est parsemé de lacs (lac Abitibi, lac Albanel, lac Mistassini, lac Saint-Jean).

❖ **Les ressources :** le bois (industries des pâtes et papiers), le minerai (industries minières) et l'hydroélectricité (grâce aux cours d'eau) étaient les principales ressources.  ① ② ❸

## Comment certains personnages et événements ont-ils eu une influence sur cette société ?

❖ **Honoré Mercier :** journaliste, avocat et politicien qui, devenu chef du Parti libéral et premier ministre du Québec, fit du développement économique sa priorité (subventions au développement du chemin de fer, modernisation des routes, construction du pont de Québec) ; il vécut de 1840 à 1894.  ① ② ❸

❖ **La colonisation :** à cause du manque de terres cultivables dans la vallée du Saint-Laurent, plusieurs colons s'établirent dans les régions de l'Abitibi-Témiscamingue, du Lac-Saint-Jean, de la vallée de la Matapédia et des Laurentides.  ① ② ❸

❖ **La Confédération canadienne :** pour contrer des problèmes d'ordre politique (mésententes entre anglophones et francophones), d'ordre économique (agrandissement du marché et exportations) et d'ordre militaire (relations tendues entre la Grande-Bretagne et les États-Unis), quatre provinces s'unirent pour former un pays, le Canada, en 1867 ; parmi les Pères de la Confédération, on trouve George-Étienne Cartier, John Alexander Macdonald, Joseph Howe, Charles Tupper et Samuel Leonard Tilley.  ① ② ❸

❖ **L'industrialisation :** passage d'une économie centrée sur l'agriculture et l'industrie forestière à une économie dépendante des industries mécanisées (usines et manufactures).  ① ② ❸

❖ **L'urbanisation :** la population se répartissait presque également entre le milieu rural et le milieu urbain ; l'industrialisation amena les gens à s'établir dans les villes, ce qui entraîna l'organisation de services comme la collecte des déchets, la construction de réseaux d'aqueducs et d'égouts et la prolifération de poteaux et de fils électriques.  ① ② ❸

❖ **La syndicalisation :** en milieu urbain, les mauvaises conditions ① ② ❸
de travail dans les industries et les manufactures (hygiène et sécurité), les réductions de salaire arbitraires et les abus de pouvoir
des contremaîtres et des patrons amenèrent les travailleurs à
s'associer et à adhérer à des syndicats pour défendre leurs droits
et faire la grève en cas de litige.

❖ **L'électrification :** vers 1900, la plupart des édifices publics et des ① ② ❸
habitations bourgeoises en milieu urbain étaient électrifiés, mais il
fallut attendre les décennies 1930 et 1940 pour que les fermes et
les maisons en milieu rural le soient aussi.

## *Quels sont les éléments de continuité avec le présent ?*

❖ **L'électrification :** depuis sa création en 1944 en tant que société ① ② ❸
d'État, Hydro-Québec produit, transporte et distribue de l'électricité pour le Québec, mais aussi pour plusieurs provinces canadiennes et États américains ; trois grands complexes hydroélectriques
(Manic-Outardes, Churchill Falls et La Grande) virent le jour dans
les décennies 1960 et 1970.

❖ **Le syndicalisme :** la CSN (Confédération des syndicats natio- ① ② ❸
naux), la CSQ (Centrale des syndicats du Québec), la FTQ
(Fédération des travailleurs et travailleuses du Québec), le SFPQ
(Syndicat de la fonction publique du Québec) et la FIIQ (Fédération
des infirmières et infirmiers du Québec) sont parmi les principaux
syndicats de nos jours.

## 5.1.6  *LA SOCIÉTÉ QUÉBÉCOISE VERS 1980*

### *Où cette société se situe-t-elle dans l'espace et dans le temps ?*

❖ **La ligne du temps :** en 1911, la population du Québec s'élevait à ① ② ❸
plus de 2 000 000 d'habitants ; en 1912, le gouvernement fédéral
annexa au territoire québécois le district d'Ungava qui devint le
Nord-du-Québec ; de 1914 à 1918, la Première Guerre mondiale
sévit et plusieurs Québécois y participèrent suite à la conscription
(enrôlement obligatoire des civils dans l'armée) ; en 1918, les
femmes obtinrent le droit de vote au fédéral ; en 1929, le krach
boursier de New York entraîna une grave crise économique ; de
1939 à 1945, la Seconde Guerre mondiale sévit ; en 1940, les
femmes obtinrent le droit de vote au provincial ; en 1949,

Terre-Neuve devint la dixième province du Canada ; les années 1960 furent marquées par la Révolution tranquille ; en 1967, Montréal accueillit l'Exposition universelle ; en 1970, lors de la crise d'Octobre, des membres du Front de libération du Québec kidnappèrent Pierre Laporte, ministre du Travail, et le premier ministre fédéral, Pierre Elliott Trudeau, décréta la *Loi des mesures de guerre* ; en 1976, Montréal accueillit les Jeux olympiques.

⬧ **Le territoire occupé :** le Québec est la plus grande des dix  provinces du Canada ; il couvre une superficie de 1 668 000 km² environ, et partage ses frontières terrestres avec le Nouveau-Brunswick, l'Ontario, Terre-Neuve-et-Labrador, et les États américains du Maine, du New Hampshire, de New York et du Vermont ; il est délimité au nord par les baies d'Hudson et d'Ungava, au sud-ouest par la rivière des Outaouais et à l'est par le golfe du Saint-Laurent et l'océan Atlantique.

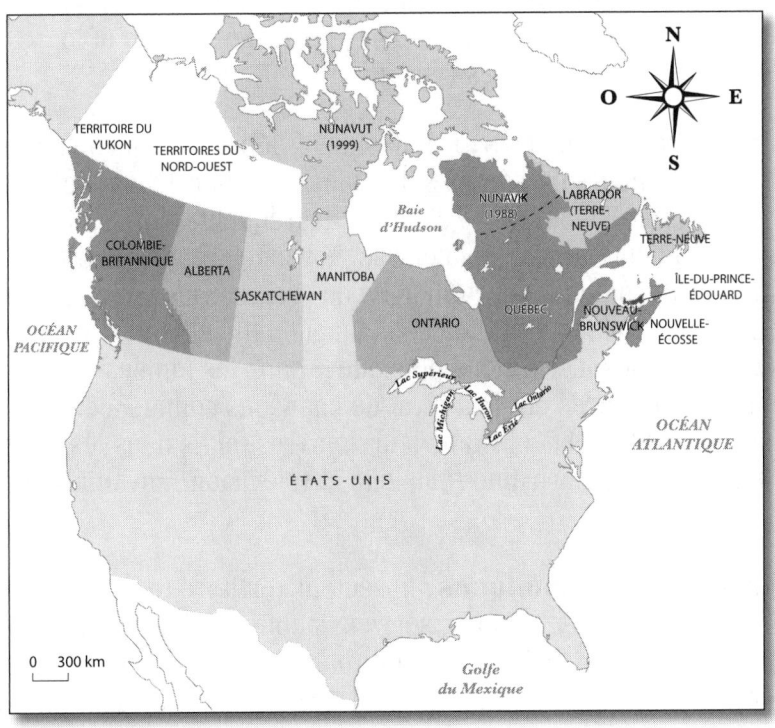

*Quels éléments de cette société ont eu une incidence sur l'aménagement du territoire ?* ——————————

⬧ **Les caractéristiques de la population :** la population du  Québec s'élevait à environ 6 568 000 habitants, dont 80 % étaient d'origine française, 8 % d'origine britannique et 12 % d'origines diverses (à majorité italienne) ; la majorité de la population (80 %) vivait en milieu urbain ; la plupart des immigrants s'installaient alors dans la région de Montréal.

❖ **Le mode de vie :** la plupart des petits villages situés en périphérie des grands centres urbains devinrent des banlieues ou villes-dortoirs ; la plupart des Québécois ne fabriquaient plus leurs biens, mais se les procuraient désormais dans les centres commerciaux ; l'apparition des fours à micro-ondes et de la restauration rapide vint bouleverser les habitudes alimentaires ; la voiture et la télévision firent dorénavant partie du quotidien de tous ; l'ouverture du Québec sur le monde fut réalisée grâce à deux événements majeurs survenus à Montréal, soit l'Exposition universelle de 1967 et les Jeux olympiques de 1976.  ① ② ❸

❖ **L'occupation du sol :** la spécialisation des fermes favorisa la monoculture, et la production laitière, l'élevage du porc et la culture de légumes dans des serres.  ① ② ❸

❖ **Les réalités culturelles :** même si les Québécois francophones se disaient toujours catholiques, l'influence de la religion a diminué puisque seulement 45 % d'entre eux fréquentaient l'église ; on assista à l'émergence de la classe moyenne ; en 1974, la loi 22 faisait du français la langue officielle du Québec ; en 1977, la loi 101 faisait de la langue française la langue officielle du travail, de l'éducation et des institutions publiques ; dans les années 1970, les auteurs de pièces de théâtre et de chansons commencèrent à utiliser l'accent québécois dans leurs œuvres, mais dans les années 1980, la culture américaine (musique et télévision) envahit le marché québécois.  ① ② ❸

❖ **Les activités économiques :** le secteur tertiaire (assurances, commerce, éducation, finance, services publics, télécommunications, tourisme) et l'hydroélectricité (barrage LG-2 sur la Grande Rivière) étaient les principaux moteurs de l'économie québécoise ; l'industrie forestière surtout destinée à l'exportation connut quelques difficultés à cause de la compétition internationale.  ① ② ❸

❖ **Les réalités politiques :** en 1980, le Parti québécois tint un référendum sur la souveraineté du Québec, mais presque 60 % de la population vota contre la proposition ; depuis 1975, la Charte des droits et libertés de la personne garantissait l'égalité de tous, sans égard à la religion, au sexe, à l'origine ethnique, etc. ; depuis 1964, l'âge du droit de vote était passé de 21 ans à 18 ans ; l'État providence intervint davantage dans la société, particulièrement dans les domaines de l'éducation, de l'environnement, de l'immigration et de la santé, mais aussi dans le développement économique. ① ❷ ③

❖ **Les moyens de transport :** en 1967, le métro de Montréal fut mis en service pour accommoder les milliers de visiteurs venus visiter l'Exposition universelle ; le transport en commun (autobus, train de banlieue) permit aux banlieusards de se déplacer vers le centre-ville des grandes agglomérations sans se soucier des bouchons de circulation ; l'automobile devint de plus en plus populaire et les industries pétrolières profitèrent de cette manne ; deux aéroports desservaient la ville de Montréal, soit l'aéroport de Dorval (maintenant Pierre-Elliott-Trudeau) et Mirabel (qui n'est plus utilisé de nos jours). ① ❷ ③

❖ **Les voies de communication :** le réseau autoroutier fut construit dans les années 1960 ; le fleuve Saint-Laurent demeurait la principale voie de communication maritime ; plusieurs routes et ponts furent construits entre les banlieues et les grands centres urbains séparés par des cours d'eau. ① ❷ ③

❖ **Les techniques et l'outillage :** l'hydroélectricité étant devenue un important moteur pour l'économie, la construction de barrages et de centrales releva de prouesses techniques et d'ingénierie. ① ❷ ③

## *Quels étaient les atouts et les contraintes du territoire occupé ?*

❖ **Le relief :** le territoire du Québec comprend quatre régions physiographiques, soit le Bouclier canadien, les Appalaches, les Basses-terres du Saint-Laurent et les Basses-terres de l'Hudson. ① ❷ ③

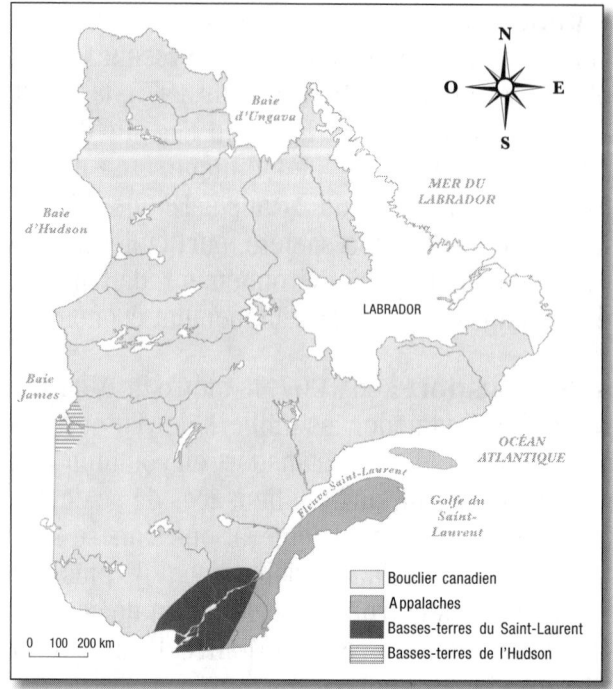

❖ **Les éléments du climat:** le territoire du Québec comprend qua-    ① ❷ ③
tre zones climatiques, soit le climat arctique, le climat subarctique,
le climat continental humide et le climat maritime de l'est.

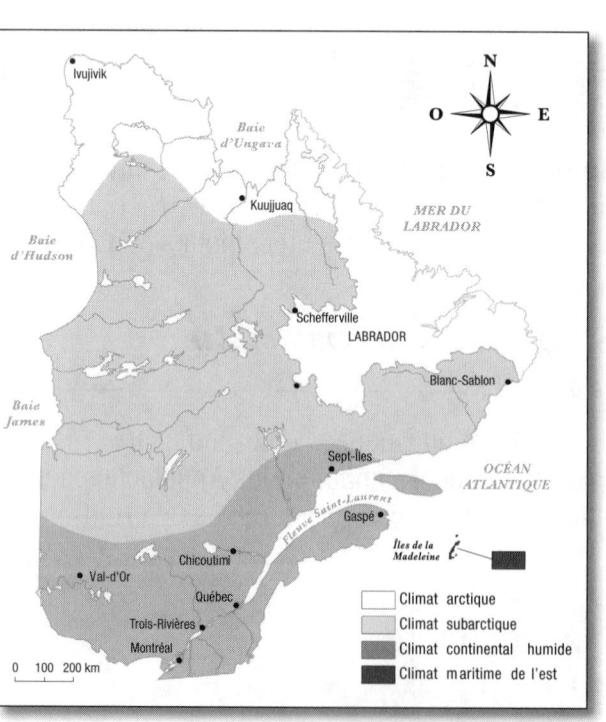

❖ **La végétation :** le territoire du Québec comprend quatre zones de    ① ❷ ③
végétation, soit la toundra, la forêt subarctique, la forêt boréale et
la forêt mixte.

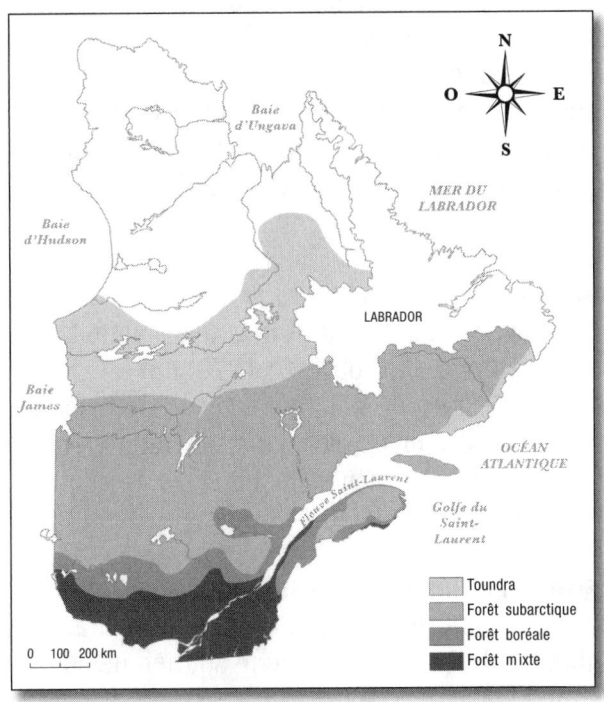

❖ **L'hydrographie :** le sud du Québec est sillonné par le fleuve Saint-    ① ❷ ③
Laurent et quelques rivières importantes (rivière des Outaouais,
rivière Richelieu, rivière Saint-Maurice, rivière Saguenay, rivière
Saint-François) ; le nord du Québec est parsemé de lacs (lac
Abitibi, lac Albanel, lac Mistassini, lac Saint-Jean, lac Minto), de
rivières (rivière Rupert, rivière Eastmain, Grande rivière de la
Baleine, la Grande Rivière) et de réservoirs créés par les barrages
hydroélectriques (réservoir Gouin, réservoir Manicouagan, réservoir Cabonga, réservoir de Caniapiscau).

❖ **Les ressources :** les principales ressources naturelles du Québec    ① ❷ ③
sont les mines (aluminium, cuivre, nickel, or, zinc), les forêts (pâtes
et papiers) et l'eau (3 % des réserves d'eau douce au monde).

## Comment certains personnages et événements ont-ils eu une influence sur cette société ?

❖ **Jean Lesage :** avocat et politicien qui, devenu chef du Parti libéral   ① ② ❸
et premier ministre du Québec pendant la Révolution tranquille et
avec le soutien de son gouvernement, mit sur pied l'assurance-
maladie, nationalisa l'hydroélectricité, vota des lois pour faciliter
la syndicalisation des travailleurs, rendit la fréquentation scolaire
obligatoire jusqu'à 16 ans, institua les polyvalentes et les cégeps ;
il vécut de 1912 à 1980.

❖ **Robert Bourassa :** devenu chef du Parti libéral et premier minis-   ① ② ❸
tre du Québec et avec le soutien de son gouvernement, il joua un
rôle crucial dans la crise d'Octobre de 1970, mit en chantier les
centrales hydroélectriques de la baie James, créa l'aide juridique
et la Cour des petites créances, géra la crise autochtone d'Oka
en 1990 et milita pour que le Québec soit reconnu comme société
distincte ; il vécut de 1933 à 1996.

❖ **René Lévesque :** journaliste, correspondant de guerre, animateur   ① ② ❸
de radio et de télé et politicien qui, devenu chef du Parti québécois
et premier ministre du Québec et avec le soutien de son gouvernement, fonda le Mouvement souveraineté-sssociation faisant la
promotion de l'indépendance du Québec, mit sur pied l'assurance-
automobile, adopta la loi 101 pour la protection et la promotion de
la langue française, et organisa le référendum de 1980 ; il vécut de
1922 à 1987.

❖ **La Révolution tranquille :** période de changements rapides   ① ② ❸
vécue par le Québec moderne entre 1960 et 1966 à la suite de
l'élection du gouvernement libéral de Jean Lesage ; création de la
Régie des rentes du Québec, de la Caisse de dépôt et placement du
Québec, dépôt du Rapport Parent dans le domaine de l'éducation,
mise sur pied de l'assurance-maladie, création du réseau des polyvalentes et des collèges d'enseignement général et professionnel
(cégeps), nationalisation des sociétés qui produisent et distribuent
l'électricité (Hydro-Québec) et montée du nationalisme québécois.

❖ **La construction de complexes hydroélectriques :** plusieurs   ① ② ❸
centrales hydroélectriques furent mises en service dans les décennies 1960, 1970 et 1980 pour alimenter le Québec en électricité

(Manic sur la rivière Manicouagan sur la Côte-Nord, Outardes sur la rivière aux Outardes sur la Côte-Nord, La Grande sur la Grande Rivière dans le Nord-du-Québec).

✧ **La voie maritime du Saint-Laurent :** inaugurée en 1959, la voie maritime du Saint-Laurent (composée d'un réseau d'écluses, de chenaux et de canaux) permit de relier l'océan Atlantique aux Grands Lacs sur plus de 3800 km ; des navires mesurant 222,5 m de long sur 23,8 m de large peuvent y naviguer et y transporter des marchandises en vrac (céréales et produits agricoles, minerais de fer et de charbon, produits pétroliers, etc.).  ① ② ❸

✧ **Le zonage agricole :** en 1978, le gouvernement québécois adopta une loi qui devait protéger les terres agricoles contre l'utilisation des terres à des fins autres que l'agriculture, le morcellement des terres, les coupes sur les terres acéricoles (érablières) et la diminution des sols cultivables.  ① ② ❸

## Quels sont les éléments de continuité avec le présent ? ——

✧ **L'assurance-maladie :** système universel établi en 1969 et qui permet à tous les résidents du Québec de recevoir des soins de santé gratuits (services rendus par les médecins et qui sont requis dans le domaine médical) dans les hôpitaux et les cliniques privées.  ① ② ❸

✧ **Les polyvalentes :** les écoles secondaires polyvalentes sont des institutions qui ont été créées en 1968 pour remplacer les collèges classiques et qui offrent une formation professionnelle menant au marché du travail ou une formation générale étalée sur cinq années et menant au cégep.  ① ② ❸

✧ **Les cégeps :** les collèges d'enseignement général et professionnel sont des institutions qui ont été créées en 1968 et qui offrent une formation technique d'une durée de trois ans menant au marché du travail, ainsi qu'une formation préuniversitaire d'une durée de deux ans menant à l'université.  ① ② ❸

**5.2**  **INTERPRÉTER LE CHANGEMENT DANS UNE SOCIÉTÉ ET SUR SON TERRITOIRE**

**5.2.1**  *LA SOCIÉTÉ IROQUOIENNE ENTRE 1500 ET 1745*

## *Quels sont les changements marquants ?*

❖ **Le territoire occupé :** en 1745, les Iroquoiens vivaient prin-      ① ❷ ③
cipalement dans la vallée du Saint-Laurent (au sud de l'île de
Montréal), à l'est du lac Ontario et à l'ouest du lac Érié ; la population iroquoienne établie depuis longtemps dans la vallée du
Saint-Laurent passa de 100 000 à 10 000 individus en seulement
un siècle ; plusieurs Iroquoiens s'établirent dans des villages situés
dans les alentours des communautés de colons français, dont
Kanesatake (Lac-des-Deux-Montagnes), Odanak (Saint-François)
et Wôlinak (Bécancour).

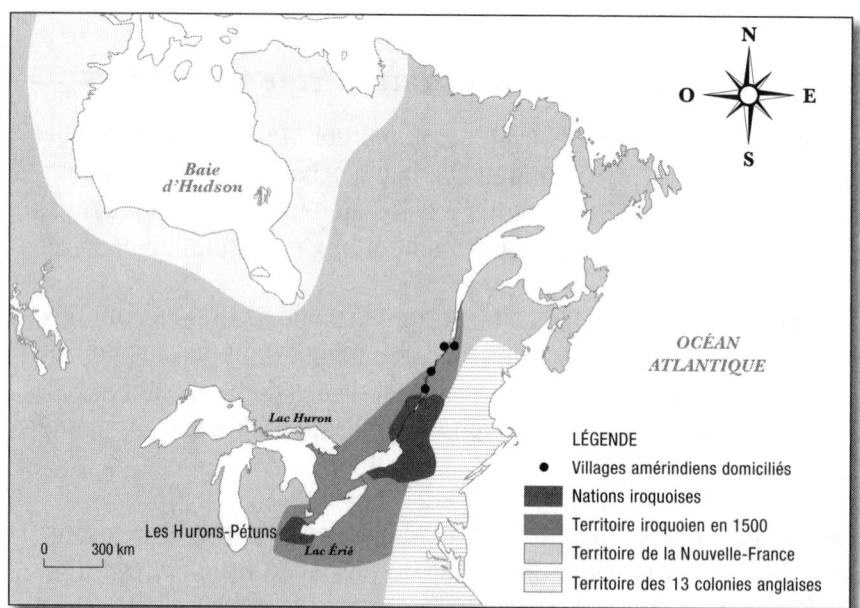

LÉGENDE
● Villages amérindiens domiciliés
▉ Nations iroquoises
▉ Territoire iroquoien en 1500
░ Territoire de la Nouvelle-France
▤ Territoire des 13 colonies anglaises

❖ **Le mode de vie :** jusqu'ici semi-sédentaires (ils se déplaçaient à      ① ❷ ③
peu près tous les dix ans) et s'adonnant principalement à la culture
du maïs, les Iroquoiens devinrent davantage sédentaires, établirent
des villages permanents et abandonnèrent leurs maisons longues
au profit d'habitations de type européen.

❖ **L'utilisation de produits européens :** délaissant peu à peu la culture du maïs, les Iroquoiens s'approvisionnèrent en denrées dans les villes et villages de Nouvelle-France, et se mirent à élever le bétail et la volaille ; plusieurs firent usage de l'alcool et eurent un comportement nuisible ; les Iroquoiens délaissèrent également peaux et fourrures pour revêtir des habits de laine et de toile, et ils troquèrent leurs lances et leurs arcs contre des armes à feu et des pièges de métal.  ① ❷ ③

❖ **La religion :** plusieurs Iroquoiens (Hurons-Wendats et Mohawks) occupant le territoire de la Nouvelle-France se convertirent au catholicisme et se francisèrent.  ① ❷ ③

❖ **Les maladies européennes :** ne possédant ni anticorps ni remèdes contre les maladies transmises par les colons français, des dizaines de milliers d'Iroquoiens moururent de la grippe et de la variole.  ① ❷ ③

---

**⌜5.2.2⌝** *LA SOCIÉTÉ FRANÇAISE ET LA SOCIÉTÉ CANADIENNE EN NOUVELLE-FRANCE ENTRE 1645 ET 1745*

### *Quels sont les changements marquants ?*

❖ **Le territoire occupé :** en 1682, l'explorateur René-Robert Cavelier de La Salle atteignit l'embouchure du Mississippi et nomma ce territoire Louisiane en l'honneur du roi Louis XIV ; en 1701 eut lieu la signature de la Grande Paix de Montréal entre les nations amérindiennes et la Nouvelle-France qui permit le développement de plusieurs villages et paroisses sur l'île de Montréal ; en 1713, la France céda l'Acadie, puis Terre-Neuve et la baie d'Hudson (par le traité d'Utrecht) à l'Angleterre ; en 1718, Jean-Baptiste Le Moyne de Bienville fonde La Nouvelle-Orléans en Louisiane ; en 1735, le chemin du Roy qui allait relier Montréal à Québec fut inauguré (plus de 250 km de route) ; en 1743, les frères Louis-Joseph et François de La Vérendrye découvrent les montagnes Rocheuses.  ① ❷ ③

❖ **Le peuplement :** l'accès au trône de Louis XIV favorisa, par la nomination de l'intendant Talon, l'essor de la Nouvelle-France, le roi y envoyant en 1665 le régiment de Carignan-Salières qui comptait plus de 1000 soldats (dont un peu moins de la moitié décidèrent de s'établir définitivement dans la colonie) ainsi qu'un contingent de filles du Roy (pour la plupart des orphelines) entre 1663 et 1673.  ① ❷ ③

✧ **La démographie :** en 1653, la population de la Nouvelle-France     ① ❷ ③
est d'environ 2000 habitants, et alimentée par l'immigration et les
naissances, elle passe à près de 4000 en 1667, à près de 7000
en 1673, à plus de 10 000 en 1683, à presque 12 500 en 1693, à
environ 15 400 en 1698, à 17 200 en 1707, à 17 000 en 1724, à
plus de 35 000 en 1732, à près de 40 000 en 1737 et à moins de
50 000 au milieu du XVIIIᵉ siècle.

✧ **Le gouvernement :** de colonie administrée par des compagnies     ① ② ❸
mercantiles qui faisaient le commerce de la fourrure et peuplée de
religieux, de coureurs des bois et de fermiers, la Nouvelle-France
devint une colonie administrée par un gouverneur, un intendant et
un Conseil souverain et peuplée par des gens de métiers, des marchands et des militaires.

✧ **L'agriculture :** en instituant le système seigneurial en Nouvelle-     ① ② ❸
France, les autorités découpèrent le territoire en bandes perpendiculaires au fleuve Saint-Laurent qu'ils concédèrent à des seigneurs
responsables d'y construire des moulins et des routes, qui à leur
tour les divisèrent en terres destinées aux colons censitaires qui
furent chargés de les défricher et de les ensemencer, l'agriculture
connut une lancée importante.

✧ **L'industrie :** au cours du XVIIᵉ siècle, de petites industries virent     ① ② ❸
le jour dans les villes de Québec (première brasserie en 1668),
Montréal et Trois-Rivières (les Forges du Saint-Maurice en 1736).

✧ **Le commerce :** le commerce de fourrures prit de l'ampleur avec     ① ② ❸
l'ouverture de postes de traite un peu partout sur le territoire, et
fut pendant longtemps la seule activité économique à générer des
revenus.

## *Quels personnages ont eu une influence sur les changements ?*

✧ **Jean Talon :** de 1665 à 1672, il remplit deux mandats à titre     ① ② ❸
d'intendant de la justice, de la police et du commerce de la
Nouvelle-France et contribua à changer le portrait de la colonie en

offrant des compensations monétaires pour encourager la natalité, favorisa l'agriculture commerciale, les métiers artisanaux et la construction navale et encouragea plusieurs explorations en les finançant.

❖ **Les explorateurs :** en 1659, Médart Chouart Des Groseilliers et Pierre-Esprit Radisson se rendirent jusqu'au lac Supérieur ; de 1679 à 1682, René-Robert Cavelier de La Salle explora les abords des lacs Ontario, Érié, Huron et Michigan et passa par la rivière Illinois pour parcourir le fleuve Mississippi jusqu'au golfe du Mexique ; en 1672, Charles Albanel partit de Tadoussac, passa par le lac Saint-Jean et le lac Mistassini, avant de se rendre jusqu'à la baie James ; de 1673 à 1694, Jacques Marquette et Louis Jolliet partirent de Fort Saint-Ignace près du lac Huron pour se rendre par le Mississippi jusqu'à la rivière Arkansas ; en 1678, Daniel Greysolon Duluth partit de Montréal, passa par Sault-Sainte-Marie entre le lac Huron et le lac Supérieur et explora le sud-ouest du lac Supérieur ; en 1686, Pierre de Troyes remonta les rivières des Outaouais, Abitibi et Monsoni pour atteindre la baie James ; de 1686 à 1697, Pierre Le Moyne d'Iberville longea le Labrador et explora la baie d'Ungava, la baie d'Hudson et la baie James ; de 1732 à 1739, Pierre Gaultier de Varennes et de La Vérendrye explora les environs du lac Winnipeg et de la rivière Yellowstone plus à l'ouest.    ① ❷ ③

❖ **Les filles du Roy :** recrutées entre autres à la Salpêtrière à Paris et gratifiées d'une dot en argent, les filles du Roy étaient confiées aux religieuses à leur arrivée en Nouvelle-France ; les autorités forçaient les hommes célibataires à se marier avec l'une d'elles dans un délai de deux semaines, sous peine de perdre leur permis de pêche ou de chasse.    ① ❷ ③

❖ **Gilles Hocquart :** fonctionnaire et intendant de la Nouvelle-France qui, chargé de développer le commerce au profit de la France, encouragea la construction navale et l'agriculture, et fit construire des routes entre Québec et Montréal (le chemin du Roy, aujourd'hui la route 138) ; il vécut de 1694 à 1783.    ① ❷ ③

## *Quels événements ont eu une influence sur les changements ?*

❖ **Le régime seigneurial :** forme de distribution et d'occupation ① ❷ ③
des terres qui fut en vigueur de 1627 à 1854 en Nouvelle-France ;
plus de 200 seigneuries furent concédées pendant cette période.

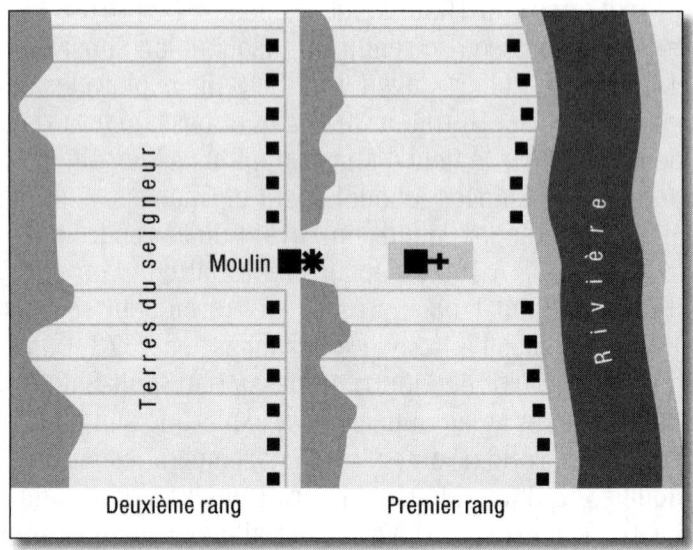

❖ **Les explorations :** Pierre-Esprit Radisson (1636 à 1710) et ① ❷ ③
Médart Chouart Des Groseilliers (1618 à 1696), partenaires dans
le commerce des fourrures, partirent en direction du bassin des
Grands Lacs et découvrirent un passage vers la baie d'Hudson ;
Louis Jolliet (1645 à 1700) et Jacques Marquette (1637 à 1675),
aussi partenaires dans le commerce des fourrures, descendirent
le fleuve Mississippi jusqu'à l'Arkansas ; René-Robert Cavelier de
La Salle (1643 à 1687) découvrit le fleuve Ohio, navigua sur les
Grands Lacs et explora le Mississippi.

❖ **La natalité :** de 1661 à 1765, le taux de natalité se situa entre 45 ① ❷ ③
et 60 naissances par 1000 habitants ; grâce au dispersement de
la population sur le territoire de la colonie, les habitants étaient
pratiquement à l'abri des épidémies, ce qui diminuait le taux de
mortalité infantile.

## LA SOCIÉTÉ CANADIENNE ENTRE 1745 ET 1820

### *Quels sont les changements marquants ?*

❖ **Le territoire occupé :** en 1755, les Britanniques déportè-     ① ② ❸
rent près de 15 000 Acadiens vers plusieurs États américains
(Massachusetts, Géorgie, Maryland et Louisiane) parce qu'ils
refusaient de prêter le serment d'allégeance au roi d'Angleterre ;
vers 1756, la colonie de la Nouvelle-France comptait environ
65 000 habitants, et à la même époque, la population des Treize
colonies américaines s'élevait à plus de 1 500 000 habitants ; en
1759 eut lieu la prise de Québec par les Britanniques (bataille des
plaines d'Abraham pendant laquelle s'affrontèrent les généraux
James Wolfe et Louis-Joseph de Montcalm) ; en 1760, Montréal
tomba aux mains des Britanniques ; en 1763, la signature du
traité de Paris signifiait la passation de la Nouvelle-France aux
Britanniques, et le territoire fut renommé « Province of Quebec » ;
en 1773, les Américains manifestèrent leur mécontentement face
à la Grande-Bretagne en jetant des centaines de caisses de thé à la
mer (Boston Tea Party) ; en 1778, les États-Unis déclarèrent leur
indépendance face à la Grande-Bretagne qui fut reconnue en 1783
par le traité de Versailles ; en 1784, la population francophone de
la « Province of Quebec » s'élevait à 113 000 habitants ; en 1789
eut lieu la prise de la Bastille qui marqua le début de la Révolution
française ; en 1791, l'Acte constitutionnel partagea la « Province of
Quebec » en deux territoires, soit le Bas-Canada et le Haut-Canada ;
vers 1800, le Bas-Canada comptait environ 215 000 habitants ; en
1810, le gouverneur Craig recommanda au roi d'Angleterre d'unir
le Haut-Canada et le Bas-Canada, mais le projet ne se réalisa pas.

❖ **Le système parlementaire et représentatif :** en 1774, l'Acte     ① ② ❸
de Québec stipulait que les affaires civiles (testaments, héritages,
propriétés seigneuriales) seraient désormais régies par les lois
françaises et les affaires criminelles, par les lois britanniques ; en
1791, l'Acte constitutionnel dota le Canada d'une constitution par
laquelle un gouverneur allait administrer l'ensemble de la colonie,
que le Haut-Canada et le Bas-Canada seraient chacun administrés
par un lieutenant-gouverneur, un Conseil exécutif, un Conseil législatif et une assemblée élue, la Chambre d'assemblée.

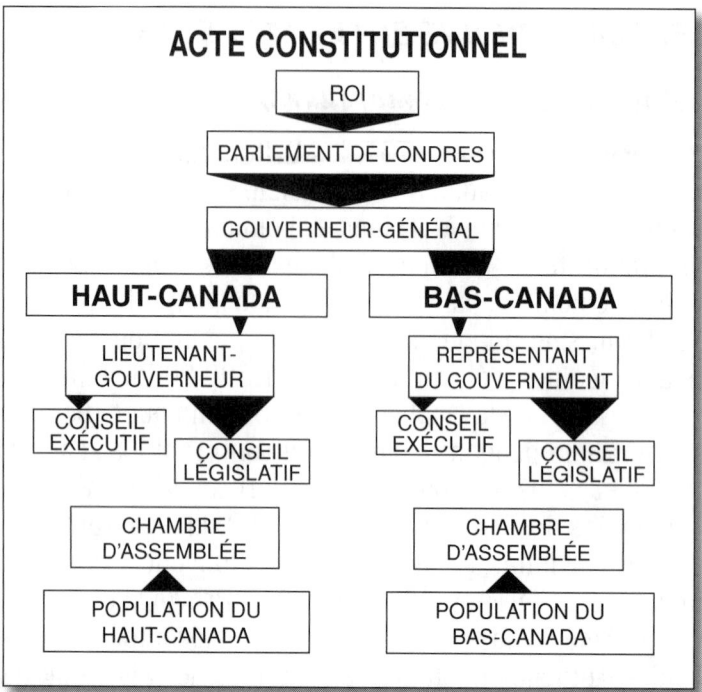

**ACTE CONSTITUTIONNEL**

ROI

PARLEMENT DE LONDRES

GOUVERNEUR-GÉNÉRAL

**HAUT-CANADA**

LIEUTENANT-GOUVERNEUR

CONSEIL EXÉCUTIF

CONSEIL LÉGISLATIF

CHAMBRE D'ASSEMBLÉE

POPULATION DU HAUT-CANADA

**BAS-CANADA**

REPRÉSENTANT DU GOUVERNEMENT

CONSEIL EXÉCUTIF

CONSEIL LÉGISLATIF

CHAMBRE D'ASSEMBLÉE

POPULATION DU BAS-CANADA

❖ **La présence anglophone :** en plus des Loyalistes ayant fui la ① ② ❸
Nouvelle-Angleterre, des immigrants écossais et irlandais vinrent
s'installer dans le Bas-Canada au début du XIX$^e$ siècle ; la présence
anglophone était plus importante dans la région de Québec, de
Montréal, des Cantons-de-l'Est ou « Eastern Townships » et au sud
de la rivière Richelieu, passant de moins de 600 en 1765 à plus de
10 000 en 1791.

❖ **Le commerce du bois :** pendant la période marquée par la ① ② ❸
Nouvelle-France, le défrichement des terres permettait aux censitaires des seigneuries de cultiver des céréales ; avec la Conquête
par les Britanniques, l'industrie forestière s'intensifia, car on
exportait dorénavant le bois vers la Grande-Bretagne et les autres
colonies britanniques

❖ **La canalisation :** afin de faciliter le transport maritime et le ① ② ❸
transport de marchandises entre le Bas-Canada et le Haut-Canada
par la voie du fleuve Saint-Laurent, les autorités financières et
politiques britanniques donnèrent leur aval aux différents projets
de construction de canaux qui ne seront en service qu'au début du
XIX$^e$ siècle.

## Quels personnages ont eu une influence sur les changements ?

❖ **Les Loyalistes :** de 1776 à 1784, opposés à l'indépendance des ① ② ❸
Treize colonies américaines, plus de 6000 Loyalistes demeurèrent
fidèles à la Couronne britannique et fuirent les États-Unis pour
s'établir dans la « Province of Quebec », pour la plupart d'entre
eux en Estrie et dans la région des Grands Lacs ; l'Angleterre leur
concéda des terres, des semences et du bétail ; les Loyalistes s'exprimaient en anglais et étaient de confession protestante ; après
quelque temps, ils réclamèrent que le territoire qu'ils habitaient ne
soit plus sous la juridiction de Québec, ce qui entraîna la division
du territoire en Bas-Canada (à majorité francophone) et en Haut-
Canada (à majorité anglophone).

❖ **Les commerçants anglais :** les marchands anglophones domi- ① ② ❸
naient le système bancaire et les grandes compagnies du Bas-
Canada, contrôlant ainsi les importations et les exportations ;
les ouvriers étaient majoritairement des francophones.

❖ **Les premiers gouverneurs :** les gouverneurs furent tous issus ① ② ❸
de l'armée britannique ; certains furent favorables aux Canadiens
français (p. ex. : John Coape Sherbrooke qui gagna la confiance de
Mᵍʳ Joseph-Octave Plessis en le nommant au Conseil législatif en
1817) et d'autres furent plutôt intransigeants (p. ex. : James Henry
Craig qui fit emprisonner des chefs du Parti canadien en 1810).

## Quels événements ont eu une influence sur les changements ?

❖ **La Conquête :** après la Conquête, plusieurs dirigeants français ① ② ❸
retournèrent en France, et il ne resta que très peu de gens ins-
truits dans la colonie, à l'exception des membres du clergé catholique ; en 1791, les seigneuries sont remplacées par les cantons.

❖ **Les guerres napoléoniennes :** les conflits déclenchés par ① ② ❸
Napoléon Bonaparte entre 1792 et 1815 eurent pour conséquence
le démantèlement des colonies françaises et l'expansion de l'Empire britannique.

❖ **Le parlementarisme :** après l'Acte constitutionnel de 1791, le ① ② ❸
Haut-Canada et le Bas-Canada avaient chacun un Conseil législatif,
un Conseil exécutif et une Chambre d'assemblée qui était composée de députés élus ; la Chambre d'assemblée votait les lois, et le
Conseil législatif pouvait les accepter, les modifier ou les rejeter.

## (5.2.4) LA SOCIÉTÉ CANADIENNE ET LA SOCIÉTÉ QUÉBÉCOISE ENTRE 1820 ET 1900

### *Quels sont les changements marquants ?*

- **Le territoire occupé :** en 1841, l'Acte d'Union entra en vigueur ; il établissait un parlement unique pour le Bas-Canada et le Haut-Canada et bannissait la langue française de tous les organismes gouvernementaux ; en 1867, l'Acte de l'Amérique du Nord britannique fit du Canada un pays composé de quatre provinces (Nouveau-Brunswick, Nouvelle-Écosse, Ontario et Québec) auxquelles s'ajouteront successivement le Manitoba (en 1870), la Colombie-Britannique (en 1871), l'Île-du-Prince-Édouard (en 1873), les districts d'Assiniboia, de Saskatchewan, d'Alberta et d'Athabaska (en 1882), les districts d'Ungava, de Franklin, de Mackenzie et du Yukon (1895) et le territoire du Yukon (1898).  ① ② ❸

- **L'industrialisation :** au cours du XIXᵉ siècle, des entrepreneurs implantèrent dans diverses communautés (Montréal, Québec, Saint-Hyacinthe et Valleyfield) des manufactures et des industries et embauchèrent un nombre croissant d'ouvriers qui effectuaient leur travail à la chaîne et qui manœuvraient des machines utilisant l'énergie de la vapeur ; parmi les industries qui florissaient à cette époque, on trouve les boulangeries, les brasseries, les fromageries, les meuneries et les raffineries de sucre, ainsi que des manufactures de chaussures, de cigarettes, d'équipements de transport et de vêtements.  ① ② ❸

- **L'urbanisation :** au cours du XIXᵉ siècle, contrainte par la situation économique (endettement dû aux mauvaises récoltes), la population canadienne et québécoise quitte la campagne pour s'installer dans les villes et travailler dans les industries.  ① ② ❸

- **La colonisation :** puisque toutes les terres cultivables de la vallée du Saint-Laurent étaient déjà occupées, plusieurs colons (encouragés alors par le clergé) décidèrent de se diriger vers l'Abitibi, le Lac-Saint-Jean, les Laurentides, le nord de la Gaspésie, le Témiscamingue et la vallée de la Matapédia.  ① ② ❸

- **Le développement ferroviaire :** la construction du chemin de fer reliant l'est du pays à l'ouest, en passant par les Rocheuses, fut achevée en 1886 (plus de 12 000 ouvriers participèrent à sa construction, dont plusieurs Chinois), et favorisa l'arrivée de colons vers les Prairies et la Côte-Ouest.  ① ② ❸

## Quels personnages ont eu une influence sur les changements?

❖ **Louis-Joseph Papineau** : avocat, seigneur de la Petite-Nation en ① ② ❸
Outaouais et politicien qui se porta à la défense des institutions et
des traditions canadiennes-françaises, lutta pour l'autonomie des
institutions politiques du Bas-Canada, participa à la guerre contre
les États-Unis, et participa à la Rébellion des patriotes en 1837
à la suite de la perte de certains pouvoirs par les députés élus;
il vécut de 1786 à 1871.

❖ **John A. Macdonald** : avocat et politicien qui, devenu chef du ① ② ❸
Parti conservateur et premier ministre du Canada et avec le soutien de son gouvernement, œuvra pour l'expansion et l'unification
du pays en amenant le Québec, l'Ontario, le Nouveau-Brunswick
et la Nouvelle-Écosse à former la Confédération canadienne en
1867, créa la Gendarmerie royale du Canada (Police montée du
Nord-Ouest), favorisa l'achèvement du chemin de fer du Canadien
Pacifique et fit exécuter Louis Riel, un Métis de culture francophone, pour rébellion et trahison; il vécut de 1815 à 1891.

❖ **Honoré Mercier** : premier ministre du Québec de 1887 ① ② ❸
à 1891, Honoré Mercier devint un symbole du nationalisme québécois en défendant l'autonomie de la province au sein de la
Confédération canadienne; il créa le ministère de l'Agriculture
et de la Colonisation et fit construire des chemins de fer pour
relier les grands centres à la Gaspésie, au Lac-Saint-Jean et aux
Laurentides, favorisant ainsi la colonisation de ces terres et frei-
nant l'émigration des travailleurs vers les États-Unis.

## Quels événements ont eu une influence sur les changements?

❖ **La syndicalisation** : le premier syndicat à voir le jour au Québec ① ② ❸
fut la Société amicale des charpentiers et menuisiers de Montréal
en 1818; en 1872, le gouvernement fédéral adopta une loi qui auto-
risa les associations ouvrières; entre 1873 et 1880, les salaires
des ouvriers diminuèrent de 25 % à 60 % et, poussés à bout, les
ouvriers décidèrent d'exprimer leur révolte et se regroupèrent pour
améliorer leurs conditions de travail (la semaine de travail s'étalait
sur six jours pour 60 à 72 heures de durs labeurs); entre 1880 et
1890, près de 120 grèves survinrent seulement au Québec.

❖ **L'immigration :** en 1848, près de 140 000 Irlandais, qui fuient la ① ② ❸
grande famine qui sévit en Irlande, viennent s'établir au Canada
(200 000 de plus en 1852 et 280 000 autres en 1861) ; à partir de
1887, le gouvernement fédéral, avec à sa tête le premier ministre sir Wilfrid Laurier, encouragea l'immigration européenne vers
les Prairies et la Côte-Ouest en offrant des terres à bas prix ; les
immigrants provenaient notamment d'Allemagne, de Finlande,
de Norvège, des Pays-Bas, de Pologne, de Russie, de Suède et
d'Ukraine ; entre 1881 et 1904, la Colombie-Britannique accueillit
plus de 55 000 immigrants chinois, dont près du quart participèrent à la construction du chemin de fer.

( 5.2.5 ) *LA SOCIÉTÉ QUÉBÉCOISE ENTRE 1900 ET 1980*

### *Quels sont les changements marquants ?*————————

❖ **La laïcisation des institutions :** à partir des années 1960, les ① ② ❸
Québécois cessèrent graduellement de fréquenter les églises ; en
1964, le gouvernement provincial créa le ministère de l'Éducation
(les collèges classiques disparurent au profit des écoles secondaires polyvalentes et des cégeps) et le ministère de la Santé, créé
en 1936, prit en charge les hôpitaux qui étaient demeurés sous la
gouverne de l'Église.

❖ **La scolarisation obligatoire :** dès 1943, le gouvernement pro- ① ② ❸
vincial vota une loi qui rendait la fréquentation scolaire obligatoire
pour les enfants âgés de 6 à 14 ans ; dès 1959, elle devint obligatoire jusqu'à l'âge de 16 ans.

❖ **La démocratisation de l'éducation :** à la fin des années 1960, ① ② ❸
l'éducation publique devint gratuite pour tous les élèves du primaire, du secondaire et du collégial ; plusieurs universités francophones virent le jour, dont celles faisant partie du réseau des
Universités du Québec.

❖ **Les services sociaux :** la réforme de l'organisation des services ① ② ❸
de santé et des services sociaux a entraîné la création en 1971 des
Centres locaux de services communautaires (CLSC) qui offraient
des services adaptés aux Québécois (l'aide aux handicapés physiques et mentaux, l'assistance économico-sociale, l'éducation
sanitaire, le maintien à domicile des personnes âgées, la médecine
générale et la psychologie).

## Quels personnages ont eu une influence sur les changements ?

❖ **Jean Lesage :** premier ministre du Québec de 1960 à 1966, Jean ① ② ❸
Lesage créa le ministère de la Culture en 1962, le ministère de
l'Éducation en 1964, mit en place le Régime des rentes du Québec
et l'assurance-maladie.

❖ **Robert Bourassa :** premier ministre du Québec de 1970 à 1976 ① ② ❸
et de 1985 à 1992, Robert Bourassa milita pour le camp du « Non »
lors du référendum sur la souveraineté de 1980, mit en œuvre le
projet hydroélectrique de la baie James au début des années 1970
et géra la crise d'Octobre en 1970 et la crise autochtone d'Oka en
1990.

❖ **Pierre Elliott Trudeau :** avocat et politicien qui, devenu chef ① ② ❸
du Parti libéral et premier ministre du Canada et avec le soutien
de son gouvernement, rapatria la Constitution canadienne, mit de
l'avant le « bill omnibus » qui légalisa le divorce, l'avortement et
l'homosexualité, fit appliquer la Loi sur les mesures de guerre lors
de la crise d'Octobre en 1970, fit adopter la Charte canadienne des
droits et libertés et des politiques de multiculturalisme et de bilin-
guisme (Loi sur les langues officielles) et s'opposa au mouvement
souverainiste dans les années 1980 ; il vécut de 1919 à 2000.

## Quels événements ont eu une influence sur les changements ?

❖ **La Révolution tranquille :** période qui correspond aux décen- ① ② ❸
nies 1960 et 1970, pendant laquelle plusieurs réformes ont été
enclenchées dans les domaines de l'économie, de l'éducation, de
la culture, de la santé et des services sociaux.

❖ **La Charte canadienne des droits et libertés :** entrée en ① ② ❸
vigueur en 1982 sous le gouvernement fédéral libéral de Pierre
Elliott Trudeau, la Charte canadienne des droits et libertés fut
enchâssée dans la Constitution canadienne et reconnut de grandes
libertés fondamentales comme la liberté d'expression, la liberté de
conscience et de religion, la liberté de pensée, la liberté d'association et la liberté de circulation, ainsi que des droits démocratiques
tels que le droit de vote, le droit à l'égalité, le droit à la vie privée
et le droit à la sécurité, et ce, en plus de faire de l'anglais et du
français les deux langues officielles du pays.

## 5.3 S'OUVRIR À LA DIVERSITÉ DES SOCIÉTÉS ET DE LEUR TERRITOIRE

### 5.3.1 LA SOCIÉTÉ IROQUOIENNE ET LA SOCIÉTÉ ALGONQUIENNE VERS 1500

*Quelles sont les principales différences entre ces deux sociétés ?* ————————————

⬩ **Les caractéristiques du territoire occupé :** le territoire des Iroquoiens se limite à la vallée du Saint-Laurent et à la région environnant les lacs Ontario et Érié ; le territoire des Algonquiens est plus vaste, puisqu'il s'étend de l'océan Atlantique à l'est aux montagnes Rocheuses à l'ouest (surtout le Bouclier canadien).

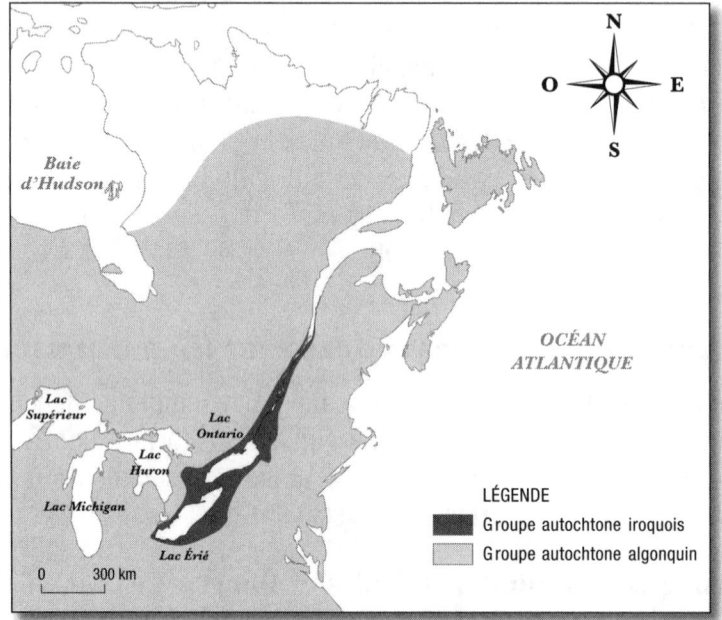

⬩ **Le mode de vie :** les Iroquoiens étaient semi-sédentaires, c'est-à-dire qu'ils demeuraient pendant plusieurs années au même endroit, y établissant des villages ; les Algonquiens étaient nomades, c'est-à-dire qu'ils se déplaçaient constamment pour poursuivre le gibier.

⬩ **Les activités économiques :** les Iroquoiens pratiquaient l'agriculture (le maïs et les courges), la cueillette, la pêche et la chasse ; les Algonquiens pratiquaient la cueillette (bleuet, fraise, framboise, mûre), la pêche (brochet, carpe, saumon, truite) et la chasse (caribou, castor, écureuil, lièvre, orignal, ours, perdrix, raton laveur).

❖ **Les structures politiques :** la société iroquoienne se divisait en ① ❷ ③
cinq nations, dont les Agniers, les Onneitouts, les Onontagués, les
Goyogouins et les Tsonnontouans, et les clans appartenant à ces
nations étaient dirigés par une femme âgée qui étudiait les propositions faites par le Conseil des Anciens, ainsi que par un chef civil
qui veillait au bien-être de la communauté et un chef de guerre ;
la société algonquienne se divisait en plusieurs nations, dont les
Micmacs, les Abénaquis, les Malécites, les Montagnais, les Cris,
les Naskapis, et l'organisation politique se composait d'un chef
de territoire qui planifiait les déplacements et distribuait les territoires de chasse, ainsi que de chefs locaux.

❖ **Le rôle des femmes et celui des hommes :** la société ① ❷ ③
iroquoienne reposait sur une structure matriarcale, c'est-à-dire
que les membres d'un clan partageaient un aïeul féminin et que
les femmes exerçaient un pouvoir familial et politique ; la société
algonquienne reposait plutôt sur une structure patriarcale,
c'est-à-dire que les membres partageaient un aïeul masculin et
que les hommes détenaient en grande partie le pouvoir politique.

❖ **L'habitat :** les Iroquoiens construisaient des maisons longues ① ❷ ③
regroupées en villages (parfois entourés de palissades) près des
cours d'eau et aux abords des forêts mixtes composées de feuillus
et de conifères ; les Algonquiens transportaient leur wigwam (tente
ou hutte rudimentaire en forme de cône, fabriquée avec des écorces
de bouleau et des peaux de bêtes) près d'un lac ou d'une rivière en
été, et dans la forêt boréale, composée essentiellement de conifères, en hiver.

❖ **L'alimentation :** les Iroquoiens se nourrissaient de courges, de ① ❷ ③
haricots, de maïs (avec lequel ils faisaient une sorte de farine),
de noix, de baies et de fruits sauvages, de poisson et de viande de
gibier cuite dans des récipients en terre cuite ; les Algonquiens se
nourrissaient de fruits sauvages, de riz sauvage, de poisson et de
viande de gibier qu'ils faisaient bouillir, fumer ou sécher.

❖ **L'habillement :** lorsque le climat leur était favorable, les ① ❷ ③
Iroquoiens restaient le torse nu en été, portant la tunique en hiver,
et leurs vêtements étaient décorés de coquillages, d'aiguilles de
porc-épic et de fragments d'os ; les Algonquiens portaient des vêtements confectionnés avec des peaux d'animaux tannées ou de la
fourrure (caribou, chevreuil, loutre, martre, ours, orignal).

(5.3.2) *LA SOCIÉTÉ IROQUOIENNE ET LA SOCIÉTÉ INCA VERS 1500*

*Quelles sont les principales différences
entre ces deux sociétés ?* _____

✧ **Les caractéristiques du territoire occupé :** contrairement ① ❷ ③
aux Iroquoiens qui étaient installés dans la vallée du Saint-Laurent
et près des Grands Lacs en Amérique du Nord, les Incas vivaient en
Amérique du Sud, à l'ouest, sur une bande de terre longeant l'océan
Pacifique, de la Colombie au nord à la partie méridionale du Chili ;
le relief est extrêmement montagneux (les Andes) et sillonné de
lacs et de rivières, et le climat est très sec et peu propice à l'agriculture conventionnelle, sauf dans les vallées et sur les plateaux
qui sont fertiles.

✧ **Le nombre d'habitants :** la société des Incas était beaucoup plus ① ❷ ③
populeuse que celle des Iroquoiens (10 000 000 contre 100 000),
et la majeure partie de la population était installée dans les vallées
de la cordillère des Andes et sur les plaines longeant la côte ; la
majorité des Incas parlaient le quechua et étaient sédentaires (ils
demeuraient toute leur vie dans le même village).

❖ **Les chefs :** les clans iroquoiens étaient dirigés par des chefs civils ① ❷ ③
et des chefs de guerre, mais les Incas respectaient l'autorité des
prêtres qui célébraient les rites d'initiation, les mariages et les
sacrifices (en plus d'influencer les décisions politiques), et celle
des aclla ou « vierges du Soleil », tous et toutes sous la gouverne
du villac umu ou « grand prêtre du Soleil », frère ou oncle du Sapa
Inca, l'autorité suprême.

❖ **La structure sociale :** beaucoup plus hiérarchisé que la société ① ❷ ③
iroquoienne, l'Empire inca était dirigé par le Sapa Inca ou « fils du
Soleil » secondé par le Conseil impérial composé de douze membres
ainsi que la noblesse et le fonctionnariat qui sont ainsi représentés
par la famille du Sapa Inca et des personnages ayant contribué
de manière exceptionnelle à l'essor de l'Empire) ; plusieurs fonctions étaient associées aux membres du gouvernement, comme
l'administration, l'ingénierie, l'armée, la perception des impôts
et la justice ; à l'instar des clans iroquoiens qui regroupaient des
familles issues d'un même aïeul, la cellule de base des Incas était
l'ayllu ; les nobles se nourrissaient de la chair de lama, mais les
paysans devaient se contenter de cochons d'Inde, de grenouilles et
d'insectes, et cultivaient la courge, le haricot, le maïs et le piment.

❖ **L'habitat :** contrairement aux Iroquoiens qui construisaient leurs ① ❷ ③
maisons longues avec des écorces et des branches de bouleau,
les paysans incas élevaient des murs de pierres cimentés avec
de l'argile ou des briques de terre cuite (communément appelée
adobe) qu'ils recouvraient d'un toit de chaume (paille) ; les nobles
logeaient dans des palais comportant des fenêtres et des niches
colorées et ornées de motifs souvent en or ou en argent.

❖ **Les sciences et technologies :** à l'inverse des Iroquoiens dont ① ❷ ③
les armes et les outils étaient plutôt rudimentaires, les Incas
étaient hautement évolués en matière d'architecture, d'écriture,
d'infrastructures (aqueducs), d'orfèvrerie (bijoux et autres objets
d'ornement fabriqués avec de l'or et des pierres précieuses), de
poterie (bols, plats et vases) et de tissage (à partir de la laine
d'alpaga ou de lama).

❖ **Les croyances :** à l'instar des Iroquoiens dont les croyances ① ❷ ③
gravitaient autour des animaux, des phénomènes naturels et des
esprits, les Incas vouaient un culte à la nature, spécialement au
dieu Soleil, ainsi qu'à l'aigle, au condor (grand vautour des Andes),

au tonnerre, à l'arc-en-ciel, etc.; les cérémonies comprenaient des prières, des offrandes et même des sacrifices humains; les Incas momifiaient leurs défunts à la façon des Égyptiens.

(5.3.3) ## LA SOCIÉTÉ CANADIENNE EN NOUVELLE-FRANCE ET LA SOCIÉTÉ ANGLO-AMÉRICAINE DES TREIZE COLONIES VERS 1745

### Quelles sont les principales différences entre ces deux sociétés ? _____

❖ **Les caractéristiques du territoire occupé**: le territoire ① ❷ ❸
de la Nouvelle-France s'étendait de l'Acadie (aujourd'hui les provinces maritimes) jusqu'aux montagnes Rocheuses, et du Labrador jusqu'au golfe du Mexique (la Louisiane); le territoire des Treize colonies s'étendait sur la côte est donnant sur l'océan Atlantique, du sud de la péninsule gaspésienne au nord, et du nord de la péninsule floridienne au sud, et comprenait le Massachusetts, le New Hampshire, le Rhode Island, le Connecticut, New York, la Pennsylvanie, le New Jersey, le Delaware, le Maryland, la Virginie, la Caroline du Nord, la Caroline du Sud et la Géorgie.

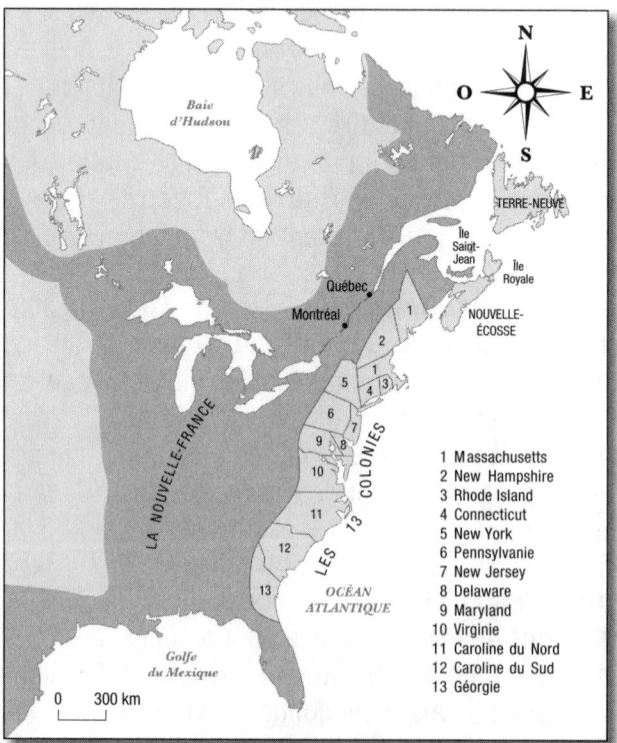

❖ **Le nombre d'habitants :** vers 1754, la Nouvelle-France comptait environ 55 000 habitants (majoritairement installés en campagne, mais aussi dans quelques villes comme Québec, Montréal,
Trois-Rivières et La Nouvelle-Orléans) ; vers 1754, la population
des Treize colonies atteignait environ 1 500 000 habitants (majoritairement installés en campagne, mais aussi dans quelques villes
comme Boston, Philadelphie, New York et Charleston), dont plus de
300 000 esclaves originaires du continent africain.    ① ❷ ③

❖ **Le mode de gouvernement :** sous l'autorité suprême du roi de
France, le territoire de la Nouvelle-France était administré par un
gouverneur général et un intendant desquels relevaient les capitai-
nes de milice ; sous l'autorité suprême de la Couronne britannique,
chacune des Treize colonies était administrée par un gouverneur
ayant un droit de veto sur les décisions prises par l'Assemblée
législative composée de la Chambre haute (membres désignés) et
de la Chambre basse (membres élus).    ① ❷ ③

❖ **Les langues :** les habitants de Nouvelle-France, étant pour la
plupart descendants de colons français, parlaient le français ; les
habitants des Treize colonies, étant pour la plupart originaires
d'Angleterre, d'Écosse ou d'Irlande, parlaient l'anglais, mais quelques colons issus de Hollande et de Suède s'exprimaient toujours
dans leur langue maternelle.    ① ❷ ③

❖ **Les religions :** les habitants de Nouvelle-France étaient surtout
catholiques ; les habitants des Treize colonies n'étaient pas de
confession unique, car parmi eux on trouvait des puritains, des
presbytériens, des anglicans, des quakers, des protestants, des
catholiques et des juifs.    ① ❷ ③

❖ **Les activités économiques :** les habitants de Nouvelle-France
pratiquaient principalement l'agriculture et l'élevage en milieu
rural, mais on trouvait des marchands, des gens de métier, des
artisans et des ecclésiastiques en milieu urbain ; les habitants des
Treize colonies pratiquaient l'agriculture et l'élevage en milieu
rural (culture du blé, des haricots, du maïs et du seigle au nord,
ainsi que du coton, du riz et du tabac au sud où la main-d'œuvre
était essentiellement composée d'esclaves), mais on trouvait aussi
des exploitations minières (fer et potasse), des ateliers de sidérurgie et des chantiers navals.    ① ❷ ③

❖ **La force militaire :** en Nouvelle-France, on comptait moins de ① ❷ ③
7000 soldats français et un peu plus du double de miliciens (trou-
pes de soutien) canadiens, avec une flotte de 75 navires ; dans les
Treize colonies, on comptait plus de 12 000 soldats britanniques
et presque le double de miliciens américains avec une flotte de
400 navires.

(5.3.4) ## LA SOCIÉTÉ CANADIENNE DES PRAIRIES ET CELLE DE LA CÔTE-OUEST VERS 1900

### Quelles sont les principales différences entre ces deux sociétés ?

❖ **La composition et la répartition de la population :** au ① ② ❸
Manitoba, en Saskatchewan et en Alberta, on comptait environ
380 000 habitants (dont 190 000 immigrants provenant
d'Europe et des États-Unis, 150 000 provenant de l'est du Canada,
30 000 Amérindiens et 10 000 Métis) ; en Colombie-Britannique,
on comptait environ 175 000 habitants (dont 105 000 étaient
d'origine britannique, 30 000 d'origine amérindienne, 20 000 d'origine asiatique et 20 000 d'autres origines).

❖ **Les caractéristiques du territoire occupé :** le Manitoba, la ① ② ❸
Saskatchewan et l'Alberta sont délimités à l'ouest par les montagnes Rocheuses, au sud par les États-Unis, au nord par les
Territoires du Nord-Ouest et à l'est par l'Ontario, et on y trouve des
plaines fertiles et un climat continental sec (été chaud et court,
hiver froid et long) ; la Colombie-Britannique est délimitée à l'ouest
par l'océan Pacifique, au nord par le territoire du Yukon et l'État
américain de l'Alaska, au sud par l'État américain de Washington,
et à l'est par les montagnes Rocheuses (et l'Alberta), et on y trouve
un relief montagneux, un climat maritime (été chaud et sec, hiver
frais et humide) et un climat de montagne (températures variables
selon l'altitude).

❖ **Les activités économiques :** l'économie du Manitoba, de la ① ② ❸
Saskatchewan et de l'Alberta était centrée sur l'agriculture et
l'industrie alimentaire ; l'économie de la Colombie-Britannique s'est
développée dans le domaine de la pêche (conserveries de flétan, de
hareng et de saumon), de l'industrie forestière (scieries, usines de

pâtes et papiers) et de l'industrie minière (mines de charbon, d'or et de cuivre) grâce au réseau ferroviaire du Canadien Pacifique.

❖ **Les langues :** la majorité des habitants du Manitoba, de la Saskatchewan et de l'Alberta étaient anglophones (65 %), mais on trouvait aussi des personnes qui s'exprimaient en allemand, en français et en russe et dans certaines langues scandinaves ; la majorité des habitants de la Colombie-Britannique étaient aussi anglophones (65 %), mais on trouvait aussi des personnes qui s'exprimaient en chinois, en français et en japonais.  ① ② ❸

❖ **Les religions :** la plupart des habitants du Manitoba, de la Saskatchewan et de l'Alberta étaient protestants ; la plupart des habitants de la Colombie-Britannique étaient aussi protestants.  ① ② ❸

(5.3.5) ## LA SOCIÉTÉ QUÉBÉCOISE ET LA SOCIÉTÉ CANADIENNE DES PRAIRIES VERS 1900

### Quelles sont les principales différences entre ces deux sociétés ? ─────────────────

❖ **La composition et la répartition de la population :** au Québec, on comptait plus de 1 600 000 habitants (dont la plupart des ancêtres étaient les premiers colons français), et la population se concentrait surtout dans les villes (comme Montréal, métropole du Canada à cette époque), soit plus de 60 % contre moins de 40 % dans les villages et la campagne ; au Manitoba, en Saskatchewan et en Alberta, on comptait moins de 380 000 habitants, et la majorité de la population (pour la plupart, des immigrants) vivait en milieu rural, dans des exploitations agricoles (fermes).  ① ② ❸

❖ **Les caractéristiques du territoire occupé :** le territoire québécois se caractérisait par ses paysages diversifiés (plaines, plateaux, collines, vallées et montagnes abritant des forêts plantées de conifères et de feuillus et sillonnées de rivières et de lacs) ; le territoire des Prairies se composait essentiellement de plaines fertiles couvertes d'herbes hautes.  ① ② ❸

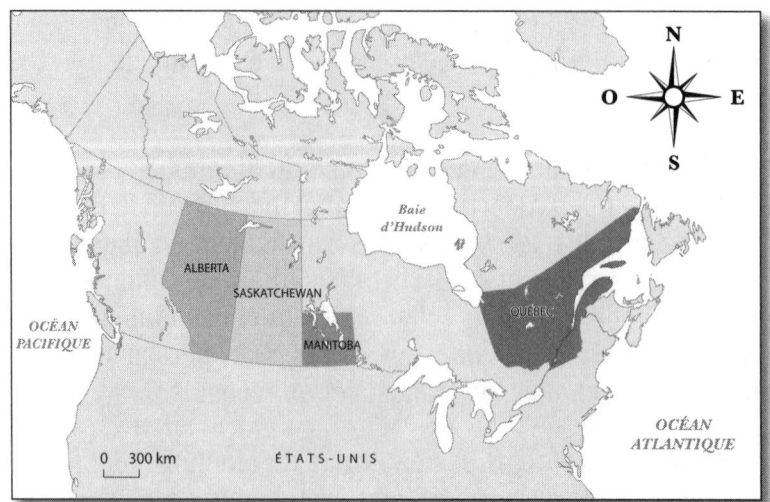

❖ **Les activités économiques :** la population du Québec tirait sa
subsistance de l'élevage, du commerce, de l'industrie minière, de
l'industrie manufacturière et de l'industrie forestière ; la population du Manitoba, de la Saskatchewan et de l'Alberta vivait surtout
de l'agriculture et de l'industrie agroalimentaire (culture du blé,
élevage bovin).                                              ① ② ❸

❖ **Les langues :** la majorité des Québécois étaient francophones ;
la plupart des habitants des Prairies étaient des immigrants
(Allemands, Italiens, Polonais, Russes et Ukrainiens) qui avaient
adopté l'anglais pour mieux communiquer entre eux.          ① ② ❸

❖ **Les religions :** la majorité des Québécois étaient catholiques ; la
plupart des habitants des Prairies étaient protestants.     ① ② ❸

---

(5.3.6) **LA SOCIÉTÉ QUÉBÉCOISE ET UNE SOCIÉTÉ NON
DÉMOCRATIQUE VERS 1980**

*Quelles sont les principales différences
entre ces deux sociétés ?* —————————————————

❖ **Les caractéristiques du territoire occupé :** le Québec est
situé en Amérique du Nord, possède des frontières communes avec
d'autres provinces canadiennes et des États américains, et son
territoire est caractérisé par un relief de vallées et de montagnes
et un climat continental humide ; l'Afrique du Sud est située au sud
du continent africain, s'étend de l'océan Atlantique à l'océan Indien   ① ② ❸

et possède des frontières communes avec la Namibie, le Botswana, le Zimbabwe, le Mozambique, le Lesotho et le Swaziland, et son territoire est caractérisé par un relief en plateau et un climat tropical.

❖ **Les populations :** la population du Québec s'élevait à 6 568 000 habitants dont 80 % de francophones ; la population de l'Afrique du Sud s'élevait à plus de 24 000 000 d'habitants dont 67 % de Noirs, 18 % de Blancs (Afrikaners et Anglais) et 15 % de métis ou de gens d'origine asiatique.  ① ② ❸

❖ **Les activités économiques :** l'économie du Québec est basée sur l'hydroélectricité, l'industrie forestière et les services ; l'économie de l'Afrique du Sud est basée sur l'industrie agroalimentaire, l'industrie du textile, l'industrie chimique et l'industrie métallurgique.  ① ② ❸

❖ **Les langues :** la langue officielle du Québec est le français, mais plusieurs services sont offerts en anglais, car la province fait partie du Canada qui a aussi comme langue officielle l'anglais ; les deux langues officielles de l'Afrique du Sud sont l'afrikaans (surtout parlé par les Blancs et les métis) et l'anglais (surtout parlé par les Blancs), mais les Noirs parlent des langues bantoues, l'anglais et l'afrikaans.  ① ② ❸

❖ **La prise de décision politique et le vote :** au Québec, les décisions sont prises de manière démocratique, c'est-à-dire que les députés élus par le peuple votent les lois qui encadrent toutes les sphères d'activité des citoyens (économie, éducation, justice, rapports internationaux, santé, sécurité, transport, etc.), et ce, dans le respect des droits et libertés ; en Afrique du Sud, l'apartheid (régime politique oppressif qui fut mis en place en 1948) classifiait la population selon la race des individus ; tous les pouvoirs politiques et économiques appartenaient à la minorité blanche ; en 1991, le président sud-africain Frederick De Klerk mit un terme au régime de l'apartheid, et Nelson Mandela, un activiste noir prônant la contestation non violente, devint président de l'Afrique du Sud en 1993.  ① ② ❸

❖ **Les droits et libertés :** au Québec, la Charte québécoise des droits et libertés de la personne et la Charte canadienne des droits et libertés interdisent la discrimination basée sur la race, la couleur, l'origine ethnique, le sexe, l'orientation sexuelle, l'état civil,  ① ② ❸

l'âge, la langue, les idéaux politiques, la condition sociale et le handicap ; en Afrique du Sud, l'apartheid interdisait les mariages mixtes, les contacts physiques, sociaux et culturels entre Blancs et non Blancs, retirait le droit de grève aux Noirs et leur interdisait l'accès à la formation professionnelle ; des lieux publics (écoles, transports en commun, toilettes publiques, piscines) étaient réservés aux Blancs et d'autres aux Noirs.

## 5.3.7 LA SOCIÉTÉ DES MICMACS ET LA SOCIÉTÉ INUITIENNE VERS 1980

### Quelles sont les principales différences entre ces deux sociétés ?

✧ **La composition et la répartition de la population :** la population micmaque, appartenant à la grande famille des Algonquiens, compte environ 20 000 individus et est concentrée dans les provinces maritimes (Nouveau-Brunswick, Nouvelle-Écosse et Île-du-Prince-Édouard) et en Gaspésie (Listuguj, Gesgapegiag et Gespeg) ; hormis les Inuits du Nunavut, des Territoires du Nord-Ouest et du Yukon, la population inuite compte environ 10 000 individus et est répartie dans 16 communautés sur le territoire du Nunavik, sur les côtes du Labrador ainsi que près de la baie James (Akulivik, Aupaluk, Chisasibi, Inukjuak, Ivujivik, Kangiqsualujjuaq, Kangiqsujuaq, Kangirsuk, Killiniq, Kuujjuaq, Kuujjuarapik, Puvirnituq, Quaqtaq, Salluit, Tasiujaq et Umiujaq).  ① ② ❸

✧ **Les caractéristiques du territoire occupé :** le territoire occupé par les Micmacs consiste en landes boisées caractérisées par la mer et les montagnes (Appalaches) ainsi qu'une végétation mixte (feuillus et conifères) et une faune abondante (caribou, cerf de Virginie, couguar, coyote, eider à duvet, lynx, musaraigne, omble de fontaine, orignal, porc-épic, rat musqué, renard roux, saumon, tamia) ; le territoire occupé par les Inuits est situé dans la toundra arctique (les étés y sont courts et frais, et les hivers y sont longs et rigoureux) caractérisée par une végétation presque inexistante (lichens, mousses, arbustes) et une faune peu diversifiée (bernache canadienne ou outarde, caribou, lagopède des rochers, lemming, lièvre arctique, omble chevalier, ouananiche, phoque, renard arctique).  ① ② ❸

❖ **Les activités économiques :** l'économie des Micmacs repose ① ② ❸
essentiellement sur l'artisanat, le tourisme, l'industrie forestière
et la pêche ; l'économie des Inuits repose sur la pêche, le piégeage
et la chasse, la mise sur pied de coopératives et de magasins, le
tourisme et la construction.

❖ **Les langues :** les Micmacs parlent le français, l'anglais et le ① ② ❸
micmac, une langue de la famille algonquienne ; les Inuits parlent
le français, l'anglais et l'inuktitut.

❖ **Les fêtes et cérémonies :** les Micmacs perpétuent le rituel de ① ② ❸
la danse du Soleil et participent aux célébrations du Grand Conseil
des Micmacs et de la fête catholique de Sainte-Anne ou « Sante'
Mawio'mi » qui a toujours lieu au Cap-Breton en Nouvelle-Écosse ;
chez les Inuits, la cérémonie d'extinction des feux consiste à se
rendre chez ses voisins, lors des longues nuits d'hiver, pour chanter et danser en éteignant les lampes ; à l'âge de la puberté, les
jeunes Inuits doivent s'isoler et jeûner pendant quelques jours afin
d'entrer en transe ; lors de fêtes spéciales, les femmes inuites pratiquent le chant « kattajak » ou chant de gorge.

❖ **L'artisanat :** les Micmacs confectionnent des broderies en poils ① ② ❸
d'orignal, des paniers d'écorce ou de joncs ornés de piquants de
porcs-épics et des vêtements en peaux de bêtes décorés de perles ;
les Inuits sculptent des animaux dans la serpentine, une pierre très
dure de couleur vert sombre, mais aussi dans le bois des caribous,
l'ivoire des morses et des narvals, et les os de baleines, en plus de
s'adonner au dessin et à l'estampe.

❖ **Le calendrier traditionnel :** le calendrier lunaire des Micmacs ① ② ❸
débutait à l'équinoxe du printemps (autour du 21 mars) et comportait 13 mois d'une durée de 28 jours (kjikús, siwkewikús, pena-
muikús, etquljuikús, nipnikús, peskewikús, kisikwekewikús, wiku-
mkewikús, wikewikús, keptekewikús, kiskewikús, punamujuikús et
apunknajit) ; le calendrier lunaire des Inuits comportait lui aussi
13 mois d'une durée de 28 jours qui étaient répartis en huit saisons
qui sont ukiuk (décembre/janvier/février/mars), upirngaksajaaq
(mars/avril), upirngaksaaq (avril/mai), upirngaaq (mai/juin/juillet),
aujaq (juillet/août/septembre), ukiaksajaaq (septembre/octobre),
ukiaksaaq (octobre/novembre) et ukiaq (novembre/décembre).

❖ **La danse et les sports :** des danses traditionnelles ponctuent ① ② ❸
les cérémonies des Micmacs qui, pour passer le temps, jouent au
bilboquet (jeu qui consiste à insérer une pointe d'os dans les trous
d'un morceau de cuir), mais ils jouent également au baseball ; les
Inuits jouent à l'inukat (jeu qui consiste à reconstituer le squelette
d'un animal à partir de ses os), pratiquent des danses traditionnelles telles que la danse du tambour, et s'adonnent à des jeux
d'agilité et d'endurance (p. ex. : l'aratsiaq qui consiste à donner un
coup de pied sur une cible suspendue), mais ils pratiquent aussi
des sports non traditionnels comme le baseball et le hockey.

## ( 5.4 ) LES DÉMARCHES ET TECHNIQUES LIÉES À LA GÉOGRAPHIE, À L'HISTOIRE ET À L'ÉDUCATION À LA CITOYENNETÉ

### *Comment prend-on connaissance d'un problème ?* ————

❖ **Définir le problème :** en s'assurant de bien comprendre les ① ❷ ❸
objectifs et la thématique abordée (sujet général et aspects) par le
problème, en précisant la question, en dégageant les idées principales et les mots-clés, en formulant une idée directrice ou en
reformulant le problème afin qu'il soit plus facile à comprendre et
en utilisant le dictionnaire pour les mots nouveaux ou difficiles.

❖ **Faire appel à ses connaissances antérieures :** en participant ① ❷ ❸
à un remue-méninges à partir des questions de base (Qui ? Quoi ?
Où ? Quand ? Comment ? Pourquoi ?) ou en élaborant une carte
sémantique ou un réseau conceptuel (partir de la question pour
élaborer un diagramme composé de mots-clés principaux et secondaires qui sont reliés ou organisés à l'aide de flèches, d'un code
de couleurs, d'icônes, etc.) et en anticipant plusieurs réponses, en
notant les questions supplémentaires qui viennent à l'esprit.

❖ **Envisager des stratégies de recherche qui conduiraient** ① ❷ ❸
**à la solution :** en relisant les consignes et en portant une attention particulière aux critères d'évaluation, en notant des idées
et des concepts dans un carnet de bord, en développant un plan
provisoire, en formulant des hypothèses, en anticipant le type de

production à réaliser (enquête, exposition, maquette, présentation multimédia, saynète, texte, etc.), et ce, en tenant compte de la date butoir et de la plage horaire à consacrer au projet.

## Comment s'interroge-t-on ?

❖ **Énoncer spontanément des questions :** en laissant de côté l'autocensure, en privilégiant les questions ouvertes, en s'inspirant des aspects et des sous-aspects du problème.    ① ❷ ❸

❖ **Organiser ses questions par catégories :** les questions visant à situer une société (p. ex.: «À quelle époque les colons français sont-ils venus s'établir en Nouvelle-France?»); les questions visant à connaître le système de prise de décision ou les rôles des membres d'une société (p. ex.: «Comment le gouverneur et l'intendant partageaient-ils le pouvoir en Nouvelle-France?»); les questions visant à connaître les causes de certains événements survenus dans une société (p. ex.: «Pourquoi les colons français se sont-ils surtout installés sur les rives du fleuve Saint-Laurent?»); les questions visant à connaître les conséquences des actions entreprises par les membres d'une société (p. ex.: «Quels ont été les impacts de l'arrivée des filles du Roy sur la population de la Nouvelle-France?»); les questions visant à établir des liens entre des événements et des personnages d'une société ou de plusieurs sociétés (p. ex.: «Comment les guerres napoléonien- nes ont-elles favorisé la conquête de la Nouvelle-France par les Britanniques?»); les questions visant à connaître les différents points de vue par rapport à une société (p. ex.: «Pourquoi certains gouverneurs britanniques étaient-ils favorables aux demandes des Canadiens français et d'autres pas?»); les questions visant à éta- blir un parallèle entre les événements du passé et ceux du présent et à définir le rôle des citoyens (p. ex.: «Comment devons-nous agir pour conserver nos coutumes et nos traditions francophones dans un monde pluraliste?»).    ① ❷ ❸

❖ **Sélectionner les questions utiles :** en associant chacune des questions aux aspects et sous-aspects du problème qui doivent être traités.    ① ❷ ❸

## Comment planifie-t-on une recherche ?

❖ **Établir un plan de recherche :** en consultant des manuels scolaires et des encyclopédies pour avoir un aperçu général de la matière à aborder, en classant et en numérotant les mots-clés selon leur importance, en identifiant les étapes à respecter (planification, recherche d'informations, organisation et présentation), en énumérant les tâches à accomplir et en répartissant les tâches dans le cas d'un travail d'équipe (Qui fait quoi?).  ① ❷ ❸

❖ **Repérer des sources d'information :** en dressant la liste de toutes les ressources qui concernent la thématique du problème (journaux et revues, ouvrages de référence, sites Internet, documents audiovisuels, experts, spécialistes et autres personnes-ressources, endroits à visiter) tout en précisant les avantages et les désavantages qui s'y rattachent, et ce, en tenant compte des échéances, ainsi qu'en demandant le soutien du/de la bibliothécaire ou de l'enseignant(e).  ① ❷ ❸

❖ **Choisir ou construire des outils de collecte des données :** en consultant les catalogues de la bibliothèque et en recourant à divers moteurs de recherche sur Internet à l'aide de mots-clés, en interrogeant des bases de données, en copiant, en sauvegardant ou en imprimant seulement les informations pertinentes qui se rattachent aux mots-clés et au plan de travail, en prélevant ou en reproduisant des illustrations ou des photographies libres de droits d'auteur, en utilisant des papillons adhésifs pour marquer les pages importantes d'un ouvrage ou en déterminant des signets sur Internet (p. ex.: Mes favoris), et en s'assurant d'avoir une variété et un nombre suffisant de ressources.  ① ❷ ❸

## Comment collecte-t-on et traite-t-on l'information ?

❖ **Collecter des données :** en explorant la table des matières ou l'index des ouvrages, en repérant les titres ou les sous-titres, en utilisant les mots-clés et leurs synonymes, en notant des données sur des fiches cartonnées, dans un carnet de bord ou à l'aide d'un traitement de texte, en interrogeant ou en commentant les données, en transcrivant des citations, en résumant des informations, en notant des définitions et en colligeant des statistiques ou des données chiffrées.  ① ❷ ❸

❖ **Classer les données en catégories :** en les regroupant selon   ①❷❸
leur importance, en réunissant les données qui se recoupent, en les
reliant aux mots-clés principaux (idées générales) et secondaires
(idées spécifiques), ainsi qu'en créant un dossier dans lequel
chaque fichier traite d'un aspect du sujet.

❖ **Distinguer les faits des opinions :** en relevant les adjectifs, les   ①❷❸
adverbes ou les formulations qui dénotent ou laissent paraître des
émotions, des sentiments et des doutes (p. ex. : « Je crois que… »,
« À mon avis… », « Je suppose que… »).

❖ **Critiquer les données :** en examinant divers points de vue, en   ①❷❸
vérifiant l'authenticité et la validité des sources (la formation et
le parcours professionnel de l'auteur, l'année de publication de
l'ouvrage ou de mise en ligne du site Internet), en contre-vérifiant
les données contradictoires et en élaborant une grille d'évaluation
des données à partir des consignes de l'enseignant(e).

❖ **Distinguer les documents pertinents des documents non**   ①❷❸
**pertinents :** en utilisant un code de couleurs (p. ex. : vert pour les
données essentielles, jaune pour les données facultatives et rouge
pour les données approximatives ou superflues) et en éliminant par
la suite les données approximatives ou superflues.

❖ **Comparer les données :** en partageant les données semblables   ①❷❸
ou différentes et en faisant un parallèle entre ses connaissances
antérieures et les nouvelles données.

## Comment organise-t-on l'information ?

❖ **Choisir un moyen pour transmettre l'information :** en s'as-   ①❷❸
surant que le type de travail répond aux exigences et qu'il est au
diapason du sujet (article, bande dessinée, compte rendu, débat,
dépliant, diaporama, exposé, kiosque, portfolio, récit, vidéo, etc.).

❖ **Concevoir un plan :** en hiérarchisant les informations (par ordre   ①❷❸
d'importance ou de manière chronologique), en identifiant le fil
conducteur, en respectant les étapes de rédaction (introduction,
développement, conclusion), en incluant une page titre, une table
des matières et une bibliographie.

❖ **Sélectionner l'essentiel dans l'information**: en résumant les ① ❷ ❸
données provenant de diverses sources, en surlignant les éléments
importants ou en biffant ceux qui sont accessoires ou négligeables.

❖ **Arranger les données**: en les insérant dans des diagrammes, ① ❷ ❸
des figures, des graphiques, des illustrations et des tableaux.

❖ **S'appuyer sur des documents**: en fournissant des annexes, en ① ❷ ❸
insérant des citations et des références, en donnant des exemples,
en mentionnant des faits, en présentant des preuves et en rapportant des témoignages.

❖ **Indiquer ses sources**: en notant les références de chaque docu- ① ❷ ❸
ment consulté.

Livre: nom et prénom de l'auteur, titre, lieu d'édition, maison d'édition, année de publication et nombre de pages.

Site Internet: nom et prénom de l'auteur, nom du site et adresse
URL.

Document audiovisuel: titre, année, lieu de production, producteur,
type de support (p. ex.: vidéocassette, DVD, cédérom) et minutage.

Personne-ressource: nom et prénom, date de consultation et
domaine d'expertise.

## Comment communique-t-on le résultat de sa recherche ? —

❖ **Choisir les mots appropriés**: en transformant les mots-clés ① ❷ ❸
et les données en phrases et en paragraphes, en utilisant des
marqueurs de relation (p. ex.: d'abord, ensuite, puis, ainsi, toutefois, enfin), en définissant, en illustrant ou en explicitant les mots
difficiles (p. ex.: glossaire ou lexique), en s'assurant que les idées
s'enchaînent logiquement, en utilisant un traitement de texte dans
lequel est intégré un correcteur orthographique et en relisant son
travail à voix haute pour vérifier la syntaxe et la ponctuation.

❖ **Présenter une production**: en identifiant le public cible et l'in- ① ❷ ❸
tention de communication, en tenant compte des éléments prosodiques (débit, ton, volume) et du temps accordé.

❖ **Utiliser différents supports**: en s'assurant de la disponibilité ① ❷ ❸
et de la fonctionnalité des appareils (lecteur de CD ou de DVD,
ordinateur, projecteur multimédia, rétroprojecteur, téléviseur), en
apportant des objets en lien avec le sujet et que l'auditoire peut
manipuler (artéfacts, instruments et outils, photographies).

# CHAPITRE 6

# ÉTHIQUE ET CULTURE RELIGIEUSE

## 6.1 RÉFLÉCHIR SUR DES QUESTIONS ÉTHIQUES

### 6.1.1 LES BESOINS DES ÊTRES HUMAINS ET DES ÊTRES VIVANTS

#### Qu'est-ce qui fait que je suis un être vivant unique ?

❖ **Ma naissance et ma croissance :** le bébé prend environ 9 mois ❶ ② ③
à se former dans le ventre de sa mère (au 2ᵉ mois, le fœtus ne
mesure que 3 ou 4 cm et ses membres commencent à se former ;
au 6ᵉ mois, le bébé mesure presque 40 cm, et il bouge et réagit à
l'environnement extérieur ; au 8ᵉ mois, il se retourne pour pouvoir
sortir tête première) ; à la naissance, le médecin doit couper le
cordon ombilical qui relie le nouveau-né à sa mère (conduit qui
permettait au fœtus de se nourrir) et tapote le dos du bébé pour le
forcer à respirer avec ses poumons ; s'il est prématuré, c'est-à-dire
s'il est né avant le temps, le bébé peut nécessiter des soins parti-
culiers (placement dans un incubateur) ; durant les trois premiers
mois de sa vie, le bébé grossit d'environ un kilogramme par mois ;
dans les trois premières années de sa vie, l'enfant apprend à
manipuler des objets (vers 10 mois), à marcher (vers 12 mois)
et à parler (vers 14 mois).

❖ **Mes goûts et mes préférences :** les goûts et les préférences ❶ ② ③
des individus dépendent des perceptions par les cinq sens, dont la
vue (p. ex. : une œuvre d'art peut sembler esthétique pour l'un et
de mauvais goût pour l'autre), l'ouïe (p. ex. : une mélodie peut sembler harmonieuse pour l'un et cacophonique pour l'autre), l'odorat
(p. ex. : un parfum peut sembler odorant pour l'un et nauséabond
pour l'autre), le goût (p. ex. : un mets peut sembler délicieux
pour l'un et insipide pour l'autre) et le toucher (p. ex. : un tissu
peut sembler doux pour l'un ou rugueux pour l'autre) ; ils peuvent
dépendre aussi de l'éducation (p. ex. : ne pas être porté sur les
sports extrêmes à cause des mises en garde de ses proches),
des expériences individuelles (p. ex. : ne pas aimer pratiquer
le ski parce qu'on a déjà fait une chute) et de l'influence des autres
(p. ex. : ne pas aimer l'opéra parce que ça ne fait pas «cool»).

## Quels sont les besoins communs et différents chez les êtres vivants ?

❖ **Les besoins physiques, affectifs et intellectuels des êtres humains :** les besoins physiques sont nécessaires à la survie du corps (p. ex. : boire, manger, respirer, évacuer les déchets de son organisme, dormir, se réchauffer), les besoins affectifs sont reliés à la sécurité, aux relations interpersonnelles et à l'expression de soi (p. ex. : sécurité financière, sécurité physique, reconnaissance sociale, amitié et amour, appartenance à un groupe, estime de soi), et les besoins intellectuels sont reliés à l'accomplissement personnel (p. ex. : apprendre, participer à l'amélioration du monde). ❶ ② ③

❖ **Les besoins des nouveau-nés :** dans les premiers mois de leur vie, les nourrissons dépendent entièrement de leurs parents pour subvenir à leurs besoins qui sont de se nourrir (lait maternel ou substitut), de dormir (environ 13 heures par jour), de se sentir en sécurité (chaleur et confort), d'être propres (bains, changement de couches), d'entrer en contact (massage, caresses, contacts visuels) et d'être aimés. ❶ ② ③

❖ **Les besoins des animaux et des végétaux :** les animaux sont des êtres vivants organisés, doués de sensibilité et capables de se mouvoir, et leurs besoins sont de se nourrir (substances organiques végétales et animales), de respirer, de dormir, d'évacuer les déchets de leur organisme et de se trouver un abri (p. ex. : tanière, nid, terrier) ; les végétaux sont des êtres vivants fixés au sol et qui sont doués d'une sensibilité et d'une mobilité réduite, et leurs besoins sont de se nourrir (sels minéraux, gaz carbonique), de s'hydrater (eau), de bénéficier de chaleur et de lumière (photosynthèse). ❶ ② ③

❖ **Les cycles de la vie :** tous les êtres vivants naissent (p. ex. : après une gestation de plusieurs semaines ou mois, les mammifères accouchent de leur bébé), croissent (p. ex. : après être sortie du grain, la plante forme une tige accompagnée de pétales), parviennent à maturité (p. ex. : l'être humain passe par la puberté avant de pouvoir se reproduire) et meurent (p. ex. : les arbres morts se décomposent et servent d'engrais aux autres végétaux). ❶ ② ③

❖ **La diversité des relations d'interdépendance :** la survie des   ❶ ② ③
êtres vivants dépend des relations qu'ils entretiennent entre eux,
comme la prédation ou capture de proies pour se nourrir (p. ex. :
le hibou chasse les rongeurs), la compétition ou concurrence pour
la recherche d'un même avantage (p. ex. : le lion, le guépard et
la hyène se nourrissent du même gibier et sont parfois appelés à
livrer combat pour s'approprier leur proie), le mutualisme ou association de deux êtres vivants qui se rendent réciproquement service
(p. ex. : le pique-bœuf est un oiseau qui se nourrit des parasites
présents sur le corps des buffles et des éléphants), le commensalisme ou association de deux êtres vivants qui ne profite qu'à un
seul des deux (p. ex. : le poisson-rémora qui, grâce à une sorte de
ventouse, se fixe à la carapace de la tortue luth pour se déplacer),
le parasitisme ou fait d'un parasite vivant aux dépens d'un autre
être vivant ou d'un hôte (p. ex. : le gui, une sorte de plante, s'accroche aux arbres comme le chêne et le peuplier, et se nourrit des sels
minéraux présents dans le tronc), et la symbiose ou association
indispensable à la survie de deux êtres vivants (p. ex. : des algues
s'unissent à des champignons pour former le lichen).

## 6.1.2  LES EXIGENCES DE L'INTERDÉPENDANCE ENTRE LES ÊTRES HUMAINS ET LES AUTRES ÊTRES VIVANTS

### Quelles sont mes responsabilités dans la famille et à l'école ?

❖ **Mes responsabilités à la maison :** l'enfant doit participer   ① ❷ ③
pleinement à la vie familiale en ayant une bonne hygiène de vie
(p. ex. : en se lavant, en dormant suffisamment, en se nourrissant
d'aliments sains), en respectant ses parents, ses frères et sœurs,
en collaborant aux tâches, en se conformant aux lois qui régissent
la société, en ne gaspillant pas les ressources, en prenant soin de
ses effets personnels, etc.

❖ **Mes responsabilités à l'école :** l'élève doit participer plei-   ① ❷ ③
nement à la vie scolaire en accomplissant ses travaux, en étant
assidu, en respectant les échéances, en posant des questions en
cas d'incompréhension, en gardant les lieux propres, en se prépa-
rant adéquatement aux évaluations, en accomplissant ses devoirs
et leçons, en respectant les adultes et ses pairs, en acceptant les
différences, etc.

## *Quels sont les traitements appropriés et inappropriés envers les êtres vivants ?*

✧ **Le rôle de l'être humain dans la réponse aux besoins des autres êtres vivants :** l'être humain doit participer à la sauvegarde de l'environnement en réduisant sa consommation afin de moins polluer et d'éviter le gaspillage des ressources naturelles ; il doit également prendre soin de ses animaux domestiques et d'élevage (en leur fournissant eau et nourriture, en leur faisant faire des exercices, en nettoyant leur cage ou enclos, en les amenant chez le vétérinaire lorsqu'ils sont malades ou blessés) et des plantes qu'il cultive (en les arrosant, en leur procurant la lumière nécessaire). ① ❷ ③

✧ **Les actions qui favorisent l'épanouissement des êtres vivants :** la compassion (p. ex. : adopter un animal qui vient d'un refuge plutôt que d'une animalerie), le travail bénévole (p. ex. : participer à une corvée de nettoyage des rives d'un cours d'eau), le recyclage (p. ex. : utiliser des fournitures scolaires de l'année précédente), le choix éclairé (p. ex. : consommer des produits biologiques et équitables). ① ❷ ③

✧ **Les actions qui sont nuisibles aux êtres vivants :** la pollution (p. ex. : utiliser des sacs d'épicerie en plastique qui prennent des centaines d'années à se dégrader), le gaspillage (p. ex. : acheter des vêtements dont on n'a pas besoin et qui sont fabriqués à partir de matières non recyclables), la maltraitance (p. ex. : ne pas suffisamment nourrir un animal dépendant de soi), la cruauté (p. ex. : infliger des coups ou des blessures à un animal), l'insouciance (p. ex. : habiter non loin de l'école et se faire conduire en voiture au lieu de marcher). ① ❷ ③

✧ **Les façons de traiter les êtres vivants dans les médias :** les documentaires à la télévision et les articles dans les journaux s'appliquent à montrer l'évolution des animaux dans leur milieu, et ils utilisent souvent des images-chocs (p. ex. : un loup qui tue un faon pour le manger, un oisillon qui est abandonné par ses parents, un troupeau d'éléphants qui protège ses éléphanteaux contre des prédateurs, un animal qui donne naissance à ses rejetons) pour engendrer des émotions diverses comme la tendresse, la peur et ① ❷ ③

la pitié ; les organismes de protection des êtres vivants emploient aussi des images-chocs pour attirer de nouveaux membres ou pour recueillir des fonds.

## *Quelles sont les valeurs et les normes qui balisent l'agir dans la famille et à l'école ?*

❖ **Les règles de vie en famille :** les parents doivent veiller à maintenir un climat sain basé sur la communication, et doivent contribuer au développement de l'autonomie et du sens des responsabilités de leurs enfants, et ce, en imposant des règles (p. ex. : se coucher tôt, regarder la télé selon un horaire déterminé, utiliser un langage respectueux, faire ses devoirs, participer aux tâches ménagères) et des valeurs (entraide, respect, partage) ainsi que des conséquences (retrait d'un privilège, temps de réflexion).   ① ❷ ③

❖ **Les règles de vie en classe :** les règles qui concernent les tâches à accomplir (p. ex. : remettre ses travaux à temps), les règles qui concernent les procédures (p. ex. : lever la main pour demander le droit de parole), les règles qui concernent la sécurité et le bien-être (p. ex. : circuler sans courir dans l'école), les règles qui concernent le respect de soi (p. ex. : avoir une tenue vestimentaire convenable), les règles qui concernent le respect des autres (p. ex. : utiliser une démarche pacifique pour résoudre les conflits) et les règles qui concernent le respect du matériel et de l'environnement (p. ex. : utiliser les deux côtés d'une feuille de papier).   ① ❷ ③

❖ **La distinction entre les gestes permis et défendus :** les gestes permis sont ceux qui permettent d'exercer sa liberté sans entraver celle des autres ; les gestes défendus sont ceux qui peuvent causer du tort à soi-même et aux autres.   ① ❷ ③

❖ **Les valeurs qui favorisent des relations interpersonnelles saines :** la collaboration (p. ex. : coopérer avec un ou plusieurs élèves pour résoudre un problème), l'entraide (p. ex. : apporter son soutien à un élève qui éprouve des difficultés d'apprentissage), le partage (p. ex. : prêter son matériel à un autre élève) et le souci à l'égard des êtres vivants (p. ex. : signaler la présence d'un chien errant à un refuge pour animaux abandonnés).   ① ❷ ③

❖ **Les sources de valeurs et de normes :** la famille (p. ex. : le ① ❷ ③
respect des responsabilités et devoirs individuels), l'école (p. ex. :
le code de vie et les activités d'engagement communautaire), la
société (p. ex. : les lois reliées au Code criminel et au Code civil
ainsi que les articles de la Charte des droits et libertés) et la
religion (p. ex. : les dix commandements de la Bible, la règle d'or
qui dit qu'il faut s'aimer les uns les autres et traiter son prochain
comme on veut être traité).

### *Quels sont les personnes ou groupes qui témoignent d'un sens des responsabilités à l'égard des êtres vivants ?*

❖ **La protection des végétaux et des animaux :** plusieurs orga- ① ❷ ③
nismes défendent les droits des êtres vivants, comme Greenpeace
(lutte contre la pollution, contre le réchauffement climatique,
pour la préservation des mers, pour l'abandon de la culture des
organismes génétiquement modifiés), la Société protectrice des
animaux (établissement de refuges pour animaux abandonnés,
lutte contre la cruauté envers les animaux), les Amis de la Terre
(protection de l'humain et de son environnement, partage équita-
ble des ressources de la Terre), la PETA ou « People for the Ethical
Treatment of Animals » (lutte contre l'expérimentation animale, la
fourrure, l'élevage d'animaux dans de mauvaises conditions) et la
WWF ou « World Wildlife Fund » (surveillance de l'application des
réglementations internationales en ce qui a trait à l'environnement,
restauration d'espèces animales en voie d'extinction).

❖ **La protection des êtres humains et de leur dignité :** plu- ① ❷ ③
sieurs organismes humanitaires défendent les droits des citoyens
du monde, comme Amnistie internationale (promotion des droits
humains tels que la liberté d'expression et l'accès aux services de
santé, opposition à la violation des droits humains tels que la discrimination et le recours à la torture), Médecins Sans Frontières
(association médicale qui apporte son aide à des victimes d'épidémies, de conflits armés, de catastrophes naturelles), Unicef (interventions auprès des enfants dont les besoins primaires ne sont pas
comblés, des enfants atteints du sida, des enfants dont les droits
sont bafoués), la Croix-Rouge (gestion des sinistres en fournissant
des vivres, des vêtements et de l'hébergement temporaire, services
de secourisme et de sécurité aquatique) et l'Armée du Salut (aide
aux sinistrés, service communautaire et d'aide à la famille, recherche de parents disparus, maisons d'hébergement, soins palliatifs).

## 6.1.3 · LES RELATIONS INTERPERSONNELLES DANS LES GROUPES

### Quels sont les types de relations interpersonnelles dans les groupes ?

⋄ **Le développement de l'identité personnelle et les grou-** ① ② ❸
**pes d'appartenance :** l'identité personnelle est la représentation qu'on se fait de soi-même à travers ses comportements, son habillement et ses propos, et elle est influencée par le caractère de la personne, sa génétique, son milieu familial, son éducation, ses relations, ses expériences de vie positives ou négatives, sa compréhension du monde ; les groupes d'appartenance peuvent être reliés à l'âge (p. ex. : les classes ou groupes scolaires), au sexe (les garçons et les filles), aux aptitudes (p. ex. : les équipes sportives ou les activités parascolaires), aux goûts et préférences (p. ex. : les jeux, les loisirs et les clubs d'admirateurs), aux valeurs (p. ex. : les gangs, les sectes et les religions), aux métiers (p. ex. : les associations professionnelles), aux idéaux (p. ex. : les partis politiques), à la langue (p. ex. : la communauté anglophone), à la culture (p. ex. : les groupes musicaux), etc.

⋄ **Les avantages et les inconvénients de la vie de groupe :** la ① ② ❸
vie de groupe permet de développer l'ouverture d'esprit, la collaboration et le sens des responsabilités, de forger son identité personnelle et de partager ses goûts et ses préférences, mais elle peut aussi entraîner un manque d'intimité, la perte de l'individualité (ne rien valoir sans le groupe), la dépendance aux autres, la hiérarchisation (des meneurs et des suiveurs), des conflits interpersonnels dus au manque de confiance, à la jalousie ou au désir de contrôler.

⋄ **La diversité des relations entre les membres d'un** ① ② ❸
**groupe :** les membres d'un groupe n'entretiennent pas tous les mêmes rapports entre eux qui peuvent être bénéfiques ou nuisibles, comme la domination (exercer une emprise sur l'autre), la soumission (se soumettre aux décisions de l'autre), la coopération (travailler conjointement avec l'autre pour atteindre un but), la rivalité (lutter pour obtenir le pouvoir), la dépendance (dépendre de la présence ou de l'opinion de l'autre), l'indifférence (se montrer insensible au sort de l'autre), la confiance (se sentir en sécurité en présence de l'autre), la méfiance (douter de l'autre), etc.

## Quelles sont les exigences de la vie de groupe ?

✧ **Les comportements et les attitudes qui contribuent ou nuisent à la vie de groupe :** la générosité, la modestie, l'honnêteté, les bonnes manières, la courtoisie, le pardon, la franchise, l'empathie et la bienveillance améliorent les relations interpersonnelles dans le groupe, mais l'hypocrisie, la jalousie, la convoitise, la rancune l'arrogance, la vantardise, la peur, la contestation, la moquerie, l'impolitesse, l'égoïsme et l'agressivité verbale et physique peuvent les détériorer. ① ② ❸

✧ **Les conditions qui assurent ou non le bien-être personnel de chaque membre :** lorsqu'un individu se sent accepté, encouragé et impliqué au sein d'un groupe, il se sentira bien et voudra contribuer au bien-être des autres ; à l'opposé, s'il se sent rejeté, découragé et exclu, il aura tendance à s'isoler ou à se révolter. ① ② ❸

## Comment sont perçues les personnes membres de la société ?

✧ **Le jeune, un membre de la société :** au même titre que n'importe quel citoyen, le jeune doit respecter les lois et règles adoptées par la société dans laquelle il vit (p. ex. : au fédéral, la Loi sur les jeunes contrevenants s'applique aux adolescents âgés de 12 à 17 ans, et les enfants de moins de 12 ans ne peuvent être reconnus coupables d'infractions ; la responsabilité incombe alors aux parents). ① ② ❸

✧ **Les différences comme source d'enrichissement et de conflit dans la vie en société :** par ignorance, divergence d'opinions, incompréhension ou à cause de leur éducation ou de leurs expériences personnelles, certains individus font preuve d'intolérance ou de discrimination à l'égard de ceux qui n'appartiennent pas au même sexe, à la même catégorie d'âge, au même groupe ethnique, qui n'ont pas la même orientation sexuelle, qui n'adhèrent pas à la même religion, à la même idéologie politique, ou qui souffrent d'un handicap physique ou intellectuel. ① ② ❸

✧ **Les préjugés, les généralisations et les stéréotypes :** les préjugés sont des croyances ou opinions préconçues (p. ex. : le racisme et l'homophobie), les généralisations sont des opérations mentales qui consistent à étendre à plusieurs personnes des observations ou des constats faits à partir de quelques personnes ① ② ❸

(p. ex. : dire que tous les assistés sociaux sont des fraudeurs parce que quelques-uns d'entre eux le sont), et les stéréotypes sont des opinions généralisées qui concernent une catégorie d'individus (p. ex. : les femmes sont plus émotives que les hommes).

## Quelles sont les exigences de la vie en société ? ———————

❖ **L'acceptable et l'inacceptable dans la société :** tout indi- ① ② ❸
vidu jouit de la liberté de conscience ou de religion, de la liberté de pensée et d'opinion, de la liberté d'association, et a le droit de vote lorsqu'il atteint la majorité, de s'établir et de circuler dans les endroits qu'il désire, d'être instruit, etc. ; les comportements inac-ceptables en société sont associés au mensonge, à la tricherie, à la négligence, à l'atteinte à la vie privée, au trafic de drogue, au vol, à la fraude, à la violence verbale et physique, à l'agression sexuelle, à la cruauté envers les animaux, à l'homicide (action de tuer un être humain), au terrorisme, etc.

❖ **La gestion des tensions ou des conflits :** pour prévenir les ① ② ❸
tensions et les conflits, les gouvernements municipaux, provin-ciaux et fédéral adoptent des règles et des lois qui régissent les comportements (le Code criminel, le Code civil et la Charte cana-dienne des droits et libertés) ; les corps policiers et dans de rares cas l'armée sont chargés de veiller au respect de ces règles et de ces droits ; lorsqu'un individu commet une infraction ou est mêlé à un délit, il doit comparaître en justice (souvent devant un juge et un jury), répondre de ses actions et peut encourir une amende ou se voir infliger une peine à purger dans la collectivité ou dans un pénitencier.

❖ **Les valeurs, les normes et les responsabilités qui balisent** ① ② ❸
**la vie en société :** pour être profitable à tous, la vie en société doit reposer sur des principes fondamentaux comme la solidarité (le soutien mutuel), la liberté (l'autonomie et l'indépendance dans ses gestes et paroles), la justice (la reconnaissance et le respect des droits de chacun), la démocratie (l'opinion de chacun compte), la dignité (le respect de soi) et l'harmonie (la bonne entente).

## 6.2 MANIFESTER UNE COMPRÉHENSION DU PHÉNOMÈNE RELIGIEUX

### 6.2.1 LES CÉLÉBRATIONS EN FAMILLE

#### Quelles sont les principales fêtes religieuses dans le monde ?

✧ **La célébration de Pâques chez les catholiques, les protestants et les orthodoxes :** fête célébrée en mars ou en avril de chaque année et qui commémore les derniers moments de la vie de Jésus, son dernier repas avec ses douze apôtres, ses souffrances et sa mort sur la croix, et enfin sa résurrection trois jours après sa crucifixion ; la renaissance de la nature y est aussi symbolisée par les œufs qu'on décore.   ❶ ② ③

✧ **La célébration de Noël chez les catholiques, les protestants et les orthodoxes :** fête de la Nativité célébrée le 25 décembre et qui commémore la naissance de Jésus dans une crèche de Bethléem ; les participants échangent des cadeaux tout comme les Rois mages ont offert de l'or, de la myrrhe et de l'encens au nouveau-né.   ❶ ② ③

✧ **La célébration de l'Épiphanie chez les catholiques, les protestants et les orthodoxes :** fête aussi connue sous l'appellation de fête des Rois, qui a lieu le 6 janvier, mais souvent célébrée le deuxième dimanche après Noël, et qui commémore la présentation de Jésus aux trois Rois mages, Balthazar, Melchior et Gaspard ; chez les orthodoxes, cette fête est plutôt associée au baptême de Jésus dans les eaux du Jourdain par son cousin Jean le Baptiste.   ❶ ② ③

✧ **La célébration de l'Action de grâce chez les catholiques, les protestants et les peuples autochtones :** fête aussi connue sous l'appellation de « Thanksgiving » qui est célébrée aux États-Unis le quatrième jeudi de novembre et au Canada le deuxième lundi d'octobre, et pendant laquelle les participants remercient Dieu par des prières et des louanges pour l'abondance des récoltes et l'œuvre de la création.   ❶ ② ③

✧ **La célébration de la pâque chez les juifs :** fête aussi connue sous l'appellation de Temps de la Liberté, qui est célébrée au printemps et qui est d'une durée de sept ou huit jours, pendant laquelle   ❶ ② ③ les participants commémorent la sortie du peuple hébreu d'Égypte et la remise de la Torah à Moïse sur le mont Sinaï; pendant cette fête, il est interdit de consommer tout aliment qui contient de la levure (pain, pâtes, gâteaux).

❖ **La célébration de Soukhot chez les juifs:** fête des Cabanes ou des Tabernacles, célébrée en septembre et octobre, qui rappelle le séjour des Hébreux dans le désert après leur fuite d'Égypte et pendant laquelle la Torah, la loi de Moïse et les dix commandements de Dieu, leur fut dictée et qui exige des participants qu'ils résident, prennent leurs repas et dorment dans une soukka (sorte de cabane) construite de leurs mains, et ce, dès la fin de Yom Kippour. ❶ ② ③

❖ **La célébration du Yom Kippour chez les juifs:** jour du Grand Pardon ou de l'Expiation qui est célébré en octobre et pendant lequel les participants jeûnent pendant vingt-cinq heures, demandent grâce à Dieu, reconnaissent les fautes commises envers les autres, les réparent si nécessaire et s'engagent à ne plus récidiver. ❶ ② ③

❖ **La célébration de Hanoukka chez les juifs:** fête de la Dédicace ou des Lumières qui est célébrée pendant huit jours à partir du 25$^e$ jour du mois hébraïque de Kislev (novembre et décembre) et commémorant la victoire de Judas Maccabée sur Antiochos IV Épiphane et la purification du Temple au II$^e$ siècle av. J.-C.; les enfants y reçoivent des jouets, et une toupie à quatre faces permet de tirer au sort ces cadeaux. ❶ ② ③

❖ **La célébration du Pourim chez les juifs:** fête célébrée au mois de mars, qui commémore le récit de la libération des juifs de leur captivité de l'Empire perse tel que relaté dans le livre d'Esther, et pendant laquelle les participants échangent des aliments et des boissons entre voisins après une période de jeûne, se déguisent et prennent part à des mascarades. ❶ ② ③

❖ **La célébration de l'Id al-Adha chez les musulmans:** fête célébrée en novembre ou décembre et d'une durée de quatre jours, qui commémore le sacrifice que Dieu demanda à Abraham pour éprouver sa foi, soit d'immoler son fils unique Ismaël, mais qu'Il interrompit pour demander plutôt à Abraham d'égorger un mouton; ❶ ② ③ pendant cette fête, les participants s'inspirent du récit d'Abraham et égorgent un mouton pour en offrir une partie aux pauvres et pour manger le reste en famille.

❖ **La célébration de l'Id al-Fitr chez les musulmans :** fête célébrée en septembre ou octobre, d'une durée de trois jours, et qui marque la fin du ramadan, mois de privation et de jeûne au cours duquel on ne mange ni ne boit du lever au coucher du soleil ; pendant cette fête, famille, voisins et amis échangent des cadeaux et partagent des repas festifs ; les enfants sont invités à porter des vêtements neufs et les participants se rendent parfois au cimetière pour honorer leurs proches qui sont décédés. ❶ ② ③

❖ **La célébration du Wesak chez les bouddhistes :** fête aussi connue sous l'appellation de fête des Moissons, qui célèbre l'an-niversaire de Gautama Bouddha, représentant du plan divin, et qui rappelle sa naissance, son éveil ou illumination et sa mort ; au moment de la première pleine lune du mois de mai ; les par-ticipants commémorent la rencontre de deux grands messagers d'amour et de sagesse, Jésus et Bouddha, en méditant et en réci-tant des mantras ou phrases sacrées. ❶ ② ③

❖ **La célébration du Divâlî chez les hindous :** fête des lumiè-res et du Nouvel An, qui est célébrée le jour de la nouvelle lune en octobre ou novembre et pendant laquelle les participants s'ha-billent de vêtements neufs, s'offrent des cadeaux ou des sucreries et allument des pétards et des feux d'artifice. ❶ ② ③

## *Quels sont les principaux rituels de naissance dans le monde ?*

❖ **Le baptême chez les catholiques, les protestants et les orthodoxes :** sacrement qui consiste à marquer l'entrée d'une personne au sein de l'Église, rappelant le baptême de Jésus dans les eaux du Jourdain par son cousin Jean le Baptiste, et qui est souvent pratiqué sur de jeunes enfants, mais aussi parfois sur des adultes ; le prêtre verse un peu d'eau sur la tête du baptisé et le marque du signe de la croix avec le saint chrême (une huile mêlée de baume), tout cela devant ses parents, son parrain et sa mar-raine qui s'engagent à le faire grandir dans la foi chrétienne. ❶ ② ③

⬩ **Le souffle de la prière chez les musulmans :** à la naissance d'un enfant, les adeptes procèdent au lavage de son corps, et l'on souffle l'appel à la prière dans son oreille gauche. ❶ ② ③

⬩ **L'attribution du prénom chez les juifs :** la tradition veut que l'on donne le prénom hébreu d'un proche (parent, grand-parent, aïeul) à un enfant ; lorsque le prénom est choisi, le père se rend à la synagogue pour le prononcer devant la Torah, et le rabbin prononce quant à lui une bénédiction pour l'enfant et sa mère. ❶ ② ③

⬩ **Le rachat du premier-né chez les juifs :** aussi connu sous l'appellation de pidione haben, le rachat à Dieu du premier-né est effectué (contre une somme d'argent) par le père et se pratique seulement sur les garçons au 30ᵉ jour après la naissance. ❶ ② ③

⬩ **La circoncision chez les juifs :** rite pratiqué le huitième jour suivant la naissance de chaque nouveau-né mâle et qui consiste à enlever une partie du repli de peau qui recouvre l'organe mâle pour rappeler l'Alliance promise par Dieu à Abraham et à tout le peuple d'Israël. ❶ ② ③

⬩ **L'horoscope de naissance chez les hindous :** étude de la destinée d'un individu à partir du positionnement des astres dans le ciel au moment de la naissance ; l'horoscope hindou comporte douze signes astrologiques, dont mesha (courage, volonté, énergie), vrishbha (sensualité, impatience, férocité), mithum (adaptabilité, diplomatie, curiosité), karka (mystère, générosité, fidélité), simha (orgueil, générosité, justice), kanya (stabilité, loyauté, prudence), thula (amabilité, réussite, altruisme), vrishchika (résistance, émotivité, énergie), dhanu (exaltation, puissance, aventure), makara (timidité, ténacité, intuition), khumba (ingéniosité, innovation, compréhension) et meena (disponibilité, sagesse, discrétion). ❶ ② ③

⬩ **Le choix du prénom chez les hindous :** le choix du prénom est déterminé par les Écritures et l'horoscope et inspiré des divinités, de leurs qualités et de leurs vertus, et des personnages de la mythologie. ❶ ② ③

⬩ **L'attribution du nom des garçons et des filles chez les peuples autochtones :** dans certaines tribus amérindiennes, le choix du nom de l'enfant est fait par un ancien à qui on remet des présents en échange de ses services ; chez certains peuples, ❶ ② ③ les hommes se voyaient attribuer trois noms, soit un à l'enfance, un autre comme jeune adulte, et un dernier en tant que guerrier confirmé ; enfin, la totémisation consistait à choisir un nom d'animal selon ses qualités et ses vertus.

✧ **La cérémonie des premiers pas chez les peuples autochtones :** chez les Cris, lorsque l'enfant apprend à marcher, les adultes lui remettent des imitations d'armes de chasse, et le petit fait semblant d'abattre le gibier et revient à la tente pour le remettre aux aînés et ainsi montrer sa serviabilité à la communauté.  ❶ ② ③

## Quels sont les récits marquants associés aux diverses religions dans le monde ?

✧ **Le récit de l'Annonciation chez les catholiques :** récit dans lequel l'archange Gabriel annonce à Marie qu'elle donnera naissance au Fils de Dieu, et ce, en demeurant vierge.  ❶ ② ③

> ### Évangile selon Luc – Chapitre 1, versets 26-35
> *« Au sixième mois, l'ange Gabriel fut envoyé par Dieu dans une ville de Galilée appelée Nazareth, vers une vierge qui était fiancée à un homme de la maison de David, nommé Joseph ; et le nom de la vierge était Marie. Étant entré où elle était, il lui dit : "Salut, pleine de grâce ! Le Seigneur est avec vous ; [vous êtes bénie entre les femmes]." Mais à cette parole elle fut fort troublée, et elle se demandait ce que pouvait être cette salutation. L'ange lui dit : "Ne craignez point, Marie, car vous avez trouvé grâce devant Dieu. Voici que vous concevrez, et vous enfanterez un fils, et vous lui donnerez le nom de Jésus. Il sera grand et sera appelé fils du Très-Haut ; le Seigneur Dieu lui donnera le trône de David son père ; il régnera éternellement sur la maison de Jacob, et son règne n'aura point de fin." Marie dit à l'ange : "Comment cela sera-t-il, puisque je ne connais point l'homme ?" L'ange lui répondit : "L'Esprit-Saint viendra sur vous, et la vertu du Très-Haut vous couvrira de son ombre. C'est pourquoi l'être saint qui naîtra sera appelé Fils de Dieu. Et voici qu'Élisabeth, votre parente, a conçu, elle aussi,*

*un fils dans sa vieillesse, et ce mois-ci est le sixième
pour elle que l'on appelait stérile, car rien ne sera
impossible pour Dieu." »*

⋄ **Le récit des Rois mages et des bergers chez les catholiques, les protestants et les orthodoxes :** récit dans lequel
des mages, guidés par l'éclat d'une étoile, se rendent à Bethléem
pour adorer Jésus peu après sa naissance et lui apporter des
cadeaux.

❶ ② ③

### *Évangile selon Matthieu – Chapitre 2, versets 1-12*

*« Jésus étant né à Bethléem de Judée, aux jours du
roi Hérode, voici que des mages d'Orient arrivèrent à
Jérusalem, disant : "Où est le roi des Juifs qui vient de
naître ? Car nous avons vu son étoile à l'orient et nous
sommes venus l'adorer." Ce que le roi Hérode ayant
appris, il fut troublé, et tout Jérusalem avec lui. Il
assembla tous les grands prêtres et les scribes du peuple, et il s'enquit auprès d'eux où devait naître le Christ.
Ils lui dirent : "A Bethléem de Judée, car ainsi a-t-il été
écrit par le prophète : Et toi, Bethléem, terre de Juda, tu
n'es pas la moindre parmi les principales villes de Juda,
car de toi sortira un chef qui paîtra Israël, mon peuple."
Alors, Hérode, ayant fait venir secrètement les mages,
s'enquit avec soin auprès d'eux du temps où l'étoile était
apparue. Et il les envoya à Bethléem en disant : "Allez,
informez-vous exactement au sujet de l'enfant, et lorsque vous l'aurez trouvé, faites-le-moi savoir, afin que
moi aussi j'aille l'adorer." Ayant entendu les paroles du
roi, ils partirent. Et voilà que l'étoile qu'ils avaient vue
à l'orient allait devant eux, jusqu'à ce que, venant au-
dessus du lieu où était l'enfant, elle s'arrêta. À la vue
de l'étoile, ils eurent une très grande joie. Ils entrèrent
dans la maison, trouvèrent l'enfant avec Marie, sa mère,
et, se prosternant, ils l'adorèrent ; puis, ouvrant leurs
trésors, ils lui offrirent des présents : de l'or, de l'encens
et de la myrrhe. Et ayant été avertis en songe de ne
point retourner vers Hérode, ils regagnèrent leur pays
par un autre chemin. »*

❖ **Le récit de Noé et du déluge chez les catholiques, les**    ❶ ② ③
**protestants et les juifs :** récit dans lequel Noé, un homme sage,
est chargé par Dieu de construire une arche et d'y amener un
couple de chaque espèce animale afin de les épargner de pluies et
d'inondations catastrophiques.

### Genèse – Chapitre 7, versets 12-24

*« [...] et la pluie tomba sur la terre durant quarante
jours et quarante nuits. Ce même jour, Noé entra dans
l'arche, avec Sem, Cham et Japhet, fils de Noé, la femme
de Noé et les trois femmes de ses fils avec eux, eux et
toutes les bêtes des diverses espèces, tous les animaux
domestiques des diverses espèces, tous les reptiles des
diverses espèces qui rampent sur la terre, et tous les
oiseaux des diverses espèces, tous les petits oiseaux,
tout ce qui a des ailes. Ils vinrent vers Noé dans l'arche, deux à deux, de toute chair ayant souffle de vie. Ils
arrivaient mâle et femelle, de toute chair, comme Dieu
l'avait ordonné à Noé. Et Yahweh ferma la porte sur
lui. Le déluge fut quarante jours sur la terre ; les eaux
grossirent et soulevèrent l'arche, et elle s'éleva au-dessus de la terre. Les eaux crûrent et devinrent extrêmement grosses sur la terre, et l'arche flotta sur les eaux.
Les eaux, ayant grossi de plus en plus, ouvrirent toutes
les hautes montagnes qui sont sous le ciel tout entier.
Les eaux s'élevèrent de quinze coudées au-dessus des
montagnes qu'elles recouvraient. Toute chair qui se meut
sur la terre périt : oiseaux, animaux domestiques, bêtes
sauvages, tout ce qui rampe sur la terre, ainsi que tous
les hommes. De tout ce qui existe sur la terre sèche,
tout ce qui a souffle de vie dans les narines mourut. Tout
être qui se trouve sur la face du sol fut détruit, depuis
l'homme jusqu'à l'animal domestique, jusqu'aux reptiles
et jusqu'aux oiseaux du ciel ; ils furent exterminés de la
terre, et il ne resta que Noé et ce qui était avec lui dans
l'arche. Les eaux furent hautes sur la terre pendant cent
cinquante jours. »*

❖ **Le récit du sacrifice d'Ismaël chez les musulmans:** récit ❶ ② ③
dans lequel Dieu demande à Abraham de sacrifier son fils unique
pour lui montrer sa dévotion.

### Coran – Sourate 37, versets 101-109

*« Nous lui avons alors transmis une nouvelle favorable,
soit la naissance d'un garçon au tempérament docile et
tranquille. Lorsqu'il fut assez mûr pour accompagner
son père, celui-ci lui demanda : "Ô mon fils ! Je me suis
vu en rêve, et je t'offrais en sacrifice. Que dois-je faire ?"
Le garçon fixa son père et répondit : "Ô mon père !
Accomplis ce qu'on te commande. Je serai supplicié, si
c'est la volonté de Dieu !" Après que tous deux obéirent
à la requête, et qu'Abraham eut fait se prosterner son
fils, le front au sol, nous proclamâmes : "Ô Abraham,
tu as cru en cette vision divine et tu t'y es plié ; c'est
ainsi que nous récompensons ceux qui accomplissent le
bien : l'épreuve s'avère concluante." Nous avons racheté
son fils par un noble sacrifice. Nous avons transmis sa
mémoire à la postérité : "Paix sur Abraham !" »*

❖ **Le récit d'Esther chez les juifs:** récit qui raconte la délivrance ❶ ② ③
des juifs de la persécution sous l'Empire persan par la reine Esther
qui intercéda auprès du roi.

### Livre d'Esther – Chapitre 15, versets 9-17

*« Ayant donc franchi toutes les portes, elle se présenta
devant le roi. Assuérus était assis sur son trône royal,
revêtu de tous les insignes de sa majesté, tout brillant
d'or et de pierres précieuses ; son aspect était terri-
ble. Lorsqu'il eut relevé sa tête rayonnante de gloire
et lancé un regard étincelant de colère, la reine tomba
en défaillance, changeant de couleur et s'inclinant sur
l'épaule de la servante qui marchait devant elle. Alors,
Dieu changea la colère du roi en douceur ; inquiet, il
s'élança de son trône et soutint Esther dans ses bras,
jusqu'à ce qu'elle eût repris ses sens, calmant sa frayeur
par des paroles amicales : "Qu'es-tu donc, Esther ? lui
disait-il, je suis ton frère, aie confiance ; tu ne mourras
point, car notre ordonnance est pour le commun de nos
sujets. Approche !" Et levant le sceptre d'or, il le lui posa
sur le cou et lui donna un baiser, en disant : "Parle-moi."
Elle répondit : "Je vous ai vu, seigneur, comme un ange*

*de Dieu, et mon cœur a été troublé par la crainte de votre majesté ; car vous êtes digne d'admiration, seigneur, et votre visage est plein d'amabilité.ꞌꞌ »*

❖ **Le récit des Maccabées chez les juifs :** récit qui raconte le martyre des Maccabées, sept frères et leur mère, qui ont combattu pour la loi de Moïse en refusant de manger de la viande de porc. ❶ ② ③

### *2ᵉ Livre des Maccabées – Chapitre 7, versets 1-8*

*« Il arriva aussi qu'on prît sept frères avec leur mère, et que le roi voulût les contraindre, en les déchirant à coups de fouets et de nerfs de bœuf, à manger de la chair de porc, interdite par la loi. L'un d'eux, prenant la parole au nom de tous, dit : ꞌꞌQue demandes-tu, et que veux-tu apprendre de nous ? Nous sommes prêts à mourir plutôt que de transgresser la loi de nos pères.ꞌꞌ Le roi, outré de colère, commanda de mettre sur le feu des poêles et des chaudières. Aussitôt qu'elles furent brûlantes, il commanda de couper la langue à celui qui avait parlé au nom de tous, puis de lui enlever la peau de la tête et de lui trancher les extrémités, sous les yeux de ses autres frères et de leur mère. Lorsqu'on l'eut ainsi complètement mutilé, il ordonna qu'on l'approchât du feu, respirant encore, et qu'on le fît rôtir dans la poêle. Pendant que la vapeur de la poêle se répandait au loin, ses frères et leur mère s'exhortaient mutuellement à mourir avec courage : ꞌꞌLe Seigneur Dieu voit, disaient-ils, et il a vraiment compassion de nous, selon que Moïse l'a annoncé, dans le cantique qui proteste en face contre Israël, en disant : Il aura pitié de ses serviteurs.ꞌꞌ Le premier étant mort de cette manière, on amena le second pour le supplice, et après lui avoir arraché la peau de la tête avec les cheveux, on lui demanda s'il voulait manger du porc avant d'être torturé dans tous les membres de son corps. Il répondit dans la langue de ses pères : ꞌꞌNon !ꞌꞌ C'est pourquoi il subit à son tour les mêmes tourments que le premier. »*

❖ **Le récit de Diwali chez les hindous :** aussi connu sous l'appellation de deepavali, récit dans lequel le dieu Shiva accomplit la danse cosmique de la destruction et de la création de l'Univers. ❶ ② ③

### *Shiva-Puranâ – Chapitre 8, versets 1-4*

*« Mahâdeva enfanta alors un être terrifiant, Bhairava, qui surgit d'entre ses sourcils pour amenuiser la vanité*

de Brahmâ. Le Bhairava se prosterna devant le Seigneur
dans cet endroit qui fut jadis le théâtre d'une bataille
entre Vishnou et Brahmâ, et il demanda : "Seigneur,
que dois-je faire ? Transmets-moi tes directives sur-le-
champ." "Mon cher, dit Shiva, voici Brahmâ, le premier
être divin de l'Univers. Adore-le avec la lame affûtée
et prompte de ton épée." D'une seule main, Bhairava
empoigna alors la chevelure de la cinquième tête de
Brahmâ qui s'était rendu coupable de mentir avec impu-
dence, et de l'autre il la coupa expéditivement. »

## 6.2.2 LES PRATIQUES RELIGIEUSES EN COMMUNAUTÉ

### Quels sont les moments destinés aux célébrations dans les diverses religions ?

◈ **La messe chez les catholiques** : cérémonie liturgique au cours ① ❷ ③
de laquelle le prêtre célèbre l'eucharistie, commente des passages
de la Bible, récite et chante des prières ; la messe est divisée en
plusieurs parties, dont l'ouverture de la célébration (préparation
pénitentielle, kyrie, collecte, etc.), la liturgie de la Parole (psaume,
homélie, profession de foi, etc.), l'offertoire (prière d'offrande,
encensement, etc.), le canon (sanctus, acclamation, etc.), la communion (fraction du pain, *Agnus Dei*, etc.), ainsi que la conclusion
et l'envoi (annonces, bénédictions finales, etc.).

◈ **La première communion chez les catholiques** : première ① ❷ ③
fois où un baptisé mange le corps du Christ (représenté par l'hostie
ou Pain de Vie, une rondelle de pain plat consacrée par le prêtre)
ou boit son sang (représenté par le vin) au cours de l'eucharistie ; sacrement qui rappelle le dernier repas de Jésus avec ses
disciples.

◈ **La confirmation chez les catholiques et les protestants** : ① ❷ ③
sacrement de l'initiation chrétienne donné habituellement par
l'évêque du diocèse et dans lequel il étend ses mains sur les confir-
mands qui affirment leur foi et les oint du saint chrême en prononçant les paroles « Sois marqué de l'Esprit-Saint, le don de Dieu ».

◈ **Le culte du dimanche chez les protestants** : cérémonie ① ❷ ③
marquée par la lecture de textes publics, la récitation de prières,
la prédication (sermon fait par le pasteur), les chants religieux et
la communion ; dans certaines paroisses, les enfants fréquentent
l'école du dimanche afin qu'ils soient éduqués à la foi.

❖ **La communion ou la Sainte Cène chez les protestants :**  ① ❷ ③
cérémonie du partage du pain et du vin qui a lieu une fois par mois.

❖ **La fête de la Réformation chez les protestants :** à la fin du  ① ❷ ③
mois d'octobre, célébration de la remise en cause des croyances
et pratiques de l'Église catholique romaine par Martin Luther
qui placarda sur les portes de l'église du château de Wittenberg
en Allemagne une affiche contre les indulgences (rémission des
péchés).

❖ **Le mariage chez les catholiques, les protestants et les**  ① ❷ ③
**orthodoxes :** sacrement célébré devant un prêtre, marquant
l'union monogame d'un homme et d'une femme dans le but de fonder une famille, et dans lequel chacun des époux proclame officiel-
lement ses droits et ses devoirs envers l'autre (fidélité, assistance,
solidarité, etc.) en échangeant des anneaux ; la femme porte généralement une robe blanche, symbole de pureté, ainsi qu'un voile.

❖ **Les funérailles chez les catholiques, les protestants et**  ① ❷ ③
**les orthodoxes :** le défunt est embaumé (vidé de ses fluides
corporels, maquillé et vêtu) puis déposé dans un cercueil qui est
acheminé à l'église pour les obsèques célébrées par le prêtre
(prières, témoignages des proches, encensement et aspersion pour
rappeler le baptême, allumage du cierge) ; une autre cérémonie
peut avoir lieu au cimetière avant la mise en terre ou la crémation
(incinération).

❖ **La prière du vendredi chez les musulmans :** aussi connu  ① ❷ ③
sous l'appellation de Jour du rassemblement, le vendredi (surtout
l'après-midi) est consacré à la prière ; les participants doivent
au préalable se laver et revêtir leurs plus beaux habits, et les
hommes qui ne sont ni malades ni en voyage doivent se rendre
à la mosquée.

❖ **Le mariage chez les musulmans :** contrat d'union monogame  ① ❷ ③
ou polygame entre un homme et une femme, et devant témoins,
dans le but de fonder une famille ; le mariage peut être célébré à
la mosquée, à la mairie ou au domicile de l'un des futurs mariés ;
l'homme remet un douaire, un montant d'argent, à sa femme pour
lui témoigner son affection.

❖ **Les funérailles chez les musulmans :** le mourant est installé de manière à faire face à La Mecque, et il est veillé par un imam et les proches qui récitent des passages du Coran ; la toilette du défunt se fait avec pudeur et le corps est inhumé rapidement, avant le coucher du soleil, et seulement les hommes peuvent assister à sa mise en terre.   ① ❷ ③

❖ **Le sabbat chez les juifs :** jour de repos, de fête et de réjouissance assigné au septième jour de la semaine juive qui commence le dimanche ; plusieurs activités sont interdites pendant cette journée, dont le labourage, la couture, la construction, la cuisson au four, le tissage, etc.   ① ❷ ③

❖ **Le mariage chez les juifs :** union monogame d'un homme et d'une femme dans le but de fonder une famille, qui est célébrée sous la houppa (dais nuptial, ouvrage de bois suspendu qui représente le foyer que le couple doit construire et partager) et qui se termine par le bris avec son pied d'un verre posé sur le sol.   ① ❷ ③

❖ **Les funérailles chez les juifs :** les proches du défunt tiennent une veillée funèbre, puis le corps doit passer par le rituel de la tahara (purification qui consiste à débarrasser la peau de toute poussière ou autres souillures et visant à libérer l'âme) ; le corps est ensuite revêtu de vêtements blancs puis déposé dans un cercueil que l'on scelle et que l'on inhume le plus tôt possible.   ① ❷ ③

❖ **Le mariage chez les hindous :** union monogame d'un homme et d'une femme dans le but de fonder une famille, pendant laquelle les futurs époux tournent sept fois autour d'un feu sacré en invoquant les dieux afin d'avoir une vie noble et respectueuse, en réclamant la force physique et morale pour mener leur vie commune, en invoquant les dieux pour que le couple soit béni, en priant pour une longue et heureuse vie, en priant pour de belles saisons et en priant pour la paix et la fidélité ; la cérémonie s'étend sur plusieurs heures, voire quelques jours.   ① ❷ ③

❖ **Les funérailles chez les hindous :** le défunt est couché sur le plancher afin d'être le plus près possible du sol, puis son corps est lavé et est incinéré (réduit en cendres par le feu) le jour même du décès ; entre le 11ᵉ et le 31ᵉ jour suivant le décès, les proches du défunt participent à la cérémonie du Srâddha qui consiste à placer des boulettes de riz devant la porte de la maison du défunt pour que les corneilles les dévorent (signe que l'âme est libérée).   ① ❷ ③

❖ **La pūjā chez les hindous et les bouddhistes** : cérémonie ① ❷ ③
d'offrande et d'adoration de la divinité Bouddha pour exprimer sa
gratitude.

❖ **Le mariage chez les bouddhistes** : union monogame d'un ① ❷ ③
homme et d'une femme où les futurs époux sont vêtus en carmin
ou en pourpre ; les parents du marié choisissent la date du mariage
après avoir consulté le calendrier du zodiaque, et la cérémonie
n'est pas nécessairement célébrée devant une autorité spirituelle.

❖ **Les funérailles chez les bouddhistes** : le corps du défunt est ① ❷ ③
placé sur le côté droit, la main gauche sur la cuisse gauche et la
main droite sous le menton, à la manière de Bouddha lorsqu'il est
mort, puis il est généralement incinéré (réduit en cendres par le
feu) trois jours après sa mort, et les moines chantent des passages
des Écritures.

## Quels sont les lieux de culte, les objets et les symboles liés aux diverses pratiques religieuses ?

❖ **L'église pour les catholiques, les protestants et les ortho-** ① ❷ ③
**doxes** : édifice religieux principal d'une paroisse où s'exerce le
ministère d'un curé, d'un prêtre ou d'un pasteur et où les fidèles
se rassemblent pour écouter la Bonne Nouvelle, pour prier et pour
recevoir les sacrements ; vue à vol d'oiseau, l'église est souvent
en forme de croix latine, et elle comporte plusieurs parties, dont
le chœur (pour les chants liturgiques), la nef (lieu de prière pendant la messe), le transept (nef transversale) et le jubé (tribune en
forme de galerie, élevée entre la nef et le chœur).

❖ **La croix pour les catholiques, les protestants et les** ① ❷ ③
**orthodoxes** : symbole qui rappelle les souffrances, la mort de
Jésus par crucifixion, sa résurrection (elle est instrument de salut
pour toute l'humanité).

❖ **La mosquée pour les musulmans** : lieu de culte et de prières ① ❷ ③
communes dont le toit est souvent en forme de dôme ou de cou-
pole et qui est entouré d'un ou de plusieurs minarets (tour d'où le
muezzin invite les fidèles à la prière), et souvent accompagné d'une
madrasa (centre de formation) ou d'une université.

❖ **Le croissant et l'étoile pour les musulmans :** figure représentée par un croissant de lune accompagné d'une étoile et qui est utilisée pour indiquer que l'islam guide et éclaire ses adeptes à la manière de ces astres.  ① ❷ ③

❖ **La synagogue pour les juifs :** lieu de culte et de rassemblement qui comprend un sanctuaire ou hall de prière dans lequel sont contenus les livres de la Torah, une salle pour les événements communautaires et d'autres petites pièces qui sont réservées à l'étude de l'histoire juive, de la tradition et de la langue hébraïque.  ① ❷ ③

❖ **L'étoile de David pour les juifs :** figure composée de 2 triangles superposés (l'un dirigé vers le haut et l'autre vers le bas) qui est l'emblème du roi David, qui symbolise l'équilibre, l'union entre le visible et l'invisible, le fini et l'infini, et qui se trouve notamment sur le drapeau de l'État d'Israël.  ① ❷ ③

❖ **La menora pour les juifs :** chandelier à sept branches en or qui représentent les yeux de Dieu veillant sur la Terre.  ① ❷ ③

❖ **Le mandir pour les hindous :** bâtiment sacré qui sert de demeure à un dieu en particulier et qui permet aux fidèles d'adorer une statue à l'effigie de celui-ci ; les rassemblements religieux n'ont pas lieu dans ces temples, mais plutôt à ciel ouvert.  ① ❷ ③

❖ **La roue à huit rayons pour les hindous :** symbole de la réincarnation, du cycle éternel de la naissance, de la mort et de la renaissance, qui représente l'octuple chemin de la Voie (la compréhension juste, la pensée juste, la parole juste, l'action juste, les moyens d'existence justes, l'effort juste, l'attention juste, la concentration juste).  ① ❷ ③

❖ **Le lotus pour les hindous et les bouddhistes :** fleur issue d'une plante aquatique qui symbolise Bouddha et qui puise sa substance vitale dans la boue (la souffrance) pour s'épanouir au-dessus de l'eau (l'éveil et l'illumination) ; les hindous considèrent le lotus comme la mère de toutes les créations, et cette fleur est souvent utilisée comme une offrande religieuse.  ① ❷ ③

❖ **La pagode pour les bouddhistes :** lieu de culte qui comprend quatre portes orientées vers les points cardinaux, un mur d'enceinte (rempart) et des bâtiments pour la prière, la lecture et le  ① ❷ ③

logement des moines, et qui s'étire sur cinq étages représentant les cinq éléments fondamentaux (la terre, le vent, l'eau, le feu, le vent et le ciel).

## Quels sont les guides spirituels qui accompagnent les croyants dans les pratiques religieuses ?

⬧ **Le prêtre chez les catholiques :** personne exclusivement de sexe masculin qui représente Jésus-Christ sur terre et qui est chargée du service liturgique (administration des sacrements, animation de la messe, lecture et interprétation des Évangiles, écoute des confessions, etc.) ; la hiérarchie de l'Église comprend aussi les évêques (chef d'un diocèse), les cardinaux (électeurs et conseillers du pape) et le pape (autorité suprême).   ① ❷ ③

⬧ **Le pasteur chez les protestants :** personne de sexe masculin ou féminin élue par ses fidèles et vouée au service du culte (prédication et administration des sacrements).   ① ❷ ③

⬧ **L'imam chez les musulmans :** personne exclusivement de sexe masculin et souvent la plus instruite qui dirige la prière rituelle à la mosquée, qui fait le prêche (sermon ou discours moralisateur) du vendredi et qui prodigue des conseils à ses condisciples.   ① ❷ ③

⬧ **Le rabbin chez les juifs :** personne exclusivement de sexe masculin qui agit à titre de gardien des traditions, de guide spirituel et de conseiller dans les affaires familiales et conjugales.   ① ❷ ③

⬧ **Le brahmane et le gourou chez les hindous :** le brahmane est une personne exclusivement de sexe masculin qui transmet la mémoire des textes sacrés des Védas, qui récite des mantras ou phrases sacrées qui lui permettent d'atteindre un état spirituel élevé, qui procède aux offrandes et aux sacrifices ; le gourou est une personne exclusivement de sexe masculin qui agit à titre de guide spirituel qui transmet sa sagesse aux autres.   ① ❷ ③

⬧ **Le bhikkhus chez les bouddhistes :** connue aussi sous l'appellation de bonze, personne de sexe masculin ou féminin qui abandonne toutes ses possessions (elle dépend alors des aumônes reçues de laïcs pour assurer sa subsistance) afin de s'adonner à la méditation et de transmettre l'enseignement du Bouddha à ses contemporains.   ① ❷ ③

## Quels sont les écrits liés aux diverses traditions religieuses?

❖ **La Bible et les Évangiles pour les catholiques, les protestants et les orthodoxes :** recueil de livres sacrés inspirés par Dieu, divisé en deux grandes sections, soit l'Ancien Testament (hérité du judaïsme), qui va de la création de l'Univers jusqu'aux prophètes qui annoncent la venue du Messie, et le Nouveau Testament, qui traite de la vie de Jésus (les Évangiles) et de ses enseignements, de ses disciples qui ont répandu la Bonne Nouvelle ainsi que de l'Apocalypse qui raconte la fin des temps.

① ❷ ③

### Extrait du Nouveau Testament – Évangile selon Saint Luc – Chapitre 5, versets 1-8

«*Or, comme la foule se pressait vers lui pour entendre la parole de Dieu, et qu'il se tenait sur le bord du lac de Génésareth, il vit deux barques qui stationnaient sur le bord ; les pêcheurs étaient descendus et lavaient les filets. Il monta dans une des barques, qui était à Simon, et le pria de s'éloigner un peu de terre ; et s'étant assis, de la barque il enseignait les foules. Lorsqu'il eut cessé de parler, il dit à Simon : "Mène au large, et jetez vos filets pour la pêche." Simon répondit : "Maître, toute la nuit nous avons peiné sans rien prendre ; mais, sur votre parole, je jetterai les filets." Et l'ayant fait, ils prirent une grande quantité de poissons ; et leurs filets se rompaient. Et ils firent signe aux compagnons, qui étaient dans l'autre barque, de venir à leur aide. Ils vinrent, et on remplit les deux barques, au point qu'elles enfonçaient. Ce que voyant, Simon Pierre tomba aux genoux de Jésus en disant : "Éloignez-vous de moi, parce que je suis un pécheur, Seigneur !"*»

❖ **Le Coran pour les musulmans :** livre sacré qui regroupe les paroles divines transmises par l'archange Gabriel au prophète Mahomet ; il est séparé en 114 sourates ou chapitres, et il contient des lignes de conduite et des enseignements nécessaires à la foi musulmane.

① ❷ ③

### Extrait du Coran – Sourate 62, versets 1-4

«*Que tout ce qui se trouve dans les cieux et tout ce qui se trouve sur la Terre rendent gloire à Allah, le Souverain, le Pur, le Puissant, le Sage. C'est Lui qui a fait transmettre à des gens sans Livre un Messager qui leur dicte Ses versets, les débarrasse de leurs impuretés et leur enseigne le Livre et la Sagesse, quoi qu'ils se trouvaient auparavant dans l'erreur et l'aberration,*

*ainsi qu'à d'autres qui ne les ont pas encore rejoints.
C'est Lui le Puissant, le Sage. Telle est la clémence dont
faire preuve Allah à l'égard de qui Il veut. Et Allah est le
Détenteur de la clémence infinie. »*

❖ **La Tanakh ou la Bible hébraïque pour les juifs :** livre de ① ❷ ③
textes sacrés qui comprend la Torah (la Genèse ou les origines de
l'humanité et l'histoire d'Abraham, d'Isaac et de Jacob, l'Exode
ou la sortie d'Égypte des Hébreux sous la conduite de Moïse, le
Lévitique ou le culte israélite dont le soin était confié aux membres
de la tribu de Lévi, les Nombres ou l'errance des Hébreux depuis
le mont Sinaï jusqu'au début de la conquête de la Terre promise, le
Deutéronome ou le code des lois civiles et religieuses des Hébreux,
le Talmud qui contient la Mishna ou la compilation des lois non
écrites transmises par la tradition orale et la Guemara ou les commentaires pour préciser des éléments de la Mishna), les Nevi'im ou
les livres des Prophètes, et les ketouvim ou les Autres Écrits.

### Extrait du livre de l'Exode – Chapitre 20, versets 1-9

*« Et Dieu prononça toutes ces paroles, en disant : "Je
suis Yahweh, ton dieu, qui t'a fait sortir du pays d'Égypte,
de la maison de servitude. Tu n'auras pas d'autres dieux
devant ma face. Tu ne te feras pas d'image taillée, ni
aucune figure de ce qui est en haut dans le ciel, ou de
ce qui est en bas sur la terre, ou de ce qui est dans les
eaux au-dessous de la terre. Tu ne te prosterneras point
devant elles et tu ne les serviras point. Car moi Yahweh,
ton Dieu, je suis un Dieu jaloux, qui punis l'iniquité des
pères sur les enfants, sur la troisième et sur la quatrième génération pour ceux qui me haïssent, et faisant
miséricorde jusqu'à mille générations, pour ceux qui
m'aiment et qui gardent mes commandements. Tu ne
prendras point le nom de Yahweh, ton Dieu, en vain, car
Yahweh ne laissera pas impuni celui qui prendra son nom
en vain. Souviens-toi du jour du sabbat pour le sancti-
fier. Pendant six jours tu travailleras, et tu feras tout ton
ouvrage. Mais le septième jour est un sabbat consacré
à Yahweh, ton Dieu : tu ne feras aucun ouvrage, ni toi, ni
ton fils, ni ta fille, ni ton serviteur, ni ta servante, ni ton
bétail, ni l'étranger qui est dans tes portes." »*

❖ **Les Veda et la Bahgavad Gita pour les hindous :** les Veda ① ❷ ③
ou « livres de la connaissance » forment un recueil d'hymnes et
d'incantations rituelles ou prières, appelées mantras, qui étaient

chantés durant les sacrifices offerts aux dieux ; les Veda sont au nombre de quatre, soit le Rig-Veda (hymnes dédiés à trente-trois dieux différents), le Sama-Veda (poésies et chants à réciter lors des sacrifices), le Yajur-Veda (formules d'invocations ou sorts chantés par les prêtres) et l'Atharva-Veda (ensemble de formules magiques censées guérir les maladies ou apporter la richesse).

### *Extrait du Yajur-Veda – Upanishad Dakshinâ-Mûrti*

*« Dans la région du Brahm varta, sous un figuier colossal, Sanaka et d'autres sages s'étaient réunis pour célébrer un grand sacrifice. Impatients d'entendre la vérité, ils s'avancèrent près du vieux Markandeya en tenant dans la main une offrande sacrificielle, puis ils demandèrent : "Quel moyen te permet de vivre aussi longtemps ? Comment arrives-tu à jouir d'un tel bonheur complet ?" Il répondit : "C'est par la connaissance du secret le plus élevé, le plus sublime, celui de Shiva qui est l'essence de la Réalité." »*

❖ **Le Tripitaka et le Sûtra du Lotus pour les bouddhistes :** ① ❷ ③ aussi connus sous l'appellation des Trois Corbeilles, écrits qui se répartissent en trois livres, dont le Vinaya Pitaka (les raisons de la Création et les règles de conduite que les moines bouddhistes doivent adopter), le Sutta Pitaka (les paroles prononcées par les anciens, la biographie de Bouddha, les traditions à respecter et les dix grandes perfections à adopter qui sont la générosité, la bonté, le renoncement, la sagesse, la fermeté, la patience, la véracité, la résolution, l'amabilité et l'égalité d'humeur) et l'Abhidhamma Pitaka (sujets de réflexion et commentaires sur l'enseignement de Bouddha).

### *Extrait du Sutta Pitaka – Dhammapada Sutta*

*« En vérité, la haine ne s'atténue jamais par la haine, la haine s'atténue par l'amour : c'est une loi qui demeure universelle. La grande majorité des hommes oublient qu'ils cesseront tous de vivre un jour ou l'autre. Pour ceux qui s'y attardent, le combat se fait moins lourd. Ceux qui confondent l'illusion pour la vérité et la vérité pour l'illusion, ceux qui cultivent le mensonge et l'artifice, ceux-là n'accéderont jamais au monde réel. Mais ceux qui prennent la vérité comme vérité et l'illusion comme illusion, ceux qui cultivent des pensées justes, ceux-là y accéderont. »*

## *Quelles sont les pratiques de prière et de méditation reliées aux diverses religions ?*

✧ **Les postures de prière chez les catholiques, les protes-tants et les orthodoxes :** la prière se dit souvent à genoux, la tête inclinée vers l'avant et les yeux fermés, puis elle est précédée et suivie du signe de la croix (« Au nom du Père… » en touchant le front, « … du Fils… » en touchant le cœur, « … et du Saint-… » en touchant l'épaule gauche, « … Esprit. » en touchant l'épaule droite, et « Amen. » en joignant les mains ouvertes.). ① ❷ ③

✧ **Le chapelet chez les catholiques et les orthodoxes :** objet de dévotion, appelé rosaire lorsque consacré à la Vierge, qui est constitué d'un enchaînement de perles (cinq séries de dix grains) ainsi que d'une croix, et qui est utilisé pour réciter des prières (p. ex. : « Je crois en Dieu », « Notre Père », « Je vous salue, Marie ») ; chez les orthodoxes, le chapelet est souvent fabriqué en laine et les grains sont remplacés par des nœuds. ① ❷ ③

✧ **Le Notre Père chez les catholiques et les protestants :** prière la plus connue chez les chrétiens, donnée par Jésus et dif-fusée par ses disciples, et qui est récitée à chaque messe (« Notre Père, qui es aux cieux, que ton nom soit sanctifié, que ton règne vienne, que ta volonté soit faite sur la Terre comme au Ciel. Donne-nous aujourd'hui notre pain de ce jour, pardonne-nous nos offenses comme nous pardonnons aussi à ceux qui nous ont offen-sés, et ne nous soumets pas à la tentation, mais délivre-nous du mal. Amen. »). ① ❷ ③

✧ **Les postures de prière chez les musulmans :** la prière ou salât doit être effectuée cinq fois par jour (aube, début de l'après-midi, milieu de l'après-midi, crépuscule, tombée de la nuit), en direction de La Mecque, et elle commence par la position debout, suivie d'une inclinaison et d'une position accroupie, puis de la pros-ternation du front au sol. ① ❷ ③

✧ **Les ablutions chez les musulmans :** rituels visant à purifier le corps et l'âme, pratiqués avant la prière et les sept circuits à pied autour de la Kabba à La Mecque (se laver les mains jusqu'aux poignets, se rincer la bouche, se laver le nez, se laver le visage, s'essuyer les cheveux puis les oreilles, se laver les pieds jusqu'aux chevilles, et ce, avec de l'eau ou du sable) ou après les règles chez ① ❷ ③ les femmes, au début du pèlerinage à La Mecque ou après une relation sexuelle (se laver les mains, se laver les parties génitales, se laver tout le corps).

✦ **Le chapelet chez les musulmans :** objet de dévotion qui consiste en un collier composé de quatre-vingt-dix-neuf grains correspondant aux différents noms donnés à Dieu dans le Coran (p. ex. : le bienfaiteur, le voyant, le miséricordieux, l'attentif, le roi, le juge, etc.).  ① ❷ ③

✦ **Le tapis de prière chez les musulmans :** ouvrage textile dont les adeptes se servent pour prier et qui doit être plié d'une certaine façon lorsqu'il n'est pas utilisé ; le tapis n'est pas indispensable à la prière, puisqu'il sert surtout à protéger les habits contre la poussière (la prière doit être faite sur un sol pur).  ① ❷ ③

✦ **La Fatiha chez les musulmans :** sourate (chapitre) d'ouverture du Coran qui est composée de quelques versets et qui est récitée au cours de chaque prière (« Au nom d'Allah, le Tout Miséricordieux, le Très Miséricordieux, louange à Allah, Seigneur de l'Univers, le Tout Miséricordieux, le Très Miséricordieux, Maître du Jour de la rétribution. C'est toi seul que nous adorons, et c'est toi seul dont nous implorons secours. Guide-nous dans le droit chemin, le chemin de ceux que Tu as comblés de faveurs, non pas de ceux qui ont encouru Ta colère, ni des égarés. »).  ① ❷ ③

✦ **Les postures de prière chez les juifs :** la prière ou l'amidah est généralement récitée en faisant face à Jérusalem, debout et pieds joints afin d'imiter les anges, est entrecoupée de quatre prosternations, et est précédée puis suivie de trois pas en arrière et trois pas en avant.  ① ❷ ③

✦ **Le tallith et les tefillin chez les juifs :** châle composé d'un rectangle de laine blanc rayé de lignes noires et bleues, pourvu de franges, qui recouvre les épaules lors de la prière, et les teffilin sont de petites boîtes en cuir qui contiennent des morceaux de parchemin sur lesquels sont écrits des versets de la Torah et qui sont portées sur la tête et sur le bras gauche pour l'office du matin.  ① ❷ ③

✦ **Le Chémâ Israël chez les juifs :** prière et profession de foi récitée au lever et au coucher ainsi que dans divers lieux (« Écoute, Israël, l'Éternel, notre Dieu, l'Éternel est UN. Béni soit à jamais le nom de Son règne glorieux. Tu aimeras l'Éternel ton Dieu, de tout ton cœur, de toute ton âme et de tous tes moyens. Que les commandements que je te prescris aujourd'hui soient gravés dans ton cœur. Tu les inculqueras à tes enfants, tu en parleras constamment, dans ta maison ou en voyage, en te couchant et en te levant. Attache-les en signes sur ta main, et porte-les comme un fronteau entre tes yeux. Écris-les sur les poteaux de ta maison et sur tes portes. »).

✧ **Les postures de prière chez les hindous :** la prière est récitée dans la position accroupie au sol, les mains ouvertes et jointes au niveau du cœur ou sur le front. ① ❷ ③

✧ **Les ablutions chez les hindous :** bains rituels de purification de certaines parties du corps chaque matin dans le Gange, fleuve du nord de l'Inde, afin de se débarrasser des excrétions du corps considérées comme impures (salive, sueur, sécrétions nasales) ; des ablutions peuvent aussi être effectuées dans de petits bassins. ① ❷ ③

✧ **Les postures de yoga chez les hindous :** le hatha yoga, la pratique la plus répandue, comporte plusieurs postures qui permettent l'étirement musculaire, le massage des organes internes, la contraction des muscles, l'inspiration et l'expiration, la relaxation et la méditation ; la posture du lotus consiste à s'asseoir, à croiser les jambes de façon à ce que les pieds reposent sur les cuisses opposées, et à ouvrir les mains vers le haut pendant qu'elles reposent sur les genoux ; la posture du cobra consiste à s'étendre face au sol et à relever le torse, les épaules et la tête vers le devant. ① ❷ ③

✧ **Les postures de prière chez les bouddhistes :** la prière ou méditation s'effectue dans la position assise et tient compte des sept points de Vairocana (la colonne vertébrale bien droite, les mains reposant sur les genoux, les épaules vers l'arrière, le menton légèrement abaissé, le regard détendu, les lèvres naturellement entrouvertes et les jambes croisées). ① ❷ ③

✧ **Le chapelet chez les bouddhistes :** aussi connu sous l'appellation de fozhu, collier ou bracelet souvent fabriqué en bois, en bambou ou avec des noyaux de fruits, qui est utilisé par les bonzes pour compter les mantras (formules toutes faites) et les soutras (pensées philosophiques) qu'ils récitent. ① ❷ ③

❖ **Le moulin à prières chez les bouddhistes :** objet constitué    ① ❷ ③
d'un cylindre rempli de mantras ou formules sacrées (p. ex. : « Aom
Ah Ra Pa Tsa Na Dhi. ») et tournant librement autour d'un axe afin
de répandre dans l'air les prières prononcées.

**6.2.3** ## LES RELIGIONS DANS LA SOCIÉTÉ ET DANS LE MONDE

### Quelles sont les principales religions présentes dans la société et dans le monde ? ─────────────

❖ **Le christianisme :** religion monothéiste (une seule divinité, mais    ① ② ❸
trois entités : le Père, le Fils et le Saint-Esprit) qui comprend le
catholicisme, le protestantisme et l'orthodoxie, et qui est fondée
sur la vie et les enseignements de Jésus de Nazareth qui vécut vers
l'an 30 de notre ère, qui mourut et qui ressuscita pour sauver le
Monde ; les chrétiens croient que le Messie annoncé dans l'Ancien
Testament (la Torah des juifs) est Jésus-Christ, et le chef suprême
de l'Église catholique est le pape.

❖ **L'islam :** religion monothéiste (une seule divinité qui se nomme    ① ② ❸
Allah) dont les vérités furent révélées au prophète Mahomet au
VIIe siècle de notre ère et dont les croyances reposent sur Dieu, ses
anges qui exécutent ses ordres, ses livres (dont la Torah des juifs,
les Évangiles des chrétiens), ses messagers et l'avènement du jour
dernier ; la prière, le jeûne, certains interdits alimentaires et le
pèlerinage à La Mecque, obligatoire au moins une fois dans sa vie,
caractérisent cette religion.

❖ **Le judaïsme :** religion monothéiste (une seule divinité qui se    ① ② ❸
nomme Yahvé) basée sur une alliance contractée entre Dieu et
Abraham, renouvelée avec Moïse, et visant le peuple des Hébreux
israélites ; les juifs croient qu'un Messie issu de la descendance de
David amènera une paix et un bonheur éternels, et leur quotidien
est ponctué de prières et d'offrandes.

❖ **L'hindouisme :** religion polythéiste (plusieurs divinités, dont    ① ② ❸
Varuna, Mitra, Vishnu et Shiva) la plus ancienne du monde (2500
av. J.-C.), qui est basée sur des concepts philosophiques et qui
ne compte ni prophètes ni dogmes ; les hindous croient en la vie
après la mort (l'âme peut être réincarnée dans un autre être vivant
avant d'atteindre la libération si la personne a commis des actes
négatifs).

❖ **Le bouddhisme :** religion ou plutôt philosophie fondée au VIᵉ siè- ① ② **❸**
cle av. J.-C. à partir des enseignements du Bouddha (l'atteinte du
bonheur par le détachement des possessions matérielles) et qui est
basée sur le respect des êtres vivants ; les bouddhistes pratiquent
la méditation, s'affairent à appliquer des théories philosophiques et
à s'épanouir en activant leur potentiel.

## *Quels sont les personnages marquants des principales religions et quelle est leur mission ?*

❖ **Jésus-Christ pour les catholiques, les protestants et les** ① ② **❸**
**orthodoxes :** prophète et fondateur du christianisme qui est
considéré comme le fils de Dieu envoyé sur Terre pour sauver l'humanité ; Jésus prêcha la Bonne Nouvelle, accompagné de ses douze
apôtres, réalisa des miracles, et fut crucifié par les autorités en
place avant de ressusciter et de retourner dans son Royaume.

❖ **Abraham pour les catholiques, les protestants, les musul-** ① ② **❸**
**mans et les juifs :** patriarche considéré comme l'ancêtre des juifs
et des musulmans, qui conclut une alliance avec Dieu et qui mena
son peuple dans le Pays d'Israël.

❖ **Moïse pour les catholiques, les protestants et les juifs :** ① ② **❸**
prophète et guide qui dirigea la sortie d'Égypte des Hébreux (en
leur faisant traverser la mer Rouge dont les flots se séparèrent
puis engloutirent l'armée égyptienne) et qui reçut les dix commandements de Dieu sur le mont Sinaï ainsi que la Torah (lois religieuses, sociales et alimentaires).

❖ **Martin Luther pour les protestants :** moine allemand opposé ① ② **❸**
au catholicisme romain et fondateur du protestantisme (abolition
de la plupart des sacrements, sauf le baptême et l'eucharistie, abolition du célibat pour les prêtres, élection des pasteurs par les gens
du milieu).

❖ **Mahomet pour les musulmans :** prophète de l'islam à qui ① ② **❸**
l'archange Gabriel serait apparu et aurait dicté sur une période
de vingt-trois ans les révélations d'Allah qui, rassemblées en un
recueil, forment le Coran.

❖ **Gautama Bouddha pour les bouddhistes :** fondateur d'une     ① ② ❸
communauté de moines errants et du bouddhisme dont les récits de
sa vie ont été transmis oralement et qui préconise le renoncement
au désir et l'accomplissement personnel.

## *Quelles sont les principales formes de représentation du temps dans les religions ?*

❖ **Le calendrier julien chez les catholiques et les protes-**     ① ② ❸
**tants :** calendrier choisi par l'empereur romain Jules César en 46
av. J.-C. et qui comprend 365 jours répartis en douze mois.

❖ **Le calendrier grégorien chez les catholiques et les pro-**     ① ② ❸
**testants :** calendrier utilisé de nos jours dans la majeure partie
du monde, qui est dérivé du calendrier julien et qui a la particula-
rité d'ajouter tous les quatre ans un jour bissextile (29 février) ; le
calendrier grégorien calcule les années selon l'ère chrétienne et fut
adopté en 1582.

❖ **Le calendrier liturgique chez les catholiques et les pro-**     ① ② ❸
**testants :** calendrier qui indique les fêtes fixes (p. ex. : Noël, la
Toussaint) et mobiles (p. ex. : Pâques, la Pentecôte) et qui est organisé en temps liturgiques (p. ex. : le temps de l'avent, le temps de
Noël, le temps du carême, la semaine sainte, le temps de Pâques,
le temps ordinaire).

❖ **Le calendrier luni-solaire chez les juifs :** calendrier réglé sur     ① ② ❸
les phases de la Lune et qui compte douze mois de 29 ou 30 jours
auquel on ajoute un mois supplémentaire de 29 jours tous les trois
ans.

❖ **Le calendrier lunaire chez les musulmans, les hindous et**     ① ② ❸
**les bouddhistes :** calendrier essentiellement réglé sur les phases
de la Lune (nouvelle lune, premier croissant, premier quartier, lune
gibbeuse, pleine lune, de nouveau lune gibbeuse, dernier quartier
et dernier croissant) ; une année lunaire compte 11 jours de moins
qu'une année solaire ; le calendrier des musulmans compte douze
mois de 29 ou 30 jours et celui des hindous compte douze mois de
29 jours et demi.

## *Quelles sont les valeurs véhiculées et les normes édictées dans les pratiques religieuses ?*

❖ **Les paraboles chez les catholiques et les protestants :** ① ② ❸
récit allégorique qui comporte une idée ou un enseignement religieux ou moral.

> ### *Évangile selon Matthieu – Chapitre 13, versets 24-30*
>
> *« Il leur proposa une autre parabole, disant : "Le royaume des cieux est semblable à un homme qui avait semé de bonne semence dans son champ. Or, pendant que les hommes dormaient, son ennemi vint et sema de l'ivraie au milieu du froment par dessus, et il s'en alla. Quand l'herbe eut poussé et donné son fruit, alors apparut aussi l'ivraie. Et les serviteurs du maître de maison vinrent lui dire : 'Maître, n'avez-vous pas semé de bonne semence dans votre champ ? D'où (vient) donc qu'il s'y trouve de l'ivraie ?' Il leur dit : 'C'est un ennemi qui a fait cela', les serviteurs lui disent : 'Voulez-vous que nous allions la ramasser ?' — Non, dit-il, de peur qu'en ramassant l'ivraie vous n'arrachiez aussi le froment. Laissez croître ensemble l'un et l'autre jusqu'à la moisson, et au temps de la moisson je dirai aux moissonneurs : 'Ramassez d'abord l'ivraie, et liez-la en bottes pour la brûler ; quant au froment, amassez-le dans mon grenier.'"»*

❖ **La règle d'or chez les catholiques et les protestants :** ① ② ❸
maxime qui dit qu'on doit aimer son prochain comme soi-même, donc le traiter de la façon dont on souhaite être traité.

❖ **Les dix commandements chez les catholiques, les protestants et les juifs :** aussi connus sous l'appellation de décalogue, ① ② ❸
les dix commandements sont un ensemble écrit d'instructions morales et religieuses données à Moïse par Dieu sur le mont Sinaï (tu adoreras Dieu seul et tu l'aimeras plus que tout ; tu ne prononceras le nom de Dieu qu'avec respect ; tu sanctifieras le jour du Seigneur ; tu honoreras ton père et ta mère ; tu ne tueras pas ; tu ne commettras pas l'adultère ; tu ne voleras pas ; tu ne mentiras pas ; tu ne désireras pas injustement le bien des autres ; tu ne désireras l'œuvre de chair qu'en mariage seulement) ; les versions diffèrent selon la religion, mais l'essentiel demeure.

❖ **Les cinq piliers et la sounna chez les musulmans :** les cinq ① ② ❸
piliers sont des devoirs incontournables que les adeptes doivent
appliquer, dont la chahada (« J'atteste qu'il n'y a pas de Dieu sauf
Allah, et j'atteste que Mahomet est son Messager. »), la salat (les
cinq prières quotidiennes), la zakat (aumône faite aux pauvres),
le jeûne (au cours du mois du ramadan) et le hadj (le pèlerinage à
La Mecque au moins une fois dans sa vie) ; la sounna désigne les
paroles et les actions approuvées par le prophète Mahomet et sur
lesquelles s'appuie le mode de vie des musulmans.

❖ **Le pirke avot chez les juifs :** recueil de maximes ou de règles ① ② ❸
morales énoncées par les anciens sages d'Israël, qui sont regroupées en cinq chapitres (p. ex. : « Celui qui s'est acquis des paroles
de la Torah s'est acquis le Monde Futur. » et « Ne jugez jamais seul,
car il n'y a qu'Un seul qui juge Seul. »).

❖ **La doctrine du karma chez les hindous :** loi spirituelle de ① ② ❸
cause à effet qui affirme qu'on récolte ce que l'on a semé en bon ou
en mauvais et en proportion ; chaque personne est responsable de
ce qu'elle a fait dans une vie antérieure, de ce qu'elle fait dans sa
vie présente, et de ce qu'elle fera dans une vie future.

❖ **La notion du dharma chez les hindous et les bouddhistes :** ① ② ❸
dans l'hindouisme, lois régissant les castes (classes sociales) et
le mode de vie ; dans le bouddhisme, lois universelles, actions qui
guident ou sauvent l'esprit de la souffrance.

❖ **La noble voie octuple chez les bouddhistes :** chemin qui ① ② ❸
mène à la fin de la souffrance et qui est basé sur la sagesse (vision
juste de la réalité et pensée dénuée de haine), l'éthique (la vérité,
le respect de la vie, le respect de l'autre) et la méditation (l'effort
de surmonter les obstacles, la prise de conscience de soi et des
autres, l'établissement de l'être dans l'éveil).

❖ **Les cinq préceptes chez les bouddhistes :** ne tuer aucun être ① ② ❸
vivant, ne pas voler, ne pas avoir de relations sexuelles illégitimes,
de pas dire de mensonges ou de paroles médisantes et ne consommer ni alcool ni drogue.

## *Quelles sont les personnes modèles associées aux religions et quelle œuvre ont-elles accomplie ?*

❖ **Vincent de Paul chez les catholiques :** prêtre du XVIᵉ siècle qui consacra sa vie au service des pauvres en organisant des collectes, en secourant les malades sans ressources, et en formant avec Louise de Marillac l'ordre des Filles de la Charité qui sera à l'origine d'un hôpital pour les enfants. ① ② ❸

❖ **Mère Teresa chez les catholiques :** religieuse d'origine albanaise qui s'établit à Calcutta en Inde et qui reçut le prix Nobel de la paix en 1979 pour son dévouement auprès des pauvres et des enfants abandonnés. ① ② ❸

❖ **Martin Luther King chez les protestants :** ardent défenseur des droits de l'homme et militant non violent pour les droits civiques des Noirs aux États-Unis dans les années 1960. ① ② ❸

❖ **Henri Dunant chez les protestants :** philanthrope (personne qui cherche à améliorer le sort de ses semblables) suisse de la fin du XIXᵉ siècle et fondateur de plusieurs mouvements sociaux dont l'Union chrétienne des jeunes gens et la Croix-Rouge internationale. ① ② ❸

❖ **Muhammad Yunus chez les musulmans :** économiste et entrepreneur bangladais qui remporta le prix Nobel de la paix en 1996 pour avoir fondé la Grameen Bank, une institution qui prête des petits montants à des entrepreneurs ou des artisans qui ne peuvent emprunter dans les institutions classiques. ① ② ❸

❖ **Elie Wiesel chez les juifs :** écrivain roumain qui voua son œuvre à la défense des survivants de l'Holocauste (génocide des juifs par les nazis) et des opprimés, et qui reçut le prix Nobel de la paix en 1986. ① ② ❸

❖ **Le Mahatma Gandhi chez les hindous :** homme politique, philosophe et révolutionnaire indien qui œuvra pour l'indépendance de l'Inde en pratiquant la non-violence et la désobéissance civile (désobéissance aux lois injustes). ① ② ❸

❖ **Le dalaï-lama chez les bouddhistes :** chef spirituel du Tibet, en exil depuis l'invasion chinoise, prônant la non-violence et la tolérance, et qui reçut le prix Nobel de la paix en 1989. ① ② ❸

## *Quelles sont les pratiques alimentaires et vestimentaires associées aux diverses religions ?*

⬥ **Le Vendredi saint chez les catholiques, les protestants et les orthodoxes :** célébration précédant la fête de Pâques et commémorant la Passion du Christ (sa condamnation, ses supplices, sa crucifixion et sa mort) ; l'Église recommande aux fidèles de jeûner à cette occasion ou du moins de ne pas manger de viande. ① ② ❸

⬥ **Le carême chez les catholiques et les orthodoxes :** période de quarante jours, débutant le mercredi des Cendres (le lendemain du Mardi gras) et précédant la célébration de Pâques, pendant laquelle les adeptes font pénitence (p. ex. : abstention de consommation de viande), prient et partagent leur foi ; cette période rappelle les quarante ans passés dans le désert par le peuple d'Israël après avoir fui l'Égypte ainsi que les quarante jours de la tentation du Christ dans le désert. ① ② ❸

⬥ **Le ramadan chez les musulmans :** neuvième mois du calendrier musulman qui marque le début de la révélation du Coran à Mahomet et pendant lequel les adeptes doivent jeûner (ni manger ni boire) entre le lever et le coucher du soleil (tous sauf les enfants, les femmes enceintes, les personnes malades ou âgées). ① ② ❸

⬥ **L'hallal et le haram chez les musulmans :** halal concerne ce qui est permis de consommer (p. ex. : poisson, agneau) et haram, ce qui est interdit (p. ex. : porc, serpent). ① ② ❸

⬥ **La proscription reliée à l'alcool chez les musulmans et les bouddhistes :** le Coran interdit la consommation d'alcool, car il est considéré comme une abomination du démon puisque celui qui en boit perd la conscience de ses gestes et de ses paroles ; les bouddhistes ne consomment pas d'alcool, car il altère l'esprit et entrave la maîtrise de soi. ① ② ❸

⬥ **Le voile chez les musulmans :** aussi appelé hidjab, le voile est porté par les femmes dans certains pays musulmans pour dissimuler leur chevelure ou une partie de leur visage, et ce, afin de préserver leur pudeur et de respecter un commandement d'Allah ; dans certains pays, on préfère la burka au hidjab, car elle couvre entièrement le corps et la tête en ne laissant qu'une petite ouverture grillagée à la hauteur des yeux. ① ② ❸

✧ **La loi de la cacheroute chez les juifs :** les aliments cachers sont des aliments préparés conformément aux lois hébraïques (p. ex. : les mammifères et la volaille doivent être abattus de manière rituelle) ; les ruminants à sabot fendu (p. ex. : bœuf, chèvre, mouton) peuvent être consommés, mais les mammifères dont le sabot n'est pas fendu (p. ex. : chameau, cheval, âne, porc) ainsi que le lapin, l'anguille et tous les fruits de mer ne peuvent être consommés.  ① ② ❸

✧ **La kippa chez les juifs :** calotte portée par les hommes pour rappeler que Dieu est l'Autorité suprême.  ① ② ❸

✧ **Le végétarisme chez les hindous et les bouddhistes :** plusieurs hindous et bouddhistes pratiquent le végétarisme, pour ses vertus purificatrices, afin de respecter le plus de formes de vie possible (ni viande, ni poisson, ni œuf) ; puisqu'elle nourrit déjà les gens de son lait, la vache est parfois traitée comme un animal sacré par les hindous.  ① ② ❸

✧ **Le tilaka chez les hindous :** signe porte-bonheur porté sur le front, entre les sourcils, par les hommes, et surtout par les femmes (p. ex. : point rouge, traits horizontaux tracés avec des cendres sacrées, marque faite avec de la pâte de santal).  ① ② ❸

## 6.3 PRATIQUER LE DIALOGUE

### 6.3.1 LES FORMES DE DIALOGUE ET LES CONDITIONS FAVORABLES

#### Quelles sont les différentes formes de dialogue ? ————

✧ **La conversation :** échange entre deux ou plusieurs personnes dans le but de partager des propos, des idées ou des expériences.  ❶ ❷ ❸

✧ **La discussion :** échange suivi et structuré de propos, d'opinions ou d'idées dans le but d'en faire l'examen, d'en considérer tous les aspects.  ❶ ❷ ❸

✧ **La narration :** récit détaillé, oral ou écrit, d'une suite de faits et d'événements précis.  ❶ ❷ ❸

❖ **La délibération :** examen minutieux avec d'autres personnes des différents aspects d'une question (des faits, des intérêts en jeu, des normes et des valeurs, des conséquences probables d'une décision, etc.) pour en arriver à une décision commune. ❶ ❷ ❸

❖ **L'entrevue :** rencontre concertée entre deux ou plusieurs personnes pour en interroger une sur ses activités, ses idées, ses opinions, ses expériences, son expertise, etc. ① ❷ ❸

❖ **Le débat :** échange encadré entre des personnes ayant des avis différents sur une situation problématique ou un sujet controversé. ① ② ❸

## 6.3.2   LES MOYENS POUR ÉLABORER UN POINT DE VUE

### Quelles sont les différentes façons de présenter un point de vue ?

❖ **La description :** énumération de caractéristiques propres à une situation d'ordre éthique (p. ex. : clonage d'embryons animaux ou humains) ou à une expression du religieux (p. ex. : le port du voile chez les femmes musulmanes) ; la description doit permettre une représentation la plus complète possible de cette situation ou de cette expression (Qui ? Quoi ? Quand ? Où ? Comment ? Pourquoi ?). ❶ ❷ ❸

❖ **La comparaison :** établissement de ressemblances ou de différences entre deux ou plusieurs éléments ou caractéristiques d'une situation d'ordre éthique (p. ex. : la contraception versus l'abstinence sexuelle) ou d'une expression du religieux (p. ex. : la prière versus la méditation), et ce, afin d'en tirer des conclusions. ❶ ❷ ❸

❖ **La synthèse :** résumé rassemblant des éléments principaux (idées, faits, expériences, raisons, etc.) d'une discussion, d'un récit ou d'un texte, dans un ensemble cohérent. ① ❷ ❸

❖ **L'explication :** développement destiné à faire connaître ou comprendre le sens de quelque chose et appuyé d'exemples, de définitions et de raisons. ① ❷ ❸

❖ **La justification :** présentation d'idées et de raisons logiquement reliées afin de démontrer ou de faire valoir un point de vue ; une justification a pour but de présenter les motifs d'une opinion ou de convaincre les autres du bien-fondé de son point de vue. ① ② ❸

## (6.3.3) LES MOYENS POUR REMETTRE EN QUESTION UN POINT DE VUE

### *Quels sont les différents types de jugements ?* ───────

⬧ **Le jugement de préférence :** proposition subjective par rapport à des goûts ou à des préférences (p. ex. : « Les gens ont perdu l'esprit de partage à Noël. » et « Les riches ne se soucient guère des pauvres. »). ❶❷❸

⬧ **Le jugement de prescription :** proposition énonçant une recommandation ou une obligation ; le jugement de prescription affirme la nécessité d'accomplir un acte, de modifier une situation ou de résoudre un problème (p. ex. : « Tu ne feras pas de faux témoignage contre ton prochain. » et « Il faut rester silencieux dans les corridors afin de ne pas déranger les autres élèves qui travaillent. »). ❶❷❸

⬧ **Le jugement de réalité :** proposition établissant un constat qui se veut objectif par rapport à des faits observables, à un événement ou au témoignage d'une personne (p. ex. : « Les politiciens votent des lois pour encadrer les comportements des membres de la société. » et « Le Coran contient les préceptes de l'islam. ») ; un jugement de réalité peut être faux. ①❷❸

⬧ **Le jugement de valeur :** proposition privilégiant une ou plusieurs valeurs par rapport à d'autres (p. ex. : « Charité bien ordonnée commence par soi-même. » et « À une juste guerre, préférons une injuste paix ! »). ①②❸

### *Quels sont les procédés susceptibles d'entraver le dialogue ?* ─

⬧ **La généralisation abusive :** procédé qui consiste à passer d'un jugement portant sur un ou quelques cas à une conclusion générale, sans s'assurer que l'échantillonnage est assez représentatif pour que la conclusion soit valide (p. ex. : « Les policiers sont tous autoritaires et intransigeants. » et « Les immigrants ne souhaitent pas s'intégrer à la société québécoise. »). ❶❷❸

⬧ **L'attaque personnelle :** procédé qui consiste à attaquer une personne de manière à détruire sa crédibilité plutôt que son argumentation (p. ex. : « Il ne faut pas croire ce politicien, car c'est un menteur ! » et « Cette blonde trop maquillée n'est pas capable de défendre nos intérêts avec tout le sérieux que ça prend ! »). ❶❷❸

❖ **L'appel au clan :** procédé qui consiste à faire accepter ou reje-   ① ❷ ❸
ter un argument parce qu'il est endossé par une personne ou un
groupe de personnes jugés estimables ou non estimables (p. ex. :
«Tu ne fais pas partie de mon équipe de hockey, donc tu n'es pas
bon.» et «Mes amis disent que tu habites dans une maison déla-
brée, alors je ne te parle plus.»).

❖ **L'appel à la popularité :** procédé qui consiste à justifier que   ① ② ❸
quelque chose est vrai ou acceptable par le simple fait qu'un grand
nombre de personnes l'affirment, sans qu'on en ait vérifié l'exactitude (p. ex. : «Plus d'un million de téléspectateurs regardent cette
émission, donc elle doit être digne d'intérêt.» et «Les journaux en
ont parlé, donc ça doit être vrai.»).

❖ **L'appel au préjugé :** procédé qui consiste à faire appel à une   ① ② ❸
opinion préconçue, favorable ou défavorable, et qui est souvent
imposée par le milieu, l'époque ou l'éducation (p. ex. : «Les
Américains sont tous obèses.» et «Les enfants issus de familles
défavorisées sont moins intelligents que les autres.»).

❖ **L'appel au stéréotype :** procédé qui consiste à faire appel à une   ① ② ❸
image figée d'un groupe de personnes en ne tenant pas compte des
singularités ; cette image est généralement négative et basée sur
des renseignements faux ou incomplets (p. ex. : «Les personnes
obèses ne mangent que des aliments gras ou sucrés.» et «Les garçons ne doivent pas jouer avec des poupées.»).

❖ **L'argument d'autorité :** procédé qui consiste à faire appel   ① ② ❸
incorrectement ou abusivement à l'autorité d'une personne pour
appuyer un argument (p. ex. : «Le président est pour la peine de
mort : il doit connaître son affaire.» et «Ma mère dit que je ne dois
plus me tenir avec toi parce que tu cries tout le temps.»

# CHAPITRE 7

# COMPÉTENCES TRANSVERSALES

## 7.1 — LES COMPÉTENCES TRANSVERSALES D'ORDRE INTELLECTUEL

### 7.1.1 — EXPLOITER L'INFORMATION

#### Comment faire pour reconnaître divers éléments d'information ?

❖ **Explorer des sources variées :** en consultant des ouvrages de ❶❷❸
référence faciles à comprendre, variés et liés au sujet (dictionnaire, encyclopédie, atlas, revues spécialisées, essais), des banques de données (Internet, cédérom), des documents audiovisuels
(enregistrements vidéo, présentations multimédias), des personnes-
ressources (spécialistes, experts) et en indiquant les sources et les
références (bibliographie, médiagraphie).

❖ **Interroger les sources d'information :** en vérifiant leur ❶❷❸
validité (éléments d'information qui sont actuels, contrôlables et
fiables), en corroborant avec des sources d'information supplémentaires et en distinguant les faits des opinions.

#### Comment faire pour tirer profit de l'information ?

❖ **Sélectionner les sources pertinentes :** en cherchant les mots- ❶❷❸
clés reliés au sujet, en utilisant les ressources de la bibliothèque
(catalogue, fichiers, notices bibliographiques, index), en choisissant les ouvrages les plus complets et les plus récents, en vérifiant
l'authenticité des données et la notoriété de l'auteur (formation et
expérience professionnelle), en s'assurant de la validité des données transmises et en explorant la table des matières, les sous-
titres, l'index, les marqueurs de relation et les illustrations pour
avoir une idée du contenu.

❖ **Recouper les éléments d'information :** en les surlignant, en ❶ ❷ ❸
les recopiant, en les regroupant (dossier de presse, fiches cartonnées, carnet de bord), en les classant (code de couleurs), en les
organisant (tableau, schéma, diagramme, histogramme, réseaux)
et en les mettant en contraste.

❖ **Dégager des liens :** en faisant l'inventaire de ses connaissances ❶ ❷ ❸
antérieures, en élaborant une carte d'exploration ou un schéma
conceptuel, en comparant et en confrontant les éléments d'information (ressemblances et différences) provenant de diverses
sources et en distinguant les notions de cause, de conséquence et
d'opposition.

❖ **Discerner l'essentiel de l'accessoire :** en distinguant les ❶ ❷ ❸
faits des opinions, en repérant les mots-clés, en reconnaissant les
idées principales dans le texte à partir du plan, en schématisant
l'information sous forme de diagrammes ou de tableaux, en décou-
vrant la structure du texte courant (introduction, développement,
conclusion) et la structure narrative du texte littéraire (situation
de départ, élément déclencheur, péripéties, dénouement, situation finale), en répondant aux questions de base (Qui ? Quoi ? Où ?
Quand ? Comment ? Pourquoi ?) et en résumant le contenu. ❶ ❷ ❸

## Comment faire pour s'approprier l'information ? ——————

❖ **Imaginer des utilisations possibles :** en émettant des hypo- ❶ ❷ ❸
thèses, en participant à un remue-méninges et en établissant des
liens avec les autres disciplines.

❖ **Formuler des questions :** en s'assurant de toucher plusieurs ❶ ❷ ❸
aspects du sujet, en notant ses interrogations par ordre d'importance, en sélectionnant celles qui présentent un défi raisonnable et
en les consignant pour y avoir accès facilement (carnet de notes).

❖ **Répondre aux questions formulées :** en reformulant, en ❶ ❷ ❸
interprétant (expliquer, commenter), en résumant ou en extrapolant (étendre une idée originale au-delà de son contenu explicite)
les éléments d'information et en s'assurant que les éléments de
réponse ne sont pas contradictoires.

❖ **Anticiper de nouvelles utilisations** : en utilisant les données ❶ ❷ ❸
dans une autre tâche ou un autre projet, en faisant référence à une
lecture passée et en citant les paroles d'une personne-ressource.

❖ **Respecter les droits d'auteur** : en rapportant des paroles, ❶ ❷ ❸
des extraits ou des passages (références et citations) et en identifiant la provenance des éléments d'information (bibliographie et
médiagraphie).

## 7.1.2 RÉSOUDRE DES PROBLÈMES

### Comment faire pour analyser les éléments de la solution ? —

❖ **Cerner le contexte** : en reformulant et en résumant le problème, ❶ ❷ ❸
en le séparant en étapes, en répondant aux questions de base
(Qui ? Quoi ? Où ? Quand ? Comment ? Pourquoi ?), en notant, en
classant et en retenant les informations essentielles, en faisant un
croquis pour visualiser les éléments du problème.

❖ **Reconnaître les ressemblances avec d'autres situations** : ❶ ❷ ❸
en comparant le problème avec d'autres qui ont été résolus, en
comparant le langage utilisé, en tentant d'appliquer une méthode
ou une procédure déjà utilisée.

### Comment faire pour imaginer des pistes de solution ? ———

❖ **Inventorier des pistes de solution** : en participant à un ❶ ❷ ❸
remue-méninges, en élaborant une carte sémantique ou un schéma
conceptuel, en faisant appel à des connaissances, à des techniques
et à des stratégies déjà acquises, en procédant par tâtonnement et
en tirant profit des idées des autres.

❖ **Examiner la pertinence des pistes de solution** : en leur don- ❶ ❷ ❸
nant une cote, en les validant entre elles, en mesurant leur degré
de faisabilité.

❖ **Apprécier les exigences et les conséquences des pistes** ❶ ❷ ❸
**de solution** : en considérant les avantages et les inconvénients de
chaque piste de solution.

✧ **Se représenter la solution** : en déterminant les éléments qui doivent en faire partie (vocabulaire, concepts, unités de mesure) et la forme qu'elle doit prendre (phrase, texte, illustration, diagramme, tableau, etc.). ❶ ❷ ❸

## Comment faire pour mettre à l'essai des pistes de solution ?

✧ **Choisir une piste de solution et la mettre en pratique** : en tenant compte des exigences et des conséquences, en la validant, en évaluant le déroulement et le processus qui ont permis de la mettre en branle. ❶ ❷ ❸

✧ **Choisir une autre piste de solution si nécessaire** : en comparant sa solution avec celle des autres, en modifiant certains aspects de sa solution, en revoyant les étapes de la démarche. ❶ ❷ ❸

## Comment faire pour adopter un fonctionnement souple ?

✧ **Refaire l'exercice dans l'ordre ou le désordre** : en escamotant, en combinant et en intervertissant les étapes. ❶ ❷ ❸

## Comment faire pour évaluer ma démarche ?

✧ **Effectuer un retour sur les étapes franchies** : en les décrivant, en évaluant leur efficacité et en proposant des modifications. ❶ ❷ ❸

✧ **Faire un retour sur les réussites et les obstacles** : en identifiant les conditions facilitantes (ressources, méthodes, stratégies) ou faisant entrave (désorganisation, manque de communication, échéancier). ❶ ❷ ❸

## 7.1.3 EXERCER SON JUGEMENT CRITIQUE

## Comment faire pour construire mon opinion ?

✧ **Cerner la question** : en reconnaissant les faits, les événements et les phénomènes associés à la situation. ❶ ❷ ❸

✧ **Apprécier les enjeux** : en faisant preuve de curiosité, en mettant en évidence les acteurs, les défis et les risques qui sont au cœur de la situation. ❶ ❷ ❸

❖ **Remonter aux faits :** en vérifiant leur exactitude, en faisant ❶ ❷ ❸
preuve de discernement, en faisant la part de ses émotions, en
relativisant ses conclusions, en se concentrant sur le problème
central et en évaluant la validité des sources.

❖ **Explorer différents points de vue :** en s'enquérant des croyan- ❶ ❷ ❸
ces, des perceptions et des opinions divergentes, en prêtant attention aux commentaires de son entourage, en exprimant ses perceptions et ses interrogations, en considérant les nouvelles données,
en faisant une place au doute, en renonçant aux idées arrêtées et
en allant au-delà des clichés et des stéréotypes.

❖ **S'appuyer sur des repères :** en consultant des ouvrages de ❶ ❷ ❸
référence, des recherches scientifiques, des sondages d'opinion,
en se référant à des expériences, des valeurs, des normes, des critères, des droits et des devoirs et en décrivant les conséquences de
la situation sur les autres et sur soi, en procédant à des déductions
ou des inductions.

❖ **Adopter une position :** en confirmant, en enrichissant ou en ❶ ❷ ❸
modifiant son opinion ou sa position de départ.

## Comment faire pour exprimer mon jugement ? ———————

❖ **Articuler et communiquer son point de vue :** en donnant clai- ❶ ❷ ❸
rement son opinion, en étayant son raisonnement et en donnant des
exemples concrets.

❖ **Justifier sa position :** en donnant ses raisons et ses arguments, ❶ ❷ ❸
en citant des spécialistes ou des experts, en faisant appel à l'appui
de la majorité.

## Comment faire pour relativiser mon jugement ? ———————

❖ **Comparer son jugement avec ceux des autres :** en confron- ❶ ❷ ❸
tant son point de vue et ses valeurs, en posant des questions pour
clarifier l'opinion des autres, en mettant en contraste des idées
contradictoires et en se faisant l'avocat du diable (donner des arguments qui vont à l'encontre de sa propre opinion).

❖ **Reconsidérer sa position** : en déterminant et en jaugeant les **❶ ❷ ❸** conséquences positives et négatives sur les autres et soi-même.

❖ **Évaluer la part de la raison et de l'affectivité** : en identifiant **❶ ❷ ❸** les émotions et les sentiments éprouvés pour mieux les maîtriser, en établissant des liens avec des expériences vécues, en détermi- nant les causes de malaises et en tenant compte des circonstances.

❖ **Reconnaître ses préjugés** : en identifiant leurs origines **❶ ❷ ❸** (famille, école, médias) et en comparant ses idées préconçues avec la réalité.

❖ **Reprendre sa démarche au besoin** : en tenant compte des **❶ ❷ ❸** nouvelles données.

### 7.1.4  METTRE EN ŒUVRE SA PENSÉE CRÉATRICE

*Comment faire pour m'imprégner des éléments d'une situation ?*

❖ **Cerner les objectifs et anticiper l'issue** : en tenant compte **❶ ❷ ❸** des consignes et des critères d'évaluation, en se représentant les étapes et la démarche à adopter et en imaginant le produit final.

*Comment faire pour imaginer des façons de faire ?*

❖ **Penser à diverses modalités de réalisation** : en imaginant **❶ ❷ ❸** plusieurs produits finis reliés aux différentes disciplines (texte en français, graphique en mathématique, expérimentation en science et technologie, ligne du temps en univers social, saynète en art dramatique, affiche ou maquette en arts plastiques, etc.).

❖ **Exprimer ses idées sous de nouvelles formes** : en partici- **❶ ❷ ❸** pant à des activités artistiques ou culturelles, en associant d'an- ciennes idées à de nouvelles et en vivant de nouvelles expériences.

*Comment faire pour m'engager dans une réalisation ?*

❖ **Prendre des risques** : en prenant des initiatives, en se donnant **❶ ❷ ❸** le droit à l'erreur et en acceptant ses limites.

❖ **Persister dans l'exploration :** en faisant preuve de curiosité ❶ ❷ ❸
intellectuelle, de détermination, de volonté et de persistance, en
acceptant les épreuves et en tirant profit des obstacles, en expérimentant de nouvelles techniques d'inspiration et de méditation.

❖ **Reconnaître les éléments de solution qui se présentent :** ❶ ❷ ❸
en établissant des liens, en les consignant et en les mettant en
pratique.

❖ **Être réceptif à de nouvelles idées :** en écoutant, en analysant, ❶ ❷ ❸
en questionnant, en commentant et en évaluant les propos d'autrui.

## *Comment faire pour adopter un fonctionnement souple ?*

❖ **Reprendre le processus au besoin :** en peaufinant son style, ❶ ❷ ❸
en cherchant des pistes d'amélioration et en explorant d'autres
avenues.

❖ **Exploiter les nouvelles idées :** en comparant ses idées avec ❶ ❷ ❸
celles des autres, en les examinant, en les adaptant, en les renou-
velant et en les améliorant.

❖ **Faire le choix de nouvelles stratégies et techniques :** ❶ ❷ ❸
en expérimentant des méthodes audacieuses et novatrices et en
acceptant les erreurs de parcours.

## 7.2 LES COMPÉTENCES TRANSVERSALES D'ORDRE MÉTHODOLOGIQUE

### 7.2.1 SE DONNER DES MÉTHODES DE TRAVAIL EFFICACES

## *Comment faire pour analyser la tâche à accomplir ?*

❖ **Comprendre l'objectif :** en le reformulant ou en le résumant, ❶ ❷ ❸
en déterminant les étapes à suivre, en précisant la terminologie
utilisée à l'aide du dictionnaire.

❖ **Comprendre les consignes de la tâche :** en prévoyant les ❶ ❷ ❸
ressources nécessaires (ouvrages de référence, matériel, outils
et instruments), en déterminant le lieu et la durée de la tâche, en
anticipant et en établissant une séquence d'actions.

❖ **Situer le contexte de la tâche :** en déterminant les conditions de réalisation, en prenant note des critères d'évaluation, en reliant la tâche à une discipline ou un thème.  ❶ ❷ ❸

## *Comment faire pour m'engager dans la démarche ?* ————

❖ **Réfléchir à la meilleure façon d'atteindre l'objectif :** en déterminant les connaissances, les techniques et les stratégies à utiliser.  ❶ ❷ ❸

❖ **Adapter sa méthode de travail à la tâche et au contexte :** en respectant le plan de travail, en faisant appel à son aide-mémoire ou aux manuels scolaires, en consultant ses notes, en modifiant l'ordre des étapes.  ❶ ❷ ❸

❖ **Anticiper les ressources requises :** en dressant la liste du matériel nécessaire pour l'exécution de la tâche et la réalisation du produit final, et celle des experts ou des spécialistes à consulter.  ❶ ❷ ❸

❖ **Faire appel à son imagination :** en s'inspirant de ce que les autres font, mais en l'adaptant, en sortant des sentiers battus, en participant à une tempête d'idées (remue-méninges).  ❶ ❷ ❸

## *Comment faire pour accomplir la tâche ?* ————

❖ **Mobiliser les ressources requises :** en rassemblant le matériel nécessaire, en trouvant les coordonnées et en contactant les personnes-ressources, en utilisant les outils et les instruments mis à sa disposition.  ❶ ❷ ❸

❖ **Gérer son matériel et son temps :** en rassemblant le matériel nécessaire et en le gardant à portée de main, en établissant un horaire ou un échéancier, en utilisant une feuille de route ou un agenda.  ❶ ❷ ❸

❖ **Mener sa tâche à terme :** en laissant des traces de chacune des étapes, en demandant de l'aide en cas d'incompréhension ou de stagnation.  ❶ ❷ ❸

❖ **Découvrir la satisfaction du travail achevé et bien fait :** en évaluant le produit final, en exposant ses découvertes, en discutant de ses apprentissages avec ses parents.  ❶ ❷ ❸

## Comment faire pour analyser ma démarche ?

❖ **Examiner la démarche tout au long de son déroulement :** ❶ ❷ ❸
en gardant les consignes en tête, en revoyant les étapes franchies,
en consignant le fruit de son travail au fur et à mesure (journal de
bord, cahier de notes, portfolio).

❖ **Comprendre l'efficacité et les limites de la démarche :** en ❶ ❷ ❸
identifiant et en décrivant ses réussites et ses insuccès, en cherchant à en connaître la cause.

❖ **Dégager des leçons :** en les notant dans son journal de bord, en ❶ ❷ ❸
discutant avec son entourage et en les mettant éventuellement en
pratique.

## (7.2.2) EXPLOITER LES TECHNOLOGIES DE L'INFORMATION ET DE LA COMMUNICATION

## Comment faire pour m'approprier les technologies de l'information et de la communication ?

❖ **Connaître les objets, les concepts, le vocabulaire et les** ❶ ❷ ❸
**procédures :** en se familiarisant avec les appareils (ordinateur,
imprimante, lecteur de cédéroms, numériseur) et leurs fonctions
(traiter l'information, imprimer, numériser), en ouvrant, en utilisant et en fermant correctement une application, en suivant un
référentiel visuel de procédures.

❖ **Explorer les nouvelles fonctions des logiciels et du sys-** ❶ ❷ ❸
**tème d'exploitation :** en réalisant des tâches reliées au traitement de texte, au dessin matriciel ou vectoriel, à la navigation sur
Internet, au courrier électronique et aux différents didacticiels, en
manipulant les périphériques (souris, clavier), en contrôlant certaines commandes (ouvrir, sauvegarder, organiser, imprimer, fermer)
de manière autonome, en effectuant des recherches sur Internet et
sur des cédéroms, en utilisant les fonctions d'un tableur.

Mon aide-mémoire du primaire

## Comment faire pour utiliser les technologies de l'information et de la communication dans l'accomplissement d'une tâche ?

⬧ **Sélectionner les logiciels et exploiter les fonctions appropriées :** en analysant la tâche à accomplir, en déterminant les étapes et l'aspect du produit final. ❶ ❷ ❸

⬧ **Appliquer les stratégies d'exécution et de dépannage :** en utilisant le doigté pour le clavier, en gérant ses signets et ses favoris sur Internet, en utilisant les mots-clés justes pour chercher de l'information sur Internet, en transférant ses connaissances d'un logiciel à un autre. ❶ ❷ ❸

## Comment faire pour évaluer l'efficacité de l'utilisation de la technologie ?

⬧ **Reconnaître les réussites et les difficultés :** en décrivant et en expliquant sa démarche, en nommant les fonctions utilisées et leurs résultantes, en comparant son intention avec sa réalisation et en reconnaissant les limites des technologies. ❶ ❷ ❸

⬧ **Chercher des améliorations possibles dans sa manière de faire :** en prenant des risques calculés pour contourner les obstacles, en se documentant, en pratiquant souvent et en demandant de l'aide. ❶ ❷ ❸

## (7.3) LES COMPÉTENCES TRANSVERSALEES D'ORDRE PERSONNEL ET SOCIAL

### (7.3.1) STRUCTURER SON IDENTITÉ

## Comment faire pour m'ouvrir aux stimulations environnantes ?

⬧ **Réagir aux faits, aux situations et aux événements :** en participant aux discussions, en donnant son opinion, en établissant des liens avec son vécu, en décrivant des situations semblables. ❶ ❷ ❸

❖ **Identifier ses perceptions, ses sentiments et ses réflexions :** en déterminant ses valeurs et les référents sur lesquels elles s'appuient (éducation, croyances, expériences personnelles), en comprenant les liens entre ses perceptions et ses émotions, en comparant ses gestes avec ses paroles et avec ses intentions, en tenant compte de ses capacités et de ses limites. ❶ ❷ ❸

❖ **Percevoir l'influence des autres sur ses réactions :** en évaluant les conséquences du regard des autres sur soi et en anticipant les situations conflictuelles. ❶ ❷ ❸

❖ **Augmenter son bagage culturel :** en échangeant avec les autres, en lisant des œuvres variées, en visitant des musées, en regardant des émissions de télévision à caractère artistique, culturel ou scientifique. ❶ ❷ ❸

❖ **Accueillir les références morales et spirituelles de son milieu :** en les identifiant et en considérant leurs apports dans la communauté, en étudiant l'histoire pour mieux comprendre. ❶ ❷ ❸

## *Comment faire pour prendre conscience de ma place parmi les autres ?*

❖ **Reconnaître ses valeurs et ses buts :** en déterminant ses champs d'intérêt et en faisant part de ses ambitions et de ses aspirations. ❶ ❷ ❸

❖ **Se faire confiance :** en faisant des choix avisés, en exprimant ses idées avec justesse, en misant sur ses aptitudes et ses habiletés, en entraînant les autres dans la concrétisation de ses idées. ❶ ❷ ❸

❖ **Élaborer ses opinions et ses choix :** en tenant compte des différentes options, en se basant sur des critères reliés à ses valeurs et à celles de la société, en reconnaissant les conséquences de ses paroles et actions. ❶ ❷ ❸

❖ **Reconnaître son appartenance à une collectivité :** en identifiant les groupes dont on fait partie, en décrivant les rites et pratiques qui y sont perpétués. ❶ ❷ ❸

✧ **Manifester une ouverture d'esprit à la diversité culturelle** ❶ ❷ ❸
**et ethnique :** en se renseignant sur les us et coutumes et en participant à des événements socioculturels.

## *Comment faire pour mettre à profit mes ressources personnelles ?*

✧ **Exploiter ses forces et surmonter ses limites :** en les identi- ❶ ❷ ❸
fiant, en les décrivant, en cherchant des moyens de s'améliorer.

✧ **Juger de la pertinence de ses choix d'action :** en constatant ❶ ❷ ❸
les changements qui se sont effectués, en déterminant les conséquences sur les autres et sur soi, en revenant sur ses décisions
lorsqu'elles ne sont pas adéquates.

✧ **Manifester de plus en plus d'autonomie et d'indépen-** ❶ ❷ ❸
**dance :** en fonctionnant sans avoir besoin d'être constamment supervisé, en anticipant les exigences et les contraintes
de la tâche, en prenant des décisions et en assumant leurs
conséquences.

## 7.3.2 COOPÉRER

## *Comment faire pour interagir avec ouverture d'esprit dans différents contextes ?*

✧ **Accueillir l'autre avec ses caractéristiques :** en reconnais- ❶ ❷ ❸
sant les besoins et les intérêts de l'autre.

✧ **Être attentif à l'autre :** en écoutant les idées de l'autre, en ❶ ❷ ❸
évitant de l'interrompre, en gardant un contact visuel et en tenant
compte du langage non verbal.

✧ **Échanger des points de vue avec l'autre :** en écoutant et en ❶ ❷ ❸
acceptant les divergences d'opinions, en donnant des arguments
basés sur des faits et des données quantifiables, en demeurant
respectueux, en manifestant une ouverture d'esprit, en faisant des
consensus et des compromis.

⬧ **Adapter son comportement :** en établissant des règles de ❶ ❷ ❸
fonctionnement au sein de l'équipe, en prévoyant des conséquences
aux manquements, en assumant ses responsabilités et en faisant
preuve d'empathie et de tolérance.

## Comment faire pour contribuer au travail collectif ? ——

⬧ **Participer aux activités de la classe et de l'école :** en ❶ ❷ ❸
s'engageant dans les discussions, en proposant des solutions, en
apportant de l'aide à ses pairs, en partageant son matériel et en
participant à la planification et à l'accomplissement de la tâche.

⬧ **Planifier et réaliser un travail avec d'autres :** en identifiant ❶ ❷ ❸
clairement l'objectif et le mandat, en définissant le travail à accomplir et les étapes pour y parvenir, en établissant des rôles et en dis-
tribuant les tâches, en faisant preuve de solidarité face aux choix
de l'équipe ou du groupe.

⬧ **Accomplir sa tâche selon les règles établies en groupe :** ❶ ❷ ❸
en respectant le droit de parole, en discutant calmement, en se
concentrant sur la tâche à accomplir, en formulant des suggestions
et en accueillant celles des autres, en s'adaptant aux situations
imprévues.

## Comment faire pour tirer profit du travail en coopération ?

⬧ **Reconnaître les tâches plus facilement réalisables en** ❶ ❷ ❸
**équipe :** en constatant les conséquences positives sur la qualité du
travail accompli.

⬧ **Apprécier sa participation et celle de ses pairs :** en discu- ❶ ❷ ❸
tant avec ses coéquipiers et en évaluant l'apport de chacun à partir
de critères prédéterminés (autoévaluation et coévaluation).

⬧ **Identifier les éléments qui facilitent ou entravent la coo-** ❶ ❷ ❸
**pération :** en objectivant, en identifiant les éléments de réussite et
les difficultés, en revenant sur les malentendus et les conflits et en
décrivant la manière dont ils ont été résolus.

⬧ **Cerner les améliorations souhaitables :** en se donnant des ❶ ❷ ❸
objectifs et des défis, en les gardant à l'esprit et en effectuant ultérieurement un retour.

## 7.4 LES COMPÉTENCES TRANSVERSALES DE L'ORDRE DE LA COMMUNICATION

### 7.4.1 COMMUNIQUER DE FAÇON APPROPRIÉE

#### Comment faire pour établir l'intention de communication ?

⬧ **S'interroger sur le motif de la communication et sur ses destinataires :** en identifiant le sujet abordé ou les raisons qui le sous-tendent et en sachant à qui s'adresse le message. ❶ ❷ ❸

⬧ **Explorer les idées liées à la situation :** en examinant les diverses facettes du sujet, en identifiant des mots-clés, en établissant des liens avec d'autres situations. ❶ ❷ ❸

#### Comment faire pour choisir le mode de communication ?——

⬧ **Choisir un langage pertinent :** en tenant compte de l'intention, du contexte et des destinataires, en choisissant un vocabulaire lié au sujet, en utilisant des connecteurs ou des marqueurs de relation pour relier ses idées, en choisissant le registre de la langue approprié (soutenu, courant ou familier). ❶ ❷ ❸

#### Comment faire pour réaliser la communication ?————

⬧ **Respecter les règles et les conventions :** en adoptant une attitude positive face aux interactions, en respectant le droit de parole, en donnant la chance à l'autre de s'exprimer. ❶ ❷ ❸

⬧ **Ajuster la communication en fonction des réactions des destinataires :** en pratiquant une écoute active, en gardant un contact visuel avec l'auditoire, en recourant à du matériel pour soutenir l'intérêt, en restant cohérent et concis. ❶ ❷ ❸

⬧ **Reconnaître les stratégies utilisées tout au long du processus :** en identifiant les facteurs de réussite et les difficultés rencontrées et en déterminant des pistes d'amélioration. ❶ ❷ ❸

# BIBLIOGRAPHIE

**ASSOCIATION DES DISTRIBUTEURS EXCLUSIFS DE LIVRES EN LANGUE FRANÇAISE**. *Vocabulaire de la diffusion et de la distribution du livre*. Mont-Royal, Office québécois de la langue française, 2005. 90 pages. ISBN : 2-9808-917-0-3

**CHOUINARD, CAMIL**. *1300 pièges du français parlé et écrit*. 2ᵉ éd. Montréal, Les Éditions La Presse, 2003. 316 pages. ISBN : 2-923194-02-0

**COLLECTIF**. *L'encyclopédi@ des sciences*. Montréal, Éditions Gallimard, 2005. 384 pages. ISBN : 2-070-50038-1

**DE VILLERS, MARIE-ÉVA**. *Multidictionnaire de la langue française*. 4ᵉ éd. Montréal, Québec Amérique, 2005. 1542 pages. ISBN : 2-7644-0203-1

**DIRECTION DE LA FORMATION GÉNÉRALE DES JEUNES – MINISTÈRE DE L'ÉDUCATION**. *Échelles des niveaux de compétence – Enseignement primaire*. Québec, Gouvernement du Québec, 2002. 124 pages. ISBN : 2-550-39033-4

**KAYLER, HÉLÈNE**. *Repères culturels en mathématiques, 2ᵉ et 3ᵉ cycles*. Montréal, Les Éditions CEC, 2002. 133 pages. ISBN : 2-7617-1973-5

**LAFAILLE, ANNE-CATHERINE**. *Savoirs essentiels en géographie, histoire et éducation à la citoyenneté, 3ᵉ cycle*. Montréal, Les Éditions CEC, 2003. 135 pages. ISBN : 2-7617-2081-4

**LORD, FRANCE**. *Savoirs essentiels en géographie, histoire et éducation à la citoyenneté, 2ᵉ cycle*. Montréal, Les Éditions CEC, 2002. 148 pages. ISBN : 2-7617-1960-3

**MARTINET, A. V., et A. J. THOMPSON**. *A Practical English Grammar*. 4ᵗʰ Edition, Oxford University Press, Oxford, 1995. 383 pages. ISBN : 0-194-31342-1

**MASTERS, ÉLISE**. *Dictionnaire des sciences illustré*. Montréal, Chenelière Éducation, 2007. 156 pages. ISBN : 978-2-7650-1761-5

**MINISTÈRE DE L'ÉDUCATION**. *La mise en place d'un programme d'éthique et de culture religieuse : une orientation d'avenir pour tous les jeunes du Québec*. Québec, Gouvernement du Québec, 2005. 16 pages. ISBN : 2-550-44383-7

**MINISTÈRE DE L'ÉDUCATION, DU LOISIR ET DU SPORT**. *Programme de formation de l'école québécoise, éducation préscolaire et enseignement primaire.* Québec, Gouvernement du Québec, 2006. 362 pages. ISBN : 2-550-46697-7

**PARENT, LUCIE, et ANNE-CATHERINE LAFAILLE**. *Au fil des temps, Cahier d'apprentissage 5$^e$ année.* Montréal, Les Éditions CEC, 2003. 141 pages. ISBN : 2-7617-1916-6

**ROBILLARD, CLÉMENT, et ALAIN PARENT**. *Atlas de géographie et d'histoire, 2$^e$ et 3$^e$ cycles du primaire.* Montréal, Chenelière/McGraw-Hill, 2005. 144 pages. ISBN : 2-765-10301-1

**THOMAS, ADOLPHE V., et MICHEL DE TORO**. *Dictionnaire des difficultés de la langue française.* Paris, Larousse, 2004. 435 pages. ISBN : 2-035-71243-2

**VONARBURG, ÉLISABETH**. *Comment écrire des histoires, Guide de l'explorateur.* Sainte-Foy, Les Éditions Le Griffon d'argile, 1986. 229 pages. ISBN : 2-920-19015-6

# SITES INTERNET

**BUS SONGS**. *Children's songs for camp, parties, TV, and the Nursery*, [en ligne].
Adresse URL : http://www.bussongs.com

**CENTRE DES SCIENCES DE MONTRÉAL**, [en ligne].
Adresse URL : http://www.centredessciencesdemontreal.com/csm/index.html

**CHRONOLOGIE DE L'HISTOIRE DU QUÉBEC**, [en ligne].
Adresse URL : http://pages.infinit.net/histoire/

**DÉCOUVREZ LES RELIGIONS DE L'HUMANITÉ**, [en ligne].
Adresse URL : http://www.religare.org/

**DÉFENSE NATIONALE**. *Les religions au Canada*, [en ligne].
Adresse URL : http://www.dnd.ca/hr/religions/frgraph/religions_toc_f.asp

**DÉFI MATHÉMATIQUE**. *Activités et lexique mathématiques*, [en ligne].
Adresse URL : http://www.defimath.ca/

**DLKT'S**. *Growing together*, [en ligne].
Adresse URL : www.dltk-teach.com

**ESPACE FRANÇAIS**. *Espace français*, [en ligne].
Adresse URL : http://www.espacefrancais.com/home.php/

**EXPOS SCIENCES BELL**, [en ligne].
Adresse URL : http://www.exposciencesbell.qc.ca/fr/00-index.htm

**GÉOSPACE**. *Astronomie, géologie, atmosphère et espace*, [en ligne].
Adresse URL : http://www.eaae-france.org/

**IMATHS PRIMAIRE**. *Répertoire de notions mathématiques pour le primaire*,
[en ligne]. Adresse URL : http://www.parcours.qc.ca/imaths/

**KALÉIDOSCOPE**. *Le répertoire vivant de la culture scientifique, technique
et citoyenne au Québec*, [en ligne]. Adresse URL : http://www.spst.org/kaleidoscope/

**KIDIDDLES**, [en ligne]. Adresse URL : http://www.kididdles.com/mouseum/index.htlm

**LA BOÎTE À SCIENCE**, [en ligne]. Adresse URL : http://www.boiteascience.com/

**LA MAIN À LA PÂTE**. *Enseigner les sciences à l'école maternelle et élémentaire*,
[en ligne]. Adresse URL : http://www.lamap.fr/

**LAND OF NURSERY RHYMES**, [en ligne].
Adresse URL : http://www.landofnurseryrhymes.co.uk

**LE CYBERZOÏDE QUI FRÉTILLE**. *Webzine de vulgarisation des sciences et techniques*, [en ligne]. Adresse URL : http://cyberzoide.developpez.com/

**LES DÉBROUILLARDS**, [en ligne]. Adresse URL : http://www.lesdebrouillards.qc.ca/

**LES IROQUOIENS VERS 1500**, [en ligne].
Adresse URL : http://www.er.uqam.ca/merlin/af691549/

**MUSÉE CANADIEN DES CIVILISATIONS**, [en ligne].
Adresse URL : http://www.civilization.ca/

**MUSÉE DES RELIGIONS DU MONDE**, [en ligne].
Adresse URL : http://museedesreligions.qc.ca/fr/index.asp

**MUSÉE DES SCIENCES ET DE LA TECHNOLOGIE DU CANADA**, [en ligne].
Adresse URL : http://www.sciencetech.technomuses.ca/

**NETMATHS**. *Activités en maths pour les élèves du primaire et du secondaire et lexique de mathématique*, [en ligne]. Adresse URL : http://www.netmaths.net/

**OFFICE QUÉBÉCOIS DE LA LANGUE FRANÇAISE**. *Banque de dépannage linguistique*, [en ligne]. Adresse URL : http://66.46.185.79/bdl/gabarit_bdl.asp?Th=1

**OPUS**. *Outils pédagogiques utiles en sciences*, [en ligne].
Adresse URL : http://www2.fsg.ulaval.ca/opus/

**PLANÉTARIUM DE MONTRÉAL**, [en ligne].
Adresse URL : http://www.planetarium.montreal.qc.ca/

**RÉCIT NATIONAL**. *Ligne du temps en univers social*, [en ligne].
Adresse URL : http://primaire.recitus.qc.ca/LigneTemps_html.php

**RÉCRÉOMATH**. *Banque de problèmes et aide-mémoire*, [en ligne].
Adresse URL : http://www.recreomath.qc.ca/

**SCIENCE POUR TOUS !**, [en ligne]. Adresse URL : http://www.sciencepourtous.qc.ca/

**SCIENCES EN LIGNE.COM**. *Dictionnaire interactif des sciences et techniques*, [en ligne]. Adresse URL : http://www.sciences-en-ligne.com/

**SOFTISSIMO**. *La grammaire interactive*, [en ligne].
Adresse URL : http://grammaire.reverso.net

**WIKIPÉDIA**. *L'encyclopédie libre*, [en ligne]. Adresse URL : http://fr.wikipedia.org

# INDEX

**N**

## T